文庫 16

柳田国男

新学社

装幀　友成　修

カバー画
パウル・クレー『焼けたマスク』一九三九年
個人蔵（スイス）

協力　日本パウル・クレー協会

河井寛次郎　作画

目次

野辺のゆきゝ（初期詩篇抄）

序

こたび、我が紅葉会の諸兄、民友社と謀りて、長歌の巻世に公にし給はんとするに催されて、己も亦年頃折にふれてはよみ出でたりしをば、一つに集めて見むとす、はかなきすさびの余にはあれども、名好むわざとや世の人は見そなはむかし、先つ年、某の博士が新躰詩の名を称へそめて、あやしまれ罵られたまひしより此かた、いまだ日数をも重ねぬ程に、各特長を備へたまへる君たち、次々に世に出でたまひしかば、忽にして此歌、大方にもてさわがれて、今はこの事語らぬは、みや人さびする人の恥とさへなりにたる、大凡世の中の物の生立に、かばかりすくよかなるはあらんや、

遇世のよかりしは、啻《ただ》に此新躰の詩のみにはあらざりき、おのれも亦、早くより身の

程のうかりしままに、独都の外にさまよひ出でゝ、或は磯の波を踏み、或は山の木の根を攀づるとて、心地のあやしくなりし折々は、我とはなしにうめき出でたりし声ども、今もおぼえゐたるがありて、帰りて友なる人に語りしに、こはかの新躰詩といふものなりとのたまふ、さてはおのづからさる時めくものに似通ひけんか、うれしくもまだ我世はありて、と頼もしくぞおぼえし、唯彼方のは生し立てたる籠飼の鶯の清き音と、これは又樹蔭の蟬の、なかではあられざりし身の程と、比べ苦しさの一方ならぬをわびつるのみ、

実をいはゞ、我はまだ此類の歌につきて、人々ののたまひしことを、多くは聞きし事あらず、その詩の形につきての説、其言葉の用ゐかたにつきての論なども、すべてまだ我がしらぬところ也、たとへば、おのれが如く、年頃三十一文字の巻々をのみ見わたしつゝ、この美しき躰にならひて、我も亦《また》思ふ事を、とおもへども、元より煩はしき今の世ぶりの心ばせなれば、姿安らかなるいにしへ振にはいひ尽しかぬるも多きに、漸《やうやく》にして思ひ出でたるこの七五の調を、うれしきものにならひとりて、我物顔にふるまひたりし、此集などの上にも、新躰の新の字、尊き詩の字をば、与へたまはむやいかに、これも亦己は知らず、罪得がましうはあれども、先一たびさる方の評をきゝ得て、我がまどふ心を定めばや。

思ふに、此新躰詩といふものゝ、行末さかえなむ為には、我を忘れて、言葉に、調に、

さまざまと心を尽したまふ人も多きに、胆太くもかく思のまゝなる事を言ひ出でむは、殆《ほとんど》許さるまじきわざなるべし、されどいかにせん、此は我が歌なり、よし此姿此言葉づかひ、世のさだめに違ふこと多くとも、猶これはわが思を舒べたる、我が歌なるをや、

我が歌を聴きたまはゞ、よしとのたまはむ人、我は先三人を知る、我がなつかしさに勝へぬ母の君と、常に我を憫みたまひし姉上と、我が思ひ出る日多き昔の友と、共に皆苔の下に逝きて、とこしへに帰り来まさず、あたりの事のすべてかくはかなきと、我身の病多きとは、終に此集の世に出づる事を急がしめき、

明治三十年二月

松岡国男

夕ぐれに眠のさめし時

うたて此世はをぐらきを
何しにわれはさめつらむ、
いざ今いち度かへらばや、
うつくしかりし夢の世に、

年へし故郷

たのしかりつるわが夢は
草生るはかとなりにけり、
昔に似たるふるさとに
しらぬをとめぞ歌ふなる、
さらば何しに帰りけん、
をさなあそびの里河の

汀のいしにこしかけて
世のわびしさを泣かむ為、

海の辺にゆきて

玉藻たゞよふ夕しほは
なぎさゆたかに満ち来なり、
沖ゆく白帆日はさして
のどけき暮になりにけり、

いそ行く海人よ、立寄りて
独ながむるたび人に、
汝が名告げずや、さ、やきて、
汝をめづるてふ人の名も、

人に別るとて

磯辺に出でゝ君と我が
けふも頻にひろひてし
あまたある貝のその中に
まじりはせずや、忘がひ、

交りたりせば如何にせん、
海の汐干にたゞ二人
ゆきしあさけを忘れては
世に在る甲斐もなかるべし、

ありそうつ浪おと高く
もの思ふ夜はふけにけり、
安くも君が寝たるかな、
明日は別となりぬるを、

都の塵

君が園生の花うばら、
ちりて乱れていつとなく
みやこの塵にまじるなり、

都の市にたつちりを
何いぶせしと厭ひけん、
うれしき君が住むやども
みやこの中にあるものを、

君しみやこをよしといはゞ
我も山辺はわすれてん、
やまべに鳥はうたふとて
谷ゆく水は清しとて
君さへなくばいかにせん、

花はしば〳〵うつろへど
あやは錦はかぎりなし、
鳥は来鳴かぬ折もあれど
うたは聴くべし朝よひに、
うべこそ君がよしといへ、
都のはるは常磐にて、

されど我妹子、高どの、
窓を開きてをちかたの
たかねを見ずや、其峯の
青きが上にむら〳〵と
たつは白雲はる〴〵と
なびくは檜原、其かげに
人は住むなり安かに、

あはれ君だに一ことも

山辺をよしとのたまはゞ
如何によからんいかばかり
うれしからまし、あはれ君、

母なき君

はゝなき君をあはれとて
泣きつる我もつひに亦
母なき人となりにけり、
あはれと君はおぼすべし、

今よりのちは露の身の
かなしくつらくある毎に、
かたるも聞くも君ならで
誰かはあらん、広き世に、
○
そは何ゆゑの涙ぞと

とひたまふこそうれしけれ
その声きけばいやましに
おつるを見ても知りたまへ
今さらかくとつげずとも

野の家

袖子が家のやねの草、
そで子がやねの草の露、
ゆふべは宿る星ひとつ、
あはれその星なつかしや、

空のゆふべになる毎に
きよき姿を思ひかね
うれしき星をまた見むと
野みちを来れば野の末に、

うき世のわざぞすべもなき、
さしも恋しき野の家を
雲のあなたに別れ来て
みやこの市を我が行けば

漲るちりのひまとめて
むかしの星ぞ見ゆるなる、
星よみやこは楽しきか、
ゆふぐれきよきかの人も
見えぬ都はたのしきか、

一 夜

空てりわたる月かげは
小窓に見えて隠れけり、
とてもかなはぬ願ゆゑ
我は泣くなり夜もすがら、

○

人のこゝろをうたがへば
わが身苦しくなりにけり、
さはとて独をりつれば
うき事しげし、いかにせん、

とてもかくてもわが心
安くはあらじたまゆらも、
恋よ、いつまでともなひて
かひなき我を泣すらむ、

暁やみ

君がかど辺をさまよふは
ちまたの塵を吹きたつる
嵐のみとやおぼすらむ、

其あらしよりいやあれに
その塵よりも乱れたる
恋のかばねを暁の
やみは深くもつゝめるを、

君がかきねの草の葉に
おきてはかわく朝露に
力無きわが夜もすがら
泣きし涙もまじれりと
誰かは知らん、神ならぬ、
とてもはかなき恋なれば
月も日もなき闇の中を
なきては帰り来ては泣き
わが世は尽きむかくながら、
せめては夢にも入れよかし、
我はかくとも露知らぬ

君がしづけき夢の中に
いまの姿をさながらに
入りてまみえて語らむと
あゝ、幾度かいのりけん、
おぼつかなくも我が願
成りきや否やたづぬるに
由なき身をばいかにせむ、

はかなきわかれ

恋のねがひぞはてもなき、
たゞ一日とは思ひしが
君があたりに居りそめて
十日もすでに過にけり、
今はかひなし別れむと
こひしき窓にたちよれど、
いかなる事か障りけん、

影だに君が見えざりき、
さらばこのまゝ別れてん、
過し日ごろのうれしさも
今のわかれの苦しさも
唯ひと言も告げかねて
なきてや我は旅立たん、
たえぬねがひを抱きつゝ、

○

我が恋やむは何時ならん、
雨よりしげき涙もて
きみが袂をぬらしつゝ、
いはぬ四年の苦しさを
唯ひと度にうちあけて
あはれと君も泣かむ時

わが恋やむはいつならむ、
命をかけて我がにくむ
かたきよ君をいざなひて
あなたの国に行くを見て
今はと一人しづかにも
をぐらき淵に入らん時、

我が恋やむはいつならん、
泣きて入りにしわが墓に
春はすみれの花咲かば
みち行く君がおのづから
つみてかざゝむ、其日こそ
陰なる我はまたなかめ、

橋姫

橋姫といふのは、大昔我々の祖先が街道の橋の袂に、祀つてゐた美しい女神のことである。地方によつてはその信仰が早く衰へて、その跡にいろ〱の昔話が発生した。これを拾ひ集めて比較して行くと、すこしづゝ古代の人の心持を知ることが出来るやうである。私は学問の厳粛を保つために、煩はしいが一々話の出処を明らかにして、寸毫も自分の作意を加へて居らぬことを証拠立て、かういふ研究のすきな人たちの御参考にしようと思ふ。

山梨県東山梨郡国里村の国玉組《くだまぐみ》に、俗に国玉の大橋と称する橋がある。大橋など、いふ名にも似合はぬわづかな石橋で、甲府市中の水を集めて西南に流れ、末は笛吹川に合する濁川といふ川に架つてゐる。今の国道からは半里ほど南であるが、以前はこの筋を往還としてゐたらしい。一説には大橋ではなく逢橋であつたといひ、また行逢橋といふ別名もある。元は山梨巨摩八代三郡の境であつたと「甲斐国志」にあるが、果してさうか否かは知らぬ。百五六十年前に出来た「裏見寒話」といふ書の第六巻に次のやうな話がある。この橋を通行する者が橋の上で猿橋の話をすると必ず怪異がある。猿橋の上でこの橋の話をしても同様である。昔武蔵国から甲州へ来る旅人があつた。猿橋を通る際にふと国玉の大橋の噂をしたところがそこへ一人の婦人が出て来て、甲府へ行かるゝならばこの文を一通、国玉の大橋まで届けて下されといつた。その男これを承知してその手紙を預つたが、如何にも変なので途中でそつとこれを披いて見ると、中にはこの男を殺すべしと書いてあつた。旅人は大いに驚き早速その手紙を殺すべからずと書き改めて国玉まで携へて来れば、この橋の上にも一人の女が出て居つて、如何にも腹立たしい様子をしてゐたが、手紙を開いて見て後、機嫌が好くなり、礼を叙べて何事もなく別れた。とりとめもなき話なれど国挙りてこれをいふ也とある。また今一つの不思議は、この橋の上で謡の「葵の上」を謡ふとたちまち道に迷ひ、「三輪」を謡ふと再び明らかになると、これも同じ書物の中に書いてある。

この話の単純な作り話でないことは、第一にその鍔目の合はぬことがこれを証拠立てる。旅人がわざ〳〵書面を偽作して正直に持つて来たのもをかしく、それを見て橋姫が悦んだといふのも道理がない。恐らくは久しく伝へてゐる中に少しづゝ変化したものであらう。明治二十年前後に出版せられた「山梨県町村誌」の中には、現にまたさらに変つた話になつてゐて、この橋の上を過るとき猿橋の話をなし、或ひは「野宮《ののみや》」

の謡をうたふことを禁ず、もし犯すときは必ず怪異あり、その何故たることを知らずとある。六七年前にこの県の商業学校の生徒たちの手で集められた「甲斐口碑伝説」中にある話は、またこんな風にも変化してゐる。或人が早朝に国玉の大橋を渡る時に、「野宮」を謡へば怪ありといふことを思ひ出し、試みにその小謡を少しばかり諷《うた》つて見たところ、何の不思議も起らず二三町ほど行き過ぎたが、向うから美しい一人の婦人が乳呑児を抱いてやつて来て、もし〳〵甚だ恐れ入りますが、足袋のこはぜを掛けます間ちよつとこの児を抱いてゐて下さいと言ふ。それでは私が掛けて上げようと屈みながらふと見上げると、たちまち鬼女のやうな姿になり眼を剝いて今にも喰ひつきさうな顔をしてゐたので、びつくりして一目散に飛んで帰り、我が家の玄関に上るや否や気絶した云々。これも小説にしては乳呑児を抱けと言つたなどが、余りに唐突で尤もらしくない。

さてどうしてこのやうな話が始まつたかといふことは、我々の力ではまだ明白にすることはむつかしいが、これとよく似た話が、真似も運搬も出来ぬやうな遠国に、分布してゐることだけは事実である。不思議の婦人が手紙を託したといふ話は、先年自分の聞き書きをした「遠野物語」の中にもある。陸中遠野の某家の主人が、宮古へ往つて帰りに閉伊川の原台《はらだい》の淵の脇を通ると、若い女が来て一通の手紙を託し、遠野の物見山の沼に行き手を叩けば名宛の人が出て来るから渡してくれといつた。請け合ひはしたもの、気に掛つてどうしようかと思ひながら来ると、道でまた一人の六部に出逢つた。六部はその手紙を開いて見て、これを持つて行けばきつと汝の身に大きな災難がある。私がよいやうに書き直してやらうといつて別の手紙をくれた。それを携へて沼へ行き手を叩くと、果して若い女が出て書状を受取り、その礼にごく小さな石臼を一つ与《く》れた。この臼に米を一粒入れてまはすと下から黄金が出る。それで後々は富裕の身代になつたといふ話である。又今一つ、羽後の平鹿郡大松川の奥に、黒沼といふ景色の好い沼がある。沼尻に小さい橋があつて月夜などに美しい女神が出ることが折々あつた。昔この辺の農夫が伊勢参りの帰りに、奥州の赤沼の脇に休んでゐたら、気高い御姫様が出て来て手紙を預け、出羽へ帰つたらこれを黒沼へ届けて下さい。その御礼にはこれをと紙に包んだ握飯のやうな重いものをくれた。この男は黒沼の近くまで来た時に、大きな声で赤沼から手紙をことづけられたと呼ぶと、振袖を着た美しい女が出てこれを受け取り、大姉君の音信《たより》は嬉しいと、これも同じやうな紙包をくれたので、後にこの二包を市に持ち出して銭に代へようとすると、汝《おまへ》一人の力ではとても銭では持つて還られまい。金で持つて還るがよいといつて山のやうな黄金をくれたので、たちまちにして万福長者になつたといふ。この話は「雪の出羽路」といふ紀行の巻十四に出てゐる。

　この二つの愉快な話とは反対に、気味の悪い方面が国玉の大橋とよく似てゐるのは、

「福山志料」といふ書に採録した備後蘆品郡服部永谷村の読坂の由来談である。昔馬方が空樽を馬につけて帰つて来る道で、一人の男に出逢つて一通の手紙を頼まれ、何心なく受け取つたが届け先を聞いておかなかつたことを思ひ出し、ちやうどこの坂道で出逢つた人にその状を読んでもらつた。名宛が怪しいので封を剝がして文言を読むと「一、空樽つけたる人の腸一具進上致候」と書いてあつた。さては川童の所業に相違なし、なるだけ川のある処を避けて還れと教へられ、迂路をして漸く危害を免れた。それよりしてこの坂を読坂と呼ぶやうになつたとある。即ち手紙を読んだ坂といふ意味である。この話に馬と空樽とは何の縁もないやうであるが、川童は久しい以前から妙に馬にばかり悪戯をしたがるものである。六七年前早稲田大学の五十嵐教授が学生に集めさせて、「趣味の伝説」といふ名で公刊せられた諸国の伝説集の中にも、豊後九十九峠の池の川童、旅の馬方の馬を引き込まうとしてあべこべに取つて押へられ、頭の皿の水が覆《こぼ》れて反抗する力もなくなり、宝物を出しますから命ばかりは助けて下さい、手前の家は峠の頂上から細道を七八町入つた処にあります。そこへこの二品を持つて行つて下されば、必ず宝物と引き換へますといつて、渡したのがやはり一通の手紙と樽であつた。この馬方は字が読めたので、途中で樽の臭の異様な事に心づいて手紙を開いて見ると、「御申付の人間の尻子百個の内、九十九個は此男に持参致させ候に付御受取被下度、不足分の一個は此男のにて御間に合せ被下度候。親分様、子分」とあつたので、喫驚《びつくり》して逃げて来た。それよりこの峠の名も九十九峠と書くやうになつた云々。

さて自分がこゝにお話したいと思ふのは、これ程馬鹿げた埒もない話にも、やはり中古以前からの伝統があるといふ点である。それは「今昔物語」の巻二十七に、紀遠助といふ美濃国の武士、京都からの帰りに近江の勢田橋の上で、婦人に絹で包んだ小さな箱を託せられ、これをば美濃方県《かたかた》郡唐の郷、段の橋の西詰にゐる女に届けてくれとの頼みであつたのを、うつかり忘れて家まで持つて還り、今に届けようと思つてゐるうちに細君に見咎められ、嫉み深い細君はひそかにこれを開けてみると、箱の中には人間の眼球、その他の小部分が毛のついたまゝむしり取つて入れてあつたので、夫婦とも大いに気味を悪るがり、主人は早速これを段の橋へ持参して行くと、果して婦人が出てゐてこれを受け取り、この箱は開けて見たらしい、憎い人だといつて凄い顔をして睨んだ。それから病気になつて還つて程もなく死んだとある。勢田橋は御承知の如く昔から最も通行の多かつた東路の要衝であるが、しかもこの橋の西詰には世にも恐しい鬼女がゐて、しば〳〵旅人を劫《おびや》かしたことは、同じ「今昔物語」の中にもいろ〳〵と語り伝へられてゐる。神から神へ手紙を送るのに人間の手を借りたといふのも、古くからの話である。例へば「宇治拾遺」の巻十五に、越前の人で毘沙門を信仰する某、不思議な女の手から書状を貰ひ、山奥に入つて鬼形の者にこれを渡して、一生食べても尽きない米一斗を受け取つた話があり、「三国伝記」巻十一には比叡山の僧侶が、日吉二宮の文を愛宕の良勝といふ地主の仙人へ持参して福分を授かつた話がある。その話が日本だけに発生したものでないことは、支那でも「酉陽雑俎」巻十四に邵敬伯といふ人、呉江の神の書翰を託せられて済河の神の処へ使ひに行き、宝刀を貰つて帰つた話もあり、まだその他にも古いところにこれに似た話があつたのを見ても分る。

そんならこの類の諸国の話は、支那からもしくは和漢共通の源から起つて、だんだん各地に散布し且つ変化したと解してよいかといふと、自分は容易にしかりと答へ得ぬのみならず、また仮にさうとしても、何故に我々の祖先がそのやうな話を信じて怖れたかについては、新たに考へて見ねばならぬ事が多い。手紙の託送を命ぜられた人がそのために命に係はる程の危険に陥り、それが一転すればまた極端の幸福を得るに至るといふのには、何か仔細がなくてはならぬ。今日の如く教育の行き渡つた時代の人の考へでは、文字も言語も軽重はないやうに見えるかも知らぬが、田舎の人の十中の九までが無筆であつた昔の世の中に於いては、手紙はそれ自身がすでに一箇不可解なる霊物であつたのである。支那でも日本でも護符や呪文には、読める人には何だ詰らないといふやうな事が書いてある。あたかも仏教の陀羅尼や羅馬教の祈禱文が、訳して見れば至つて簡単なのと同じである。「いろはにほへと」と書いてあつても無学文盲には、「この人を殺せ」とあるかとも思はれ、「宝物を遣つてくれ」とあるかとも思はれ得る。これがこの奇抜な昔話を解釈するに必要なる一つの鍵である。しかしまだその前に話さねばならぬことがあるから、其方を片づけて行かうと思ふ。

近年の国玉の橋姫が乳呑児を抱いて来て、これを通行人に抱かせようとした話にもまた伝統がある。この類の妖怪は日本では古くからウブメと呼んでゐた。ウブメは普通には産女と書いて、今でも小児の衣類や襁褓などを夜分に外に出しておくと、ウブメが血を掛けてその子供が夜啼をするなどゝいふ地方が多く、大抵は鳥の形をして深夜に空を飛んであるくものといふが、別にまた児を抱いた婦人の形に画などにも描き、つい頼まれて抱いてやり、重いと思つたら石地蔵であつたといふやうな話もある。これも「今昔物語」の巻二十七に、源頼光の家臣に平の季武といふ勇士、美濃国渡といふ地に産女が出ると聞き、人と賭をして夜中にわざ〳〵其処を通つて産女の子を抱いてやり、返してくれといふをも顧みず携へて帰つて来たが、よく見れば少しばかりの木葉であつたといふ話を載せ、「此ノ産女ト云フハ狐ノ人謀ラムトテ為ルト云フ人モ有リ、亦女ノ子産ムトテ死タルガ霊ニ成タルト云フ人モ有リトナム」と書いてゐる。元より妖怪の事であれば随分怖く、先づこれに遭へば喰はれぬまでもおびえて死ぬ程に畏れられてゐたにもかゝはらず、面白いことには産女にも往々にして好意があつた。例へば「和漢三才図会」六十七、または「新編鎌倉志」巻七に出てゐる鎌倉小町の大巧寺の産女塔の由来は、昔この寺第五世の日棟上人、或夜妙本寺の祖師堂へ詣る途すがら、夷堂橋《えびすだうばし》の脇より産女の幽魂現はれ出で、冥途の苦艱を免れんと乞ひ、上人彼女のために回向をせられると、御礼と称して一包の金を捧げて消え去つた。この宝塔は即ちその金を費して建てたものである。夷堂橋の北のこの寺の門前に、産女の出た池と橋柱との跡が後までもあつたといふ。加藤咄堂氏の「日本宗教風俗志」にはまたこんな話もある。上総山武郡大和村法光寺の宝物の中に産《うぶ》の玉と称する物は、これもこの寺の昔の住持で日行といふ上人、或時途上ですこぶる憔悴した婦人の赤児を抱いてゐる者が立つてゐて、この子を抱いてくれといふから、可愛さうに思つて抱いてやると、重さは石の如く冷たさは氷のやうであつた。上人は名僧なるが故に、少しも騒がず御経を読んでゐると、暫くして女のいふには御蔭を以て苦難を免れました。これは御礼と申してくれたのがこの宝物の玉であつた。今でも安産に験《しるし》ありといふのは、多分産婦が借用して戴けば産が軽いといふことであらう。この例などを考へて見ると、謝礼とはいふけれども実はこれをくれるために出て来たやうなもので、仏法の功徳といふ点を後に僧徒がつけ添へたものと見れば、その他は著しく赤沼黒沼の姫神の話などに似て居り、少なくも産女が平民を気絶させる事のみを能としてゐなかつたことがわかる。さうして橋の神に安産と嬰児の成長を祈る説話は随分諸国にあるから、国玉の橋姫が後に子持ちとなつて現はれたのも、自分には意外とは思はれぬ。

それから今度は謡をうたつては悪いと云ふ言ひ伝へをあらまし説明しよう。これもまた各地方に同じ例の多い事で、九州では薩州山川港の竹の神社の下の道、大隅重富の国境白銀坂等に於いて、謡をうたへば必ず天狗倒しなどの不思議があつたことは「三国名勝図会」に見え、越後五泉町の八幡社の池の側では、謡を謡へば女の幽霊が出ると「温故之栞」第七号に見えてゐる。また駿州静岡の旧城内杜若《かきつばた》長屋といふ長屋では、昔から「杜若」の謡を厳禁してゐたことが津村淙庵の「譚海」巻十二に見えてゐるが、これは何故に特に「杜若」だけが悪いのか詳しいことは分らぬ。しかし他の場合には理由の明白なるものもあるのである。例へば近頃出来た「名古屋市史」の風俗編に、尾張の熱田で「楊貴妃」の謡を決してうたはなかつたのは、以前この境内を蓬萊宮と称し、唐の楊貴妃の墳があるといふ妙な話があつたためで、「新撰陸奥風土記」巻四に、磐城伊具郡尾山村の東光院といふ古い寺で、寺僧が「道成寺」の謡を聞くことを避けてゐたのは、かの日高川で清姫が蛇になつて追ひかけたといふ安珍僧都が、実はこの寺第三世の住職であつたためであるといつてゐる。信濃の善光寺へ越中の方から参る上路越《あげろごゑ》の山道で「山姥」の謡を吟ずることは禁物と、「笈埃随筆」巻七に書いてある理由などは、恐らくはくだ〳〵しくこれを述べる必要もないであらう。しからばたち戻つて前の甲州国玉の逢橋の上で、通行人が「葵の上」を謡ふと暗くなつて道を失ふと「裏見寒話」にあり、近代になつては「野宮《ののみや》」がいかぬといふことになつたのはそも如何。これは謡といふものを知らぬ若い人たちでも、「源氏物語」を読んだことのある方にはすぐに推察ができることである。つまり「葵の上」は女の嫉妬を描いた一曲であつて、紫式部の物語の中で最も嫉み深い婦人、六条の御息所といふ人と、賀茂の祭の日に衝突して、その恨みのために取殺されたのが葵の上である。「野宮」といふのもいはゆる源氏物語の謡の一つで、右の六条の御息所の霊をシテとする後日譚を趣向したものであるから、結局は女と女との争ひを主題にした謡曲を、この橋の女神が好まれなかつたのである。「三輪」を謡へば再び道が明るくなるといふ仔細はまだ分らぬが、古代史で有名な三輪の神様が人間の娘と夫婦の語らひをなされ、苧環《をだまき》の糸を引いて神の験の杉の木の上に御姿を示されたといふ話を作つたもので、その末の方には「又常闇《とこやみ》の雲晴れて云々」或ひは「其関の戸の夜も明け云々」などゝいふ文句がある。しかしいづれにしても橋姫の信仰なるものは、謡曲などの出来た時代よりもずつと古くからあるは勿論、「源氏物語」の時代よりもさらにまた前からあつたことは、現にその物語の中に橋姫といふ一巻のあるのを見てもわかるので、これにはたゞどうして後世に、そんな謡を憎む好むといふ話が語らるゝに至つたかを、考へて見ればよいのである。

国玉の大橋の上で猿橋の話をすると災ひがあり、また猿橋で国玉の事をいつても同様であつたと云ふ言ひ伝へは、かうしてみると謡の戒めの話と裏表をなしてゐることが判る。この二つの橋はともに甲州街道の上にあつて、旅人によく知られてゐた橋である。さうして猿橋の方にもやはり橋の西詰に、諸国の猿曳が尊信する、俗に猿の神様など、呼ぶ小社があつた。昔の神様は多くはいはゆる地方神であつて、土地の者からは完全なる信仰を受けられても、遠国の旅客などには自由な批評が出来たためであるか、往々にして甲地乙地何方の神が有難いといふやうな沙汰があつた。なほその上にこの種の神々は当節の大神とは違つて、人間とよく似た感情または弱点をも有つて居られた。いはんや失礼ながらそれが御婦人であつたとすると、他方の女神の噂などを聴きたまふ時の不愉快さは、なか〳〵謡を聞いて思ひ出すくらゐの微弱なものでなかつた筈である。薩摩の池田湖は山川港に近い火山湖で、わづかな丘陵を以て内外の海と隔てられ、風景の最も美しい静かな水であるが、この湖の附近に於いて海の話をすればたちまち暴風雨が起ると伝へられてゐたことが「三国名勝図会」に見え、阿波の海部川の水源なる王余魚滝《かれひのたき》一名轟の滝に於いては、紀州の那智滝とこの滝とを比べまたは滝の高さを測らんとすることを、神が最も忌み嫌ひたまふといふこと、「燈下録」といふ書の巻十に見えてゐる。かういふことは、昔から人のついしさうな事で、しかもごくわづかばかり劣つた方の神様に取つては、甚だ面白くないことに相異ない。富士と浅間の煙競べといふことは、今の俗曲の中にもあるが、古代の関東平野では、早くより筑波と富士との対抗談があつたと見えて、「常陸風土記」にはそれに因んだ祖神巡国《みおやがみくにめぐり》の話を載せ、勿論自国の筑波山の方が優れたやうに書いてゐる。羽後に行くと鳥海山が富士と高さを争つたといふ昔話がある。鳥海はどうしても富士には敵はぬと聞いて、口惜しさの余りに山の頂上だけが大海へ飛んだ。それが今の飛島であるといふ。前に引用した「趣味の伝説」には加賀の白山が富士と高さを争ひ、二山の頂きに樋を渡して水を通してみると、白山の方が少し低かつたので、白山方の者が急いで草鞋を脱いで樋の下にあてがつて平らにした故に、今でも登山者は必ず片方の草鞋を山で脱いで来るのだといひ、三河の本宮山《ほんぐうざん》と石巻山とは、相対して一分も高さが違はぬ故に永久に争つてをり、二つの山に登る者、石を携へて行けば草臥れず、小石一つでも持ち降れば罰が当り参詣が徒爾となるといふなどは、いづれもよく似た山の争ひである。この外「越中旧事記」によれば、婦負郡舟倉山の権現は能登の石動山の権現ともと御夫婦であつたが、嫉妬から闘諍が起つて十月十二日の祭の日には今でも礫《つぶて》を打ちたまふ故に、二つの山のあひだの地には小石が至つて少ないなど、いふさうである。昨年秋の院展に川端龍子君の手腕を示した二荒山縁起の画なども、やはりまたこの山と上州の赤城山との丈競《たけくらべ》古伝を理想化したもので、これなどは最も著しい例であつた。今でも赤城明神の氏子たちは日光には参られない。旧幕時代には牛込辺の旗本御家人たちの赤城様の氏子であつた者は、公命によつて日光の役人になつた場合、氏神に参詣してその仔細を申し、自分だけ一時氏子を離れて築土《つくど》八幡又は市谷八幡の氏子となり、在役中の加護を願つたといふことが、十方菴の「遊歴雑記」五篇の中に見えてゐる。

この例はまだいくらもある。中でも珍しいのは「日次記事」の三月の条に、京都の西の松尾の人は紀州の熊野へ参らず、熊野の人も松尾明神に参詣してはならぬ。この禁を破れば必ず祟があるとある。畏れ多いことであるが、伊勢の大廟にも、在原姓の者は参宮をしなかつたといふ話がある。それは先祖の業平が伊勢物語にある如く、神聖なる斎《いつき》の宮に懸想をしたためであつた。京都粟田口明神社の坊官鳥居小路氏の如きは即ちその家で、参宮がならぬ故に別にこの宮を建てたと「粟田地誌漫録」に見え、上州群馬郡の和田山極楽院の院主も、先祖の長野右京亮が在五中将の末であつたために、今に至るまで伊勢大神宮に参詣かなはずと「山吹日記」といふ紀行にある。このほか守屋氏の人は物部連守屋の子孫らしき為に、信濃の善光寺に詣づれば災あり、佐野氏の人は田原藤太の後といふことで、神田明神の祭に逢ふと悪いといふ話が、「松屋筆記」巻五十に出てをり、その平将門の子孫と伝ふる今の相馬子爵の先祖が、奥州から江戸へ参覲する道で、常陸の土浦を通る日は必ず風雨または怪異があつたのは、将門に殺された叔父の国香の墓がこの町にあつて、国香明神と祭られてゐたからだと「新治郡案内」にあるが如き、或ひは東京西郊の柏木村の人は、鎧《よろひ》大明神の氏子でその神は将門の鎧を御神体とすると伝ふる故に、敵の田原藤太秀郷の護持仏だつたといふ成田の不動へは参らなかつたと、山中共古翁の日録にあるが如き、いづれも謎の如くまた下手な歴史の試験問題のやうであるが、実はみなこの系統の話である。この頃出来た「奈良県高市郡志料」に、この郡真菅村の宗我神社は蘇我氏の祖神を祀つたかと思はれるが、俗には入鹿宮と称して氏子等は今なほ多武峯《たふのみね》に参らぬ者が多いとある。これは多武峯には藤原鎌足の廟があるためであるが、さらに注意すべきはこの山から五六里も東、大和と伊勢の国境の高見山に、蘇我入鹿の首が飛んで来て神に祭つたと云ふいひ伝へのあることである。この山の神を信心する者は、多武峯に参ることのならぬは勿論、「即事考」といふ書の巻一には、鎌を持つて登つてさへ、必ず怪我をするかまたは山が鳴るとある。これなどは明白に山の争ひが神の争ひとなつた一つの証拠で、この近辺で秀でゝゐるのはこの二つの山のみである所から、多武峯の競争者なら高見山は入鹿といふことになつたのであらうと思ふ。

「諺語大辞典」を見ると、京都などでは弘法様の日（二十一日）に雨が降れば、天神様の日（二十五日）は晴天、弘法様の日が晴天なら天神様の日は雨といふとある。これは他の地方でも広くいふことであるが、東京などでは今は金毘羅が天気なら水天宮は雨、水天宮が天気なら金毘羅は雨といつてゐる由、ついこの頃子供が女中から聞いたといつてゐた。しかるに蠣殻町の水天宮も虎の門の金毘羅も、ともにわづか百年ほど前に勧請した流行神で、これと比べると東京の天候の方が何千年古いか分らぬ。つまりこれも形式のやゝ異なつた神の嫉みで、最初から僧空海と菅原道真との二人格が相争つたことはあり得ぬのである。それに就いてなほ言ひたいのは、関東の各地に藤原時平を祀るといふ社の多いことである。これなどは天神様に対する反抗者といふの外に、この辺で神に斎《いは》ふべき道理のない人物である。前にも引いた「譚海」の巻十に、下総佐倉領の酒々井《しゆすゐ》では、産土神が時平の大臣である故に、一帯に天満宮を祀らぬとある。下野下都賀郡小野寺村大字古江の鎮守は時平大明神である。而してその南隣の安蘇郡犬伏町大字黒袴では菅原道真を鎮守としてゐるために、昔から両村のあひだにとり結んだ縁組は一つも終りを完うしたものはないと、「安蘇史」といふ近年の地誌に記してゐる。日本の縁組などは至つてこはれ易いもので、殊に悪いとなつたらなほ早く破れたであらうから、単純な迷信とも見られようが、どうしてまたそのやうな事になつたものか、第一に古江の氏神がなぜ時平となつたかを考へて見ると、これは最初黒袴村の方で天神を村の境の守護神として祭り始めたからであらうと思ふ。これも類例を挙げて見なければ本意を知り難いが、通路の衝に祭る神様に嫉みといふ神性があると考へた結果として、婚姻といふ如き縁起を重んじ、しかも嫉妬の目的物となりやすい交通に、これを避けたといふのは人情の自然である。「人類学会雑誌」の第四十五号に、信州下伊那郡の伊賀良村と山本村竹佐との境に、二つ山といふ小山があつてその麓は県道である。山を南北にするこの二箇村では、縁組をすれば必ず末遂げずといつて、次第に通婚が絶えてゐたのを、三州伊良湖の漁夫磯丸といふ歌人に歌を詠んで貰ひ、その後この患がなくなつたとある。「岐蘇古今沿革志」を見ると、右の二つ山は一名を恨山といひ、飯田の城下へ出る古道は二つの山のあひだを通つてゐた。高さ大小共に同じ程の二つ山で、西の方が少し低いかと思はれる。嫁入の行列は勿論のこと、その荷物ばかりでもこの道を通つて行けばきつと離縁になるとて、常に廻り道をして行くとあつて、しかもこの書は磯丸が死んだ後に著されたものである。福島県信夫郡宮代村の日枝神社には、源頼義の側室尾上の前が夫を慕つて来て死んだなど、いふ口碑と石碑とがあるが、その附近の字屋敷畠には弘安三年の文字ある今一つの碑があつて、何か由縁のある他の上﨟の墓だとも伝へてゐる。この村でも婚姻の者はこの石塔の前を通ることを忌むので、後にこれを中村某の屋敷内へ移したと、二十年ばかり前に出版した「信達二郡村誌」に出てゐるが、今日はどうなつてゐるかを知らぬ。

さらに東京附近にある数例を挙げて見れば、武蔵比企郡南吉見村大字江綱の鎮守元巣大明神の社の前は、嫁入には通行をしなかつた。これは神様の名がモトスであつて「戻す」の音に近いからと説明せられてゐるが、同じく南足立郡舎人《とねり》村の諏訪社に於いては、夫婦杉と称へた二本の杉の木の前を、嫁入の行列は避けて通らなかつた。この杉は幸ひにして後に枯れたが、この如き俗信の起るに至つたのは、今から百九十年前の享保十三年、三沼代用水の掘割の時、二本の夫婦杉の中間に溝を掘つてから後であるといふ。これは自分の結論のために入用なる一例である。八王子市の東南南多摩郡忠生村大字図師の釜田坂は、村の南部で大蔵院といふ寺の前の坂であつたが、この坂でもこれを通つて縁づいた者は必ず還されると伝へられてゐた。以上の三件はともに「新編武蔵風土記稿」に載つてゐる。或方面の人には今でも有名な下板橋の縁切榎のことも同じ書中に記してある。これも岩ノ坂と称する坂路の側で、その榎は第六天の祠の御神木であつた。今ではこの木の削り屑を戴いて帰り、別れたいと思ふ相手の者にそつと服ませるとたちまちだと信じ、背中合せの男女を描いた絵馬札を売る店屋までが出来たさうだが、これはむしろ神の悪徳を利用した江戸の人間の働きで、元は他の村々と同様な困つた障碍であつた証拠には、この地が中仙道の往来であるにもかゝはらず、現に京都の姫宮が将軍家へ降嫁せられた時にも、廻り路にわざ〳〵臨時の新道を造つて榎の下を避けられたことが一度ではなかつた。東京の真中でも今の甲武線の水道橋停車場の附近に、つい近頃まであつた三崎稲荷の社は、一名を縁切稲荷と称し、婚礼婿入にこの前を通れば必ず離別するとて通らなかつたと「江戸志」にある。また王子の町から北に当る荒川の豊島の渡でも、嫁入婿取には決してこれを渡らず、双方川向へ縁組をするに上の渡又は小代河岸《をだいがし》へ迂回をしたと、「遊歴雑記」二編中巻にある。その昔足立郡の領主宮城の宰相、一人娘の足立姫を豊島の左衛門尉に嫁がせたが、姫は無実の罪を着せられて豊島家を追ひ出され、帰りに荒川の淵に於いて十二人の侍女とともに身を投げた。その怨念が今も消えぬのだといつたさうであるが、その事実の有無は未定としても、この渡し場の少し上に足立姫嫁入の時、父の宰相が特に架けさせたといふ橋の跡があつて、近昔まで橋杭が残つてゐたとあるのは、やがてまたこの地も橋姫の勢力範囲であつたことを想像せしめる。新宿の西、青梅街道の上、井頭《ゐのかしら》用水に架けられた淀橋といふ橋は、小さな橋だが町の名となつて人がよく知つてゐる。中野長者といふ人此橋の向うに渡つて財宝を土中に埋め、秘密の洩れんことを恐れて伴《とも》の下男を殺したといふ伝説があり、橋の名も元は姿不見橋と呼んだのを、何代かの将軍鷹野の時にこれは吉《よ》くない名だと仰せられ、ちやうど橋の袂に水車小屋があつたので、淀の川瀬の水車の縁を以て淀橋といふ名を下すつた。それにもかゝはらずこの橋でもやはり縁組を嫉み、廂髪の女学生上りまでが御嫁に行くのにどうしてもこゝを通過せず、えらい大廻りをしたり、または田の中の小路を歩いたりして居つた。大正二年の十一月二十一日（自分が今この事を書いてゐるのも四年目の同じ日であるのはまた一つの不思議である）、右の水車の持主で淀橋銀行の頭取もしてゐる浅田さんといふ長者の家で、嫁御を東京から迎へるにどうしてもこの橋を渡らねばならぬ際、いつそこのついでにといふわけで盛大な鎮祭《しづめまつり》を挙行し、自分も伝説を知つてゐるといふ廉でその式に招かれて行つた。祭場は橋から下手へかけて水の上に大きな桟敷を構へ、あんな立派な祭はかつて見たことがない。その時の神官の祝詞及び来賓名士の演説は奇天烈を極めたものであつた。さうしてその次の日には何台かの自動車はブーブーと、花嫁さんを乗せて花々しくこの橋を渡つたのである。自分は単に民衆心理の研究から、ひそかにその後の成績に注意してゐると、一年もたたぬ内にはや近所では御嫁さんは病気ださうなとか、その他いろ〳〵の不吉な事ばかり噂をしてゐた。確かな人の話でそれは全く虚誕と判明したが、しかもかの方面の人々がその後自由にこの橋を通つて縁組をしてゐるかどうか。自分などはやつぱりだらうと思つてゐる。

少し御退屈かも知らぬがすこし京都方面の事をいはねばならぬ。京都では岡崎町池之内即ち大学の先生の多く住んで居らるゝ辺は、中古俊寛僧都の住んでゐた法勝寺の跡で、今も俊寛屋敷有王屋敷などの伝説がある。なかんづく満願寺と法雲寺との向うを西から東へ通ずる路は、俊寛が鬼界島へ流される時に通つたからといふことで、今日でも婚姻の時に通らぬ土俗があると、「京都坊目誌」に見えてゐる。「都名所図会」巻二に曰く、西洞院四条の角の化粧水、昔此処に小野小町の別荘があつた。そこから三間ほど北の方に、四条通の人家の下を西へ流れて西洞院川へ落ちる溝川があつて、その名を藍染川といふ。小町に心をかけた人が望みを遂げずしてこの川へ落ち入つて死んだと伝へ、これ故に今なほ婚礼の輿入にはこの橋を渡らない云々。小町はもとより古今の美人であつて、心をかけて死んだ人も多かつたかは知らぬが、もし、それがかの深草少将のことならば、伏見に近い墨染の欣浄寺《ごんじやうじ》から宇治郡の小野村へ通ずる一里ばかりの道を、少将の通路《かよひぢ》といふと「山州名跡志」巻十三及び十四にある。たゞし太閤在世中訴願の事あつて伏見の城へ行く者、この道を通れば必ず不成功であつたために、つひに人が往来せぬやうになつたとばかりで、婚礼の事は伝へて居らぬ。「出来斎京土産」巻七には、また宇治橋の橋姫の宮の前を、嫁入する時には通らぬといふ話を載せてゐる。宇治久世二郡の民、縁を結ぶには橋の下を舟で渡る。橋を渡れば橋姫の御嫉みにより夫婦の末とほらずとかやとある。嫉みの神としては山城宇治の橋姫は最も古くかつ有名である。比較的新しい俗説では京に一人の嫉み深き女があつて、夫を恨んで貴船の社に禱り、神の教に随ひ宇治橋に行つて生きながら鬼となり旅人を悩ました故に、これを橋の南詰に神に祭つたといふのであるが、その以前に別に橋姫物語といふ書が幾種かあつた。鎌倉室町時代文学史によれば、その一種現存するものには某の中将に妻二人あり、その一人は名を宇治の橋姫といふ。産に近づいて五ひろの若海布《わかめ》をほしがるにより、夫これを取りに伊勢の海辺に行き竜王に招かれて還らなかつたので、橋姫は赤子を抱いて伊勢へ尋ねて行き、次いで他の妻も来たといふ話であるといふが、「山城名勝志」に引用した「為家抄」にあるのは、二人の妻の争ひといふことはなく、宇治川の辺に住む夫婦の者あり、夫は竜宮へ宝を取りに行つて帰らず、妻は恋悲しみで橋の辺に死し、橋守明神となつたといふので、こちらが多分さらに古く、前者に伊勢へ行つたとあるのは、恐らくは伊勢の神宮の宇治橋にも古くより橋姫を祭つてゐたためだらうと思ふ。「古今集」には宇治の橋姫といふ歌がすでに二首あつて、いづれも男が女を愛する心を詠じたまで、嫉妬のことはない。顕昭の註にはまたこの橋の北にある離宮と申す神様が、毎夜橋の南の橋姫の社に通ひたまふといふ話が民間にあつたと記してゐる。さうしてこの人は源平時代の学者である。

伝説の解釈は面白いものだが同時に中々むつかしく、一寸自分等の手の届かぬいろいろの学問が入用である。この場合に先づ考へて見ねばならぬのは、ネタミといふ日本語の古い意味である。中世以後の学者には一箇の日本語に一箇の漢語を堅く結びつけて、漢字で日本文を書く便宜をはかつたが、その宛字の不当であつた例はこればかりではない。ネタミも嫉または妬の字に定めてしまつてから後は、つひに男女の情みを意味するやうに変化したが、最初は憤り嫌ひまたは不承知などを意味してゐたらしいことは、「倭訓栞」などを見ても凡そ疑ひがない。而して何故にこの類の気質ある神を橋の辺に祭つたかといふと、敵であれ鬼であれ、外から遣つて来る有害な者に対して、十分にその特色を発揮して貰ひたいためであつた。街道の中でも坂とか橋とかは殊に避けて外を通ることの出来ぬ地点である故に、人間の武士が切処としてこゝで防戦をしたとおなじく、境を守るべき神をも坂または橋の一端に奉安したのである。しかも一方に於いては境の内に住む人民が出て行く時には何等の障碍のないやうに、土地の者は平生の崇敬を怠らなかつたので、そこで橋姫といふ神が怒れば人の命を取り、悦べば世に稀なる財宝を与へるといふやうな、両面両極端の性質を具へてゐるやうに考へられるに至つたのである。また二つの山の高さを争ふといふ類の話は、別に相応の原因があるので、逢橋と猿橋と互に競ふといふなども、ネタミといふところからこれへ結合したのかと思ふが、信濃の恨山で同じ程な二つの小山のあひだを通る路に、この神の信仰が遺つてゐるなどは、即ちもと境を守る神が男女の二柱であつた一の証拠である。箱根の二子山で、昔の路がわざ〳〵あの中間を通つてゐた如く、境の通路には男神《をがみ》女神《めがみ》などの名を以て、二つの丘または岩のある例は、水陸ともに極めて多く、その或ものはこれによつて地名を「たけくらべ」などゝもいつてゐる。けだしかくの如き路を造つた昔の人の考へは簡単であつた。即ち男と女と二人並んでゐるところは、最も他人を近寄せたくない処である故に、即ち古い意味に於ける「人ねたき」境である故に、もし其男女が神霊であつたならば、必ず偉い力を以て侵入者を突き飛ばすであらうと信じたからである。「東山往来」といふ古い本を見るに、足利時代に於いてもこの信仰の痕跡がなほ存し、夫婦または親族の者二人並び立つ中間を通るのは最も忌むべきことで、人が通るを人別れ、犬が通るを犬別れと謂つてともに凶事とするとある。つまりこの思想に基いて、橋にも男女の二神を祭つたのが橋姫の最初で、男女であるが故に同時に安産と小児の健康とを禱ることにもなつたのである。ゴンムの「英国土俗起原」やフレエザーの「黄金の小枝」などを見ると、外国には近い頃まで、この神霊を製造するために橋や境で若い男女を殺戮した例が少なくない。日本ではわづかに古い〱世の風俗の名残を、かの長柄の橋柱系統の伝説の中に留めてゐるが、それはこのついでを以て話し得るほど手軽な問題ではないから略しておく。近世の風習としては、新たに架けた橋の渡り初めに、美しい女を盛装させて、その夫がこれにつき添ひ橋姫の社に参詣することが、伊勢の宇治橋などにあつたと、「皇大神宮参詣順路図会」には見えてゐる。橋姫の根源を解説するには、なほ進んでこの渡り初めの問題にたち入つてみねばならぬのである。

自分は伝説を愛せらるゝ人々に勧告する。伝説はその片言隻語といへども大切に保存しなければ、たちまち無用の囈言《うはごと》になつてしまふ。故にこれを人に語る場合には誇張してはならぬ。修飾してはならぬ。殊に変更に至つては罪悪である。我々の祖先の墓を拝すると同じ心持を以て、祖先の思想信仰の断片をも尊敬せねばならぬ。この趣旨の下になるたけ多くの伝説の蒐集せられんことを切望する。

木綿以前の事

一

七部集の附合の中には、木綿の風情を句にしたものが三箇処ある。それから木綿とは言つて無いが、次の「炭俵」の一節もやはりそれだらうと私は思つてゐる。

分《ぶん》にならるる娵《よめ》の仕合《しあはせ》　利牛
はんなりと細工に染る紅《べに》うこん　桃鄰
鑓《やり》持ちばかり戻る夕月　野坡

まことに艶麗な句柄である。近いうちに分家をする筈の二番息子の処へ、初々しい花嫁さんが来た。紅をぼかしたうこん染めの、袷か何かをけふは着て居ると云ふので、もう日数も経つて居るらしいから、これは不断着の新しい木綿着物であらう。次の附句は是を例の俳諧に変化させて、晴れた或る日の入日の頃に、月も出て居て空がまだ赤く、向うから来る鑓と鑓持ちとが、其空を背景にくつきりと浮き出したやうな場面を描いて、「細工に染る紅うこん」を受けて見たのである。又これとは正に反対に、同じ恋の句でも寂しい扱ひ方をしたものが、「比佐古」の亀の甲の章にはある。

薄曇る日はどんみりと霜をれて　乙州
鉢いひ習ふ声の出かぬる　珍碩
そめてうき木綿袷のねずみ色　里東
えりあまされて寒き明ぼの　探志

此一聯の前の二句は、初心の新発意《しんぼち》が冬の日に町に出て托鉢をするのに、まだ馴れないので「はち〳〵」の声が思ひ切つて出ない。何か仔細の有りさうな、もとは良家の青年らしく、折角染めた木綿の初袷を、色もあらうに鼠色に染めたと、若い身空で仏門に入つたあぢき無さを歎じて居ると、後の附句ではすぐにこれをあの時代の、歌比丘尼の身すぎの哀れさに引移したのである。木綿が我邦に行はれ始めてから、もう大分の年月を経て居るのだが、それでもまだ芭蕉翁の元禄の初めには、江戸の人までが木綿と云へば、すぐに此様な優雅な境涯を、聯想する習はしであつたのである。

二

木綿が我々の生活に与へた影響が、毛糸のスヱーターや其一つ前のいはゆるメリンスなどよりも、遥かに偉大なものであつたことはよく想像することが出来る。現代はもう衣類の変化が無限であつて、特に一つの品目に拘泥する必要も無く、次から次へ好みを移して行くのが普通であるが、単純なる昔の日本人は、木綿を用ゐぬとすれば麻布より他に、肌につけるものは持合せて居なかつたのである。木綿の若い人たちに好ましかつた点は、新たに流行して来て珍しいと云ふ外に、なほ少なくとも二つはあつた。第一には肌ざはり、野山に働く男女に取つては、絹は物遠く且つ余りにも滑らかで稍〻つめたい。柔かさと摩擦の快さは、寧ろ木綿の方が優つて居た。第二には色々の染めが容易なこと、是は今までは絹階級の特典かと思つて居たのに、木綿も我々の好み次第に、どんな派手な色模様にでも染まつた。さうして愈〻棉種の第二回の輸入が、十分に普及の効を奏したとなると、作業は却つて麻よりも遥かに簡単で、僅かの変更を以て之を家々の手機《てばた》で織出すことが出来た。其為に政府が欲すると否とに頓着なく、伊勢でも大和河内でも、瀬戸内海の沿岸でも、広々とした平地が棉田になり、棉の実の桃が吹く頃には、急に月夜が美しくなつたやうな気がした。麻糸に関係ある二千年来の色々の家具が不用になつて、後には其名前までが忘れられ、さうして村里には染屋が増加し、家々には縞帳と名づけて、競うて珍しい縞柄の見本を集め、機に携はる人たちの趣味と技芸とが、僅かな間に著しく進んで来たのだが、しかもその縞木綿の発達する以前に、無地を色々に染めて悦んで着た時代が、斯うしてやゝ久しくつゞいて居たらしいのである。

三

色ばかりか之を着る人の姿も、全体に著しく変つたこと、思はれる。木綿の衣服が作り出す女たちの輪廓は、絹とも麻とも又ちがつた特徴があつた。其上に袷の重ね着が追々と無くなつて、中綿がたつぷりと入れられるやうになれば、又別様の肩腰の丸味ができて来る。全体に伸び縮みが自由になり、身のこなしが以前よりは明らかに外に現はれた。たゞ夏ばかりは単衣の糊を強くし、或は打盤で打ちならして、僅かに昔の麻の着物の心持ちを遺してゐたのだが、それも此頃は次第におろそかになつて行くやうである。我々の保守主義などは、言はゞ只五七十年前の趣味の模倣に過ぎなかつた。そんな事をして居る間に、以前の麻のすぐな突張つた外線は悉く消えて無くなり、いはゆる撫で肩と柳腰とが、今では至つて普通のものになつてしまつたのである。それよりも更に隠れた変動が、我々の内側にも起つて居る。即ち軽くふくよかなる衣料の快い圧迫は、常人の肌膚を多感にした。胸毛や背の毛の発育を不必要ならしめ、身と衣類との親しみを大きくした。乃ち我々には裸形の不安が強くなつた。一方には今まで眼で見るだけのものと思つて居た紅や緑や紫が、天然から近よつて来て各人の身に属するものとなつた。心の動きはすぐに形にあらはれて、歌うても泣いても人は昔より一段と美しくなつた。つまりは木綿の採用によつて、生活の味はひが知らず〳〵の間に濃かになつて来たことは、曾て荒栲《あらたへ》を着てゐた我々にも、毛皮を被つて居た西洋の人たちにも、一様であつたのである。

但し日本では今一つ、同じ変化を助け促した瀬戸物といふもの、力があつた。白木の椀はひづみゆがみ、使ひ初めた日からもう汚れて居て、水で滌ぐのも気安めに過ぎなかつた。小家の侘しい物の香も、源を辿ればこの木の御器《ごき》のなげきであつた。其中へ米ならば二合か三合ほどの価を以て、白くして静かなる光ある物が入つて来た。前には宗教の領分に属して居た真実の円相を、茶碗といふものによつて朝夕手の裡に取つて見ることが出来たのである。是が平民の文化に貢献せずして止む道理は無い。昔の貴人公子が佩玉の音を楽んだやうに、かちりと前歯に当る陶器の幽かな響には、鶴や若松を画いた美しい塗盃の歓びも、忘れしむるものがあつた。それが貧しい煤けた家の奥までも、殆と何の代償も無しに、容易に配給せられる新たな幸福となつたのも時勢であつて、此点に於ては木綿のために麻布を見棄てたよりも、もつと無条件な利益を我々は得て居る。しかも是が何人の恩恵でも無かつたが故に、我々はもう其嬉しさを記憶して居ない。偶然とは言ひながらも是ほど確乎たる基礎のある今日の新文明を、或は提督ペルリが提げてでも来たもの、やうに、考へる人さへあつたのである。

四

木綿の威力の抵抗し難かつたことは、或る意味に於ては薩摩芋の恩沢とよく似て居る。此藷なかりせば国内の食物は夙に尽きて、今の如く人口の充ち溢れる前に、外へ出て生活のたつきを求めずには居られなかつたらう。必要は農民を勇敢にし、海で死に或は海で栄える者が、今よりも遥かに多かつた筈である。しかし藷が来た以上は作つて食ひ、食へば一旦は満腹して是でも住めると思ひ、貧の辛抱がし易くなつて、結局子孫の艱難を長引かせたとも見られるが、さればとて遠い未来の全体の幸不幸を勘定して、この目前に甘く且つ柔かなる食物の誘惑を却けることは、人が神であつても出来ないことである。木綿の幸福には、是ほど大きな割引は無かつたが、仮に有つたとしてもなほ我々は悦んで之に就いたであらう。それが又個々別々の生存をもつ者の、至つて自然なる選択である。久しい年月を隔てゝ後に、或は忍び難い悪結果を見出したとしても、之に由つて祖先の軽慮は責めることは出来ぬ。たゞ彼等の経験によつて学び得る一事は、かやうに色々の偶然に支配せらるゝ人間世界では、進歩の途が常に善に向つてゐるものと、安心しては居られぬといふことである。万人の滔々として赴く所、何物も遮り得ぬやうな力強い流行でも、木が成長し水が流れて下るやうに、すら〳〵と現はれた国の変化でも、静かに考へて見ると損もあり得もある。其損を気付かぬ故に後悔せず、悔いても詮が無いからそつとして置くと、其糸筋の長い端は、即ち目前の現実であつて、やつぱり我々の身に纏はつて来る。どうしても独りの力では始末の出来ぬやうに、この世の中はなつてゐるのである。

五

茶碗や皿小鉢が暗い台所に光を与へ、清潔が白色であることを教へた功労は大きいが、それでも一方には、物の容易に砕けることを学ばしめた難は有る。木綿の罪責に至つては或はそれよりも聊か重かつた。第一に彼は此世の塵を多くして居る。をかしいことには木綿以前の日本人が、何かと言ふと人世の塵の苦しみを訴へ、遁れて嬉しいと云ふ多くの歌を残して居るのと反対に、そんな泣言はもう流行しなくなつてから、却つて怖ろしく塵が我々を攻め出した。震災が此大都をバラックにした以前から、形ばかりの大通りは只吹き通しの用を勤めるのみで、これを薬研《やげん》にして轍が土と馬糞とを粉に砕く。外の埃はこれのみでも十分であるのに、家の中では更に綿密に、隙間々々を木綿の塵が占領し、掃き出せばやがてよその友だちと一緒に戻つて来る。雨水が洗ひ流して海川へ送ると言つても、日々積るものの幾分の一に過ぎぬであらう。如何に馴れてしまつても是が身や心を累はさぬ筈は無い。越前の西ノ谷は男たちは遠くの鉱山に往つてしまひ、女は徒然の余りに若い同士誘ひ合つて、大阪の紡績工場に出て働く習ひであつたが、もう十年も昔に自分が通つて見た頃は、殆と三戸に一人ぐらゐ、蒼ざめた娘が帰つて来てぶら〳〵してゐた。塵は直接に害をせぬ迄も、肺を弱らせて病気に罹り易くさせることは疑ひが無い。而も山村から工場へといふやうに、変化が急なればこそ心付くが、かうして只居ては五百年千年の昔から、此世は今の通りに埃だらけであつたものと考へて、辛抱する者も多いことであらう。毛布やモスリンの新しい塵が加はつても、やはり昔通りに畳を敷きつめて、其上で綿や襤褸ぎれをばた〳〵とさせて居る。

六

しかし埃はもう今に何とか処分せずには居られぬことになると思ふ。それよりも一層始末の悪いことは、熱の放散の障碍である。是は必ずしももう馴れてしまつたとも言はれぬのは、近い頃までも夏だけはなほ麻を用ゐ、木綿といつても多くは太物《ふともの》であり、織目も手織で締まらなかつたから、まだ外気との交通が容易であつたが、これから後はどうなつて行くであらうか。汗は元来乾いて涼しさを与へるために、出るやうなしくみになつて居るものに相違ない。湿気の多い島国の暑中は、裸で居てすらも蒸発はむつかしいのに、目の細かい綾織などでぴたりと体を包み、水分を含ませて置く風習などを、どうして我々が真似る気になつたのであらうか。これから南の方へ追々と出て行くと、何れの島でも日本のやうな夏で、乾いた北欧の大陸に成長した人々は、大抵は閉口して働けなくなる。其間に在つて我々ばかり、以前ならばどうにか活発な生活を続け得たものだが、今のやうなあひの子の服装が癖になつてしまつては、折角永い年月ゆかしがつて居た常夏の国へ行きながら、常しへの夏まけをしなければならぬ結果を見るかも知らぬ。

七

政府大臣が推奨する質実剛健の気風とかは、如何なる修養を以て得らるゝものか知らぬが、若しそれが条件なしに、木綿以前の日本人の生活に立還ることを意味するならば、其説は少なくともこの久しい歴史を忘れて居る。東京の町などでは三十年余り前に、裸体は固よりはだしまでも禁制した。しかも其当座は草鞋が尚用ゐられて、禁令は単に踏抜きを予防するに過ぎなかつたが、もう今日では悉くゴム靴だ。さうで無ければゴム底の足袋をはいて居る。足袋は全国に数十の工場が立つて、年に何千万足を作つて売つて居る。にえかへる水田の中に膝頭まで入つて、田の草を取る足が段々に減少する。たま〳〵犬の一枚革を背に引かけて車を輓き、或は越後から来る薬売の娘の如く、腰裳を高くかゝげて都大路を闊歩する者があつても、是を前後左右から打眺めて、讃歎する者の無い限りは、畢竟は過ぎ去つた世の珍しい名残といふに止まつて居る。次の時代の幸福なる新風潮のためには、やはり国民の心理に基いて、別に新しい考へ方をして見ねばならぬ。もつと我々に相応した生活の仕方が、まだ発見せられずに残つて居るやうに、思つて居る者は私たちばかりであらうか。

昔風と当世風

一

此話題はそれ自身が如何にも昔風だ。平凡に話さうとすれば幾らでも平凡に話される題目である。聴かぬ前から欠伸をしてもい丶御話である。人間に嫁だの姑だのといふもの丶無かつた時代から、又は御隠居若旦那などゝいふ国語の発生しなかつた頃から、既に二つの生活趣味は両々相対立し、互ひに相手を許さなかつたのである。先年日本に来られた英国のセイス老教授から自分は聴いた。曾て埃及の古跡発掘に於て、中期王朝の一書役の手録が出て来た。今からざつと四千年前とかのものである。其一節を訳して見ると、斯んな意味のことが書いてあつた。曰く此頃の若い者は才智にまかせて、軽佻の風を悦び、古人の質実剛健なる流儀を、ないがしろにするのは歎かはしいことだ云々と、是と全然同じ事を四千年後の先輩もまだ言つて居るのである。

日本などにも世道澆季を説く人は昔からあつた。正法末世といふ歎きの声は、数百年間の文芸に繰返されて居る。徒然草の著者の見た京都は、既に荒々しく下品な退化であつた。古今集の序文にも「今の世の中、色につき、人の心花になりにけるより云々」と書いてある。古語拾遺の著者などはそれより又ずつと昔に於て、既に平安京初期の文化を悪評して居るのである。老人が静かに追憶の中に老い去らうとする際に、殊に周囲の社会生活の変化が日につくといふだけのことで、彼等の知つて居る昔は、取返すことの出来ぬ大切なものである故に更に美しく思はれ、たつた一つしか無いものである故に、一段と貴重に考へられるといふことは同情してよいが、変らなかつた世の中といふものは曾て無く、新と旧とは常に対立して比較せられるのである。故に今頃又そんな例を陳列して見たところが、をかしくも無いことは知れて居る。私は忙しい人間だから頼まれてもさういふ話はしない。

我々が爰で語り且つ考へて見ようとするのは、当世に所謂生活改善、即ち生活方法の計画ある変更に、果してどの位まで新し味があり、又この時代の尚古趣味、乃至はあらゆる改革に対して不安を抱かうとする階級の批判に拮抗して、果してどの程度にまで現代日本の文化を価値づけることが出来るかといふ問題である。是は確かに今日のやうな集会に於て、皆様のやうな団体の考へて見てもよい題目であり、又新聞に携はつて居る私等のやうな者の口から、一度はとくと聴いて置かれてもよい話であると思ふ。

二

いつの世に於ても、新たに起つた風習に対する反動派の批評は、大体に於て二種類に別つことが出来るやうである。其一つは自分等が名づけて三省録型と謂はうとするもの、即ち江戸期に最も有力であつた節倹といふ社会道徳律に基いたものである。現在もまだ之を承認する者は中々多いが、しかも其尺度はいつの間にか非常に違つて居る。例へば絹布使用の禁制の如きは、曾ては罪として罰せられた時代もあつた。それはまだよいとして、米の消費の制限の如きさへ、或る場合には法令を以て強制したことがあつたが、それは最早皆昔の歴史であつて、今日は之を甘なふ者が漸く少なくなつた。即ち知らぬ間に此規則は、新旧の妥協を以て改訂して居るのである。

第二は一言にして申せば審美学的ともいふべきもの、即ち趣味の低下を慨歎する観察であつて、寧ろ前者とは正反対の側に立たうとするものである。此両面からの攻撃は可なり痛く又強いものであるが、しかも今日の生活改善論者の如きは、却つて勇敢且つ積極的に、右二種の武器を逆に利用して、昔風の必ず変更せざるべからざる理由を主張しようとするのである。これ所謂追手に帆を懸け、流を下るにモーターを使ふが如きもので、是では最早相手方に口をきかせる余地も無く、其功を収むるの易々た経済から見ても此方が有利とすれば、此上に昔風論者の反対する根拠は無いわけだからである。

ところで実際の成績はどうかといふと、それが必ずしも理論通りでは無いのであった。諸種の考案は競ひ進み、甲乙流行の変化ばかりが烈しく、都市生活は是が為に最も乱雑となつた。例へば衣服一つだけに就いて見ても、汽車や電車の乗合、其他若干の人の集りに行けば、髪から履物から帯から上衣まで、殆と目録を作ることも不可能なる種類がある。勿論是も面白い世の中といへば言へる。所謂二重三重生活は我々の単調なる存在から、退屈といふ畏ろしい悪魔を追攘ふ効力はある。併しながら少なくとも此無定見は、同朋多数の国民を平和静穏の世界に導いて行く道では無い。全体に於て今日の生活改善運動は、其志の概して真面目なるに拘らず、単に物ずきだ、勝手気まゝの空想だといふ、冷酷なる批評を外部から受けて居る。是はどういふわけであるか。此批評が果して不当不親切なものであるか否か。先づ以て爰にはそれを判決するだけの資格のある者が入用なので、さうして私は深く本日の聴衆に期待するのである。

今若し世の所謂有識階級、即ち智徳の若干に加ふるに、新たな考案方法を試みるだけの機会なり資力なりを以てした人々が、自分たちの生活を標準として何か目新しい衣食住の模様替へを工夫し、それが他の一万人中の九千九百人に、適用し得るかどうかを測量することを怠つて居たとしたら如何であらうか。仮に朝晩口に任せて、逢ふ人毎に同じ能書きを繰返してまはつたとしても、結局それは時代の変遷とは何の交渉も無しに終るかも知れぬ。それといふのが一番肝要な一点に於て、流通性を欠いて居るからである。支那の歴史の中で、東晋の恵帝は古今独歩の闇君と認められて居るが、或る年天下大いに飢ゑ、万民穀乏しと侍臣が奏上した時に、さうか米が無いか、そんならシチウでも食ふことにすればよいのに(何ぞ肉糜を食はざる)と謂つたさうである。が何れの時代にも、失礼ながら婦人には常に少しづつ、右申す晋の恵帝流があつた様子である。

善人ではあるが世の中のことは考へないといふ人がある。元はそれでもよかつた。それでも良い奥さんであつた。又外からも之を当り前と認めて居た。併し今日の如く、男子の多くがまだ公を患ふるの余裕無く、純然たる個人生活に没頭して生きねばならぬといふ世の中になると、我々はどうしても天下万人の為にも、弘く考へ得る良妻賢母を要求せねばならなくなる。最近数十年間の新しい改良意見には、如何にも女性でなくてはと思ふやうなやさしい考案も多かつた。しかもその大部分は狭い我家庭内の苦い経験、或は痛切な観察に基いて居る故に、一言にして言へば貧乏人には役に立たなかつた。それで居て我々が先づどうにかせねばならぬのは、少数篤志の家の愉快よりも、他の大変な多数の者の幸福といふことである。西洋でも曾て慈善心に富んだ奥方といつた者は、二頭立ての馬車に乗つて一週に一度ぐらゐ、小銀貨を配つてあるいた人のことであつたが、日本の旧式節約にもそんな例が多かつた。たとへば廃物利用といつて古葉書を編んで夏座蒲団を作り、女中を渋屋に遣はして渋を塗らせる。しかも其為に費した自分たちの労力は無代と評価してあるから安いのである。内職に生活して居る裏店の女房などに之を教へようとしたら、「馬鹿にして居るよ」の一言を以て拒絶せられること受合のものである。もうそんな生活改善もあるまいとは思ふが、稀にはまだ稍ゝ之に近い松下禅尼式、乃至は青砥藤綱式ともいふべき心掛が賞讃せられる為に、道は行はれず、社会改良には信用が無く、細心柔情の人が此世に充ちて居りながら、国は尚いつまでも悩まなければならぬのである。

三

わかり切つたことだが、道を行はんとすれば先づ大いに学問をせねばならぬ。未来の為に画策しようとする者は、殊に今までの経過を考へて見る必要があるのである。我々が女性を煩はして、学び且つ考へて貰はねばならぬことは、時と共に益ゝ多くなつて来て居る。男たちはつい近い頃まで、僅かな同部落の者のみを友として、多数の異部落と闘はなければならなかつた。所謂「人を見たら泥棒」と思はなければならなかつた。彼等の同情なるものは、余程の勉強を以て漸く修養し得べき道徳であつた。

之に反して女は生まれながらにして多量に之を持つて居る。今より後は大いにそれを取出して、独り郷党知己の間のみならず、弘く世の中の為に利用してもらふ必要がある。既に家と家との目の見えぬ垣根は取れた。里と里とは勿論のこと、国でさへも互ひに平和の交際を始めようとして居る時節になつて、婦人の用意ばかりが以前のまゝでよろしいといふ道理は有り得ないのであるが、然らばどういふ態度を持つて居ればよいのか。今日の御話には主として其点を説いて見たいと思ふ。

私なども沢山の娘があるので、幾度と無く考へて見たことである。若し幸ひにして彼等に些しの天分と、少しの志とがあつた場合に、同胞国民の為に如何なる種類の学問をしてくれることが、一番有効であり又親としての本意であらうかといふと、やはり一言でいへば人間の幸福、それをどうして得ようか、又何故に今までは得られなかつたか。この二つの大切なる問題を、読書でなりと観照でなりと、又実験でなりと学ばせて見たいと思ふ。と同時に単に之を各自の家庭の問題として取扱ふことを戒めたいと思ふ。自分でいふのもをかしいが、我々御互ひはもう大分覚醒して居る。なるほど現在の生活には色んな拘束もあるが、之を振切つて前進することも必ずしも難事では無い。問題はこの多数の道連れの、歩みののろい人々をどうしようかである。正に落伍せんとする人々を、如何にして導いて行くかである。

勿論自分々々の幸福は、考へまいとしてもいつの間にか考へて居る。但しそれは学問では無い。古人も繰返して説いた如く、学問は必ず人の道で無くてはならぬ。万人の歩んで行く道で無くてはならぬ。多くの生活改善論者が相戒めなければならなかつたのは此点であつた。改良服の寸法裁ち方を論ずる前に、古着も襤褸をさゝずには着られない生活の多いことを、折畳み式寝台を説く前に、世の中に藁の中に寝なければならぬ者が、まだ幾らも居るといふことを考へてかゝるべきであつた。人が聞いても藁の中に寝るといふな。蒲団をかけて寝て居ると言へと堅く子供に教へて置いたところが、「おとうさん、背中に蒲団の屑がくつついて居るよ」と謂つたといふ昔話などは、ちつとも昔の話では無いのであつた。シドニー・ウエッブが曾て日本の小作農生活を見に来たときに、越後の或る篤農家は彼を案内して、所謂埴生の小屋の奥に、金色の阿弥陀様の光美しく立つ光景を見せ、又百年勤続の小作人の表彰せられた話などをしてきかせた。しかし相手が之を聴いて、百年といふ声に驚いたのは、是が果して百年も忍耐し得べき状態であつたかといふことであつた。蒲原低地の周辺の村々には、自分の知る限りに於ても簀の子をかかぬ小家がつい近頃まであつた。村の衛生係員が床の下を清潔にといつて遣つて来ても、どうしようも無い土床の家が方々にあつた。独り東北の一隅で無くとも、又小作農で無くとも、多くの小農の経済はカテ飯の上に立つて居る。節倹は道徳といはんよりも寧ろ法則であつた。此人々の生活は、下肥をきたないといふ点に迄感覚が進んでは、続けにくい労働であり又消費でもあつたが、之に基いて所謂生活の飢餓点は測定せられ、其境目の所に生活を支へしめる限度に於て、人口は増加したのである。医術が大分進んで赤子は死なゝくなつたかも知らぬが、永く生きない人が多くなつた。急性の飢餓は無くなつた代りに、慢性の凶作は常にあるやうになつた。四百四病の一つに算へるのは当然で、貧の病で死ぬ者は実は中々多いのである。全体の生存に対する全体の食料は、どう計算して見ても決して豊かで無いのに、その又分配法が大変によくない。独り金持が勝手に奢るのみならず、同じ一軒の家でも亭主が多く食ひ又酒に使ひ、外の食物に使ふ生計費が権衡を失して居る。消費の方法も当を得て居ない。家は平均二十年に一度づゝ、焼けて新しいものを要することは、丸で御遷宮の通りである。腐敗して不用となる養分、無価値にしてから使用するといふやうなものが幾らあるか知れぬ。

此等の弊害は何れも国民経済学の問題であるが、男子は多く之を考究しようとしない。日本の男子には妙な習癖があつて、不景気な考へ方だ引込思案だと言はれると、随分尤もな意見を持つて居てもすぐへこたれ、明らかに無謀な積極政策を提案しても、大抵は威勢がいゝの進取的だのと言つて誉められる。全体に日本は消費機関ばかり無暗に発達した国である。昔から由良千軒とか福良千軒とか謂つて、千軒の人家があれば友食ひで立つて行けると言つて居たが、そんな道理のあるべきもので無い。故に千軒あつたといふ昔の湊などは、今は多くは荒浜の砂の中である。つまり小商人の利害から割出される繁栄である故に、正しからうが誤つて居らうが、消費さへ盛んなら好景気と言はれたのである。併し実際は不必要の消費、少なくて済めば済ませたい消費は、独り酒煙草ばかりでは無いのである。ところがさういふむだに近い物に限つて、浪費を刺戟する為に文化だの改良だのといふ文字を冠して居る。人が警戒する方が当り前で、広告が信用の無いのにも理由があるのである。

四

小売商人の所謂近世の改良は、大抵は名ばかりであつた。まがひ物や掛け流し物、一時的の体裁模倣の軽薄を極めた商品が、すべて改良の名を以て世に行はれて居る。此気風と戦ふのが実は真の生活改良であつた。即ち我々が名づけて消費経済学といふものと、其基礎を為すべき国民の生活技術誌の研究が、まだ〳〵親切なる何人かによつて、遠く深く進められなければならぬ所以である。

然るに世には此様な一国特有の問題まで、所謂先進文明国の学者の著述によつて、容易に指導啓発せらるべしと信ずる者がある。沢山の論拠を並べる迄もなく明瞭にそれは誤りである。現在の生活改善事業に対する一つの大なる反感は、何だかそれが甚だ西洋臭いことである。此連中の日本の昔風を攻撃する動機を疑ひ、多分これが彼等の感心して居る西洋風と違ふ故に、是も非も無く反対するのだらうといふ邪推であつて、それが随分有力に行渡つて居る。其邪推の当不当は別として、こんな有様ではよし結構な計画でも、到底感化は行はれず、恩恵は弘く及ばない。親切なる志の人々にとつては、是は誠に引合はぬ且つ馬鹿げた反感には相違ないが、しかも多くの場合には異なる境遇に居る者に対して思ひ遣りが無く、もしくは彼等を説き付ける方法と論拠とが宜しきを得ない為に、世間からさも〳〵ハイカラ女の物ずき仕事のやうな、冷評を浴びせられて物別れになるのである。

ところが我々の同胞国民は、其癖随分真似のすきな人種であつた。人のモダーン振りなどは笑はれた義理では無いのである。今日固守して居る所の昔風の如きも、実に遠からぬ昔に支那から朝鮮から採用したものが多く、食物を始めとし住宅などにも大なる中世以来の変化がある（但し之を輸入し来つた僧侶などには、当世の所謂先覚者の持たぬやうな親切と根気と感化力とはあつた）。又必ずしも外国から模倣したのでは無くとも、近代に入つてから変更せられなかつた生活方法といふものは、探しても見つからぬ程しか残つて居ない。よく老人たちが古い仕来りだ改めるわけには行かぬと力んで居るもの丶中にも、文化文政の百年以後、甚だしきは新たに明治の初年頃から初まつたものが幾らもある。少なくとも古く行はれて居るから保守しなければならぬというものなどは、決してさう沢山には無いのである。

をかしい話は話しきれぬほど色々ある。例へば皆さん御存じの女の内足《うちあし》の風である。

前年日本に遊びに来た某仏国人の如きは、私に向つて頻りに之をほめ、あれ一つ見ても日本婦人の優美なる心性が窺はれるとまで激賞した。ところが桃山時代の屏風絵、岩佐又平などの写生画は勿論のこと、西川菱川の早い頃の作を見ても、女は皆外足でサッサと歩いて居る。多分二重に腰巻をして上の方が長く、且つ麻などのやうなさらりとした材料を使はなくなつた結果、足にからまつて裾がうまく捌けなかつた故に、こんなあるき方を発明して、それが美女の嬌態と認められることになつたのかと思ふ。腹式呼吸法を始めた岡田虎次郎さんは、生前久しく私の家へも来て、老人や女たちを集めてよく静坐の講釈をせられた。其説の一つには、柳田さん、日本魂と日本人の坐り方とには、深い関係があると私は思ふがどうか。若し畳といふものが無かつたら、日本人の勇気気力は今日の如く修練せられて居なかつたらうと考へるがどうかと尋ねられる。是には誠に柳田なる者も返答に困つた。と申すわけは、我々が今のやうなペチャンコの坐り方を始めたのは、どうも三四百年より古くはないらしいからである。「すわる」は「ひざまづく」の次の改良であつて、跪くのは身分の低い者が、長者の前に奉仕する礼儀であり、同時に外敵警戒と臨時活動の準備であつた。此が所謂サムラフ形である。サムラヒの階級が一世に充満して此方法が上下に行渡り、それが太平に入つて平和の閑暇を味ふべく、今日のやうに爪立て、居た足の尖を伸べて、ヰシキの下に敷くに至つて、終に今一つ以前の坐礼を忘れてしまひ、オラクニヰルことを以て欠礼と感ずるやうになつたのである。日本魂の方が確かにそれよりも古くからの記憶である。

又牀の上に畳を敷きつめることも、勿論神武天皇以来の風ではない。たゝみは文字通り畳むもの、即ち今日のゴザ又はザブトンに該当する。八重だたみといふか高だたみと謂ふか、百人一首の「天神さま」の乗つて居る畳も、古くから有つたことは有つたが、座敷と称して之を室一杯に敷きつめることは、御殿に於てもほんの近世からの出来事である。現在のやうにあの畳の上を摺り足して、絶えず足の垢をこすり付け、其上へ板の如き脚無し膳をすゑ並べて、成るだけ塵の多く載つかつた物を食はうとする流行などは、全く最々近の発明にかゝる改良である。それから座敷の正面の床の間、これなども少しも固有の風では無い。多分は帳台の一変形であらうと私は思つて居る。以前の民家の建築に於ては、帳台即ち寝床の地位である。家の者の夜は上がつて寝る場所に、今日は臍を出した布袋さんなどを安置して悦んで居るのだ。又其床の間の前へ、迷惑がる客人を押上げて坐らせる風が此頃は出来たが、以前はそんな辞儀をせずとも、主客の坐位はちやんときまつて居たことは、囲炉裏の四方の名称を聞いてもわかる。是は一つには建築の進歩で、客殿と住居とを一つ棟の下に作ることの出来た結果であり、又一つには足利時代の社会相として、主人が頻繁に臣下の家に客に来ることになつて、我家を主人よりももつとえらい人に使はせることになつた為でもあつて、つまりは坐り方の変遷と関係の深いものであると思つて居る。

五

是に限らず、全体に近代の当世風の中には、愚劣なる生活改善が多かつた。それを後生大事に守つて、変革を敵視する保守派などは、嘲笑以外の何物にも値しない。つい此頃までの世門並、殊に婦人の方面の生活様式の如きは、よくいへば御殿風だらうが、悪くいへば後宮式である。先づ運動にも作業にも不便なやうな趣味ばかりを、上品として模倣したのであつて、結局こんな行掛りを打破するためには、西洋寝間著の細紐姿でも礼讃したくなるのが尤もだといへる。しかも之を以て「日本はだめだ」といふ理由にしようとするのは亦大誤謬である。歴史に由つて論ずれば、是はつまり我々の近い祖先の、当世風の選択の誤りであつた。軽率無思慮の生活改良の災ひと謂つてよいものである。本来の日本の些しでも与り知らぬことである。

知つたか振りをして御聞苦しいであらうが、少しばかり其実例を述べると、先づ第一には我々の衣服である。羽織など、いふ引掛かつて仕方の無いものを流行らせ、帯など、云ふ大袈裟なものを腰にまとひ、奥様が帯をして居るのやら帯が奥様をして居るのやら、分らぬやうな恰好をしてあるき、或は年中作り物のやうな複雑な頭をして、笠も手拭もかぶれなくしてしまつたのは、歌麿式か豊国式か、兎に角につい此頃からの世の好みであつた。言はゞほんの一時の心得ちがひであつた。深窓の佳人ならばそれもよからうが、中以下の家庭の女がそんな様子をして生きて行かれる筈が無い。だから女の働く風は、何れの国でも大体昔から定まつて変らなかつたのである。それが芝居を見ると十二単衣を着て薙刀を使つて見たり、花櫛を挿して道行きをしたり、夏でもぼて〳〵とした襟裾を重ねた上﨟が出て来るが、それは全く芝居だからである。現実の生活は今少しく簡素にして且つ自由なものであつた。この夏の暑い湿気の多い国で、そんな事をして生きて働かれよう道理が無い。国土の自然と調和すればこそ、永い歳月を経て定まつた衣と裳との形があることをも考へず、何でも見れば真似をして、上から上からと色々の余分のものを取重ね、羽織だコートだ合羽だ塵よけだと、段々に包みに包んで今のやうな複雑極まる衣裳国にしてしまつた。一度は其反動からでも裸に近い洋服になつて見ようといふ運動の、起るのは全く止むを得ない。だから今日の様になつて来た心理過程にも、十分の同情を払つて見なければならぬが、それよりも尚一つ前に、先づ此国の女性の本の姿といふものを、見出して置くことが必要である。そんなことまでも男の人に任せて置いてはいけない。

六

食物の変遷などにも、省みられなかつた大切な見落しがある。此方面では殊に色々の新しい材料が入つて来ると共に、多くの昔からの食物が全然我々の食卓の外に消えてしまつた。さうして其痕跡は必ずしも書物を探さずとも、正月の喰積《くひつみ》や婚礼の島台の上に、まだ幽かに残つて居る。之を見渡して第一に感ずることは、昔に比べると甘味の増加したこと、次には柔かいものゝ多くなつたことである。昆布は今でも関西地方の嗜好品として行はれて居るが、生で榧搗栗《かやかちぐり》を食ふ人はもうなくなつた。熨鮑《のしあはび》の如きは、子供はもう食ふ物なりや否やをさへ知らぬ。多くの人は見たことも無いであらう。之を進物に副へる習慣は、昔は厳重に守られて居たが、次第に型ばかりとなつてノシは画紙ばかり大きく、其中に幅一分ばかりの本物をはさみ、或はそれをも黄色の絵具で画に描いたり、甚だしきは其形を忘れて「いも」と書いたり「のし」と書いたりして居るのは、今はもう熨斗を貰つても食料にする人が無くなつて無用の長物だからである。それ程までも堅い物を食ふことを控へながら、不思議なのは歯の悪い人の年々に増えて行くことである。多分は食料摂取法の理学的影響、例へば暖かいものゝ食ひ方とか、醗酵順序とかいふことに関係があるのであらう。誰か今に考へて見てくれることになつて居るのか知らぬが、汽車に乗つたり斯ういふ集会に出て見たりすると、右も左もキン／＼と金歯だらけで、人をして黄金国の黄金時代の眩惑を感ぜしめる。美しくて結構は結構だが、斯う迄しないと歯が役に立たぬやうに、してしまつた原因には不審がある。

独り副食物のみでは無い。日本人とは切つても切れぬ因縁のある米の飯、是すらも夙に変化してしまつて居る。今我々の食ふのは、昔の日本人のいふ飯《いひ》では無く、粥即ちカタカユといふものである。イヒは甑《こしき》でふかすこと今日の赤飯の如くであつたが、そんな方法を以て飯を製することは節供の日ばかりになつた。是もハガマ即ち鍔のある釜や、竈の作り方の変化と関係のあることは確かで、軍陣其他の労力の供給法にも由るであらうが、主たる原因は趣味の移動であり、恐らくは亦白く柔かなるものを愛するの情であつた。シャモジなども我々の眼前に於て、どし／＼と形を改めて行くのである。現在では飯をよそふのはシャモジ、汁を掬むものはシャクシと区別するに至つたが、勿論もとは一つである。杓子顔と謂つて、人は花王石鹸の広告の如き顔をさう形容するが、今日の板杓子は平面なるヘラである。是は全くメシの炊法の変化に伴なふもので、近頃それが次第に柔かくなつた故に、何か斯ういふ鋭利のもので切取る必要を生じたのだが、これが今少し硬くても又柔かくても、とても斯んな杓子では間に合はなかつた筈である。自分などは昔風であるのか、この舌切雀の話を思ひ出すやうな米のジャムには感心せぬので、毎度かの有名なる蜀山人の、

　三度たく飯さへこはし柔らかし心のまゝにならぬ世の中

の歌を思ひ出し、全体いつ頃からこんな不如意が始まつたものかと考へて見るのであるが、その又三度の食事といふことさへ、やはりある時代の当世風であつて、本来は

朝け夕けの二度を本則とし、日中の食事は田植の日、又は改まつた力仕事の日に限つて、幾返りも供与したばかりであつた。それを自分等如き朝寝坊までが、必ず三度食ふべしとなると、誠に食ふのに忙しくてこまる。もし復古をして再び朝夕の二度になつたら、学校なども九時から二時といふやうになつて、残りの時間がもつと有意義に使はれるかも知れぬ。生活改良家もまだ活躍の余地は多いわけである。強ひて反抗の多い方面をつゝいて、苦労をするがものは無いのである。

七

例を述べて居ると際限も無い話だが、要するに我々の生活方法は、昔も今も絶えず変つて居たもので、又我々の力で変へられぬものは殆と一つも無いと言つてよい。老人の頻りに愛惜する昔風は、言はゞ彼等自身の当世風であつて、真正の昔風即ち千年に亘つてなほ保たるべきものは、寧ろ生活の合理化単純化を説く所の、今後の人々の提案の中に含まれて居るのかも知れぬ。又此民族の永久の栄えの為に、自分はしかあらんことを望むのである。勿論美を愛する人の情、乃至は少々のムダをすることに因つて、味ふことの出来る心の安さなども、個人の幸福の為には決して無視することを得ないが、それよりも大切なのは一の群としての国民の進歩である。今の智慮あり趣味あり又感化力ある人たちの、気儘な傾向のみに任せて置いて、果して常に世の中がの不当である。消費方法の拙劣である、選択の失敗である。それには前に申した分配方法の不当である。消費方法の拙劣である、選択の失敗である。此等が既によほど大きな損害を国民に与へて居る。体質の衰退は独り金歯に由つて知るのみでは無い。曾て或る時代の各人が一かどの改良なりと信じて世に行つた変革の結果が、其実我々に災ひした場合は一にして止まらぬ。例へば米を精白にして食ふ風は年を追うて進み、しかも脚気の原因をビタミンの欠乏に発見したのはつい近頃の事であつた。木綿や毛織物の濫用、綾織木綿は此国の湿暑に適しなかつたと思ふが、それをまだ肯定も否定も出来ぬ程度の、日本の生理学の進歩である。即ち此等の諸事情を考慮すること無くして、独りぎめの生活改善を説くのは、仮に偶然に成績良好であつたとしても、悪口ずきの我々は尚之を盲動と評せんとして居る。況んや是が為に多くの無邪気なる同胞を誤る場合の如きは、決して名誉とか面目とかいふが如き、小さな個人の問題では無いのである。故に爰に再び繰返して、女性の向ふべき学問の、冷静なる生活観照に在ることを言つて置きたい。若し幸ひにして多くの婦人方に、この親切なる向学心さへあれば、短い年月の間に日本の女学校に於ける、家政科の教へ方は一変すること、信ずる。多くの家の子女は追々に人生幸福の真の意味を理解するであらうと思ふ。願ふ所は生活技術の今後の攻究に由つて、国の病の在り処がよくわかり、従つて皆様のやさしい心配が、結局政治の上に顕はれて来ることである。是が私等の考へて居る婦人参政の本旨である。

妹の力

一

此春は山の桜のちやうど咲き初めた頃に、久しぶりに生れ在所に還つて、若い人たちの為に大いに風景の推移を談じた。日本の歌や文章では、「古里は昔ながら」とながめるのが、一つの様式の如くなつてしまつたが、少なくとも自分の三十何年前の故郷には、殆と以前を忘却せしめる程の変革がある。川は全く新たなる水筋を流れて長い板橋が架かり、曾て魚を釣り又は水を泳ぐとて、衣類を脱ぎ掛けた淵の上の大岩は、小石原のまん中から固い頭だけを出して居る。赤土の日に映じて居た周囲の山々には、頻りに樹を栽ゑ草を茂らせて、外線が何れも柔かになつた。雨や霞の風情もきつと美しくなつて居ること、思ふ。家も瓦葺き瓦庇が多くなつて、見馴れぬ草木が移し植ゑられて成長して居る。諸国の旅を重ねた後に始めて心づいて見ると、我村は日本にも珍らしい好い処であつた。水に随ふ南北の風透しと日当り、左右の丘陵の遠さと高さ、稲田に宜しき緩やかな傾斜面、仮に瀬戸内海の豊かなる供給が無かつたとしても、古人の愛して来り住むべき土地柄であつた。繁栄の条件は昔から備はつて居る。従つてやゝともすれば生れ過ぎ居り余り、楽しい生活に執着するばかりに、争ふまじき人々が争ひ且つ闘つた。歎きつゝ遠く出て往つた者もあれば、去る能はずして苦しみ悩む者も実はあつた。それが今日の如く昔に立ちまさつて美しい緑の山水の中に、能く悠揚平和なる生存を持続するの術を学んだとするならば、必ず住民の性情にも、近年顕著なる変化があつたに相違ない。来ては直ちに還り去ること、恰かも盆の精霊のやうな自分には、それを見出すことが困難である。どうか語つて聴かせて下さいと、旧友たちに頼んで見たことであつた。

　土地に住んだまゝで年を取つた者には、それ程明白なる外景の変遷すらも、実は今までは心づかずに過ぎたのである。ましてや父と子、祖母と孫娘との心持のちがひが、同じ進化の道を辿るものゝ本と末とであつて、一は消え去り他は新たに現はれる時代の気風であつたことを、どうしてさうたやすく覚ることが出来よう。只強ひて求めて以前は無かつたことを列挙するならば、是は定めて全国一様の現象でもあらうが、村々にも利口な人が多くなつた。貧しい家々に生れた者でも、たやすくあきらめて分に安ずると云ふ癖が無くなつた。古い型を守つた勤勉が、必ずしも安全の道で無いことが会得せられた。さうして又鉄道電話の類が頻りに新しい機会を田舎にも運んで来て、特にえらい奮発をして郷里を飛出さずとも、自然に外部の金で村に居て富むことが出来た。それは運など、謂ふものよりは遥かに的確な原因ではあつたが、やはり数限りも無い智慧技術の中から、兼々適当な選択をして居た者が成功したので、大体に於て居住地とは縁の乏しい都市や遠方の国に働く人と、共通した経験を持つて居る方が都合がよかつた。其結果として、最も居心地よく村に住んで居る者が最も村の事情に疎く、一番村人らしく無い人が、近所隣と競争しようとせぬ故に、却つて村の安寧を支持するといふことが、見やうに由つては近頃の変化かも知れぬ。新しい愛郷心が形を具へて来る迄は、斯ういふ冷淡とよそ心とが、僅かに田舎の生活に余裕を与へる。人が世間師と為り地方文化の伝統を軽んずるやうで無かつたなら、小さな盆地の生業は夙に自給に十分ならず、已む無く烈しい争奪を以て、一部の友人を此安楽郷から外へ突き出さうとしたことであらう。それがともかくも互ひに打ちくつろいで、静かに一同が養はれて居るのである。古い物のはら〳〵と壊れて行くのも、其代価としてならば致し方が無い、と謂つたやうな考へを持つて居る人もあつた。

自分などもそれでいゝのだと実は思つて居る。我々が少年の頃は田舎がずつと長閑で、鳥も多く来て啼き、山には鹿猿が遊んで居たけれども、人の浮世の楽しみは、今の最も不幸な者よりもまだ少なかつた。今の貧者は比較に由つて不満は感ずるが、慰藉もあり希望もあつて、倦むこと無く子弟を教育して居る。さうして此子弟の大きくなる頃には、又一段の変遷の来ることが予期し得られる。曾ては我々が余りに日本人であつた為に、久しく匿れ埋もれて居た「人間」が、時来つて終に其姿を顕はした如く、やがては又荒海の岸から引返して、寂しい旅人は其故郷を訪ねて来るであらう。少なくとも浦島の子の惑ひを抱いて、玉の櫛笥を開いて見ようとするであらう。或は其時節がもう来て居るのでは無いかとさへ思はれる。物に紛れて暫らく忘れ遠ざかつて居たが、島に数千年の国を立てゝ居た民族で無ければ、到底持ち伝へられない古くからの習はしが、一朝にして消え失せる道理は無かつたのである。眠が思ひ掛けぬ夢を誘つて来るやうに、無心に生活の営みを続けて居ると、却つて端々から昔の「日本人」が顔を出すのを、今までは単に心付き考へて見る者が無かつただけでは無いか。我々が新たな時代の癖、又は突発した奇現象と認めて居るものゝ中にも、由緒あり因縁があつて、しかも学問の力の今なほ之を解説し得なかつた類が多いのではあるまいか。例へば自分の郷里の郡などでは、林野の保護が行届いて、山がいつの間にか上代の所謂青垣山と為つたが、戻つて来て之を見て驚歎する者は、自分の如き三十何年前の村人だけであつて、今一つ古い世の人には、それは久しく見馴れたる常の姿であつたに相違ない。しかも年代記や覚え書の類は、如何なる場合にも常の姿を書き残さうとはしなかつた。それと同様にあまり有りふれて居た為に、却つて多くの凡人生活が不明になつて居る。今見る此地方の気風のうちで、何れの部分が新しい変化であり、どの部分が暫くは潜んで居た古い本性の再現であるかは、単に之を見分けようとする志が有るのみで無く、自分のやうに様々の町や田舎をうろついて後に、年経て還つて来た物珍らしさの眼を以て、比較をする者の判断が必要であつたのでは無からうか。もしさうだとすれば人の生涯は短かい。また此次にと延期をして居ても当てが無い。何なりとも今諸君が心付かれることを、話して聴かせてもらひたいものだとも言つて見た。

二

さうすると追々に色々の話が出て来る。他の地方ではどうか知らぬが、人が全体にやさしくなつたやうな感じがする。殊に目につくのは子供を大切にする風習である。以前は野放しにして置いて、自然に育つ者だけが育つといふ有様であつたのが、もうそんな気楽な親は少なくなつた。一家の生計から考へても、子の為に費す所の入費が、学校にかける金を除いても、相応に多くなつたやうに思はれる。此辺の農家では昔から牝牛を飼つたが、乳を搾ることが出来るやうになつたのは、森永の大きな工場が川の岸に建てられた、ほんの少しく前からである。今では早天に一朝も欠かさず、自動車が村々を廻つて牛乳を集めて居る。嬰児の死亡率が少なくなつたのは、それから以後の著しい現象であるが、如何に価の安い牛乳でも、買つて飲ませて乳の不足な子を養はうとするのは、先づ以て親心の大きな変化であつたといふ。なる程さう聞けば同じ情愛が、小学校の児童の服装などにも現はれて来たことは、必ずしも特に生計の豊かな或地方には限らぬやうである。

それからまだ一つ意外であつた話は、兄妹の親しみが深くなつて来たと云ふことである。其中でも兄が成人するにつれて、妹を頼りにして仲よく附合ふことは、今は殆と世間一様の風であつて、しかも以前には丸で知らなかつたことであると云ふ。始めて思ひ当つたことだから、まだ説明の材料も備はらぬが、見やうに由つては幾通りにも其原因が考へられる。何にしても興味ある問題であると思ふ。

或は此現象を解釈して、婦人解放の一過程と見ようとする者もあるだらうが、それも決して誤りでは無い。男女の差別を厳にした近世儒教の法則は、特に女性に向つて過酷であつたが、それは必ずしも国民全部の家庭を支配しても居なかつた。しかも二間ある家ならば、必ず女の領分は奥の間の方であつて、引込めば引込んで居るだけゆかしがられたことは事実であつた。支那などではマトロンと為つて後、亭主を鞭うつほどの勇敢な婦人でも、娘の頃、妹たる時は皆極度に貞淑であつた。貞淑と云ふ語は無表情を意味して居た。今も上流の間に折々残つて居る如く、絶対に何物でも無いかの如く、見せかけるのが技術であつた。誠に詮も無い流行ではあつたが、既に名づけて女のたしなみとも謂ふ通り、言はゞ若い娘のそれが趣味だつたので、必ずしも外聞が之を強ひたのでも無く、又一生の間公私を通じて、女の習性を一変してしまふ程の大なる主義でも無かつた。単に昔は兄など、馴々しく、物を言ふやうではいけなかつた迄であると思ふ。

古来の風俗画を見て社会生活の一端を窺はうとする人が、常に不思議に思つてゐることが一つある。絵巻物の美人は、いつでも一本の線で切れ長の眼を描かれて居る。降つて浮世又平時代の精細な写生に於ても、艶麗なる人は必ず細い眼をして或一方を見つめて居た。それがいつの代からの変遷であつたか、「女の目には鈴を張れ」など、大きな円味のある眼を以て美女の相好の一とするに至つた。如何に時世の好尚が選択するからとても、一つの民族の間に此までの面貌の差異を生ずる筈が無い。必ずや人間の技術乃至は意図を以て、天然の遺伝を抑制した結果だと思ふ。自分の家にも多くある女の児の中に、兄が自動車さんなど、綽名を与へた、目の大きなのが一人ある。之に就いて実験をして見ると、結局は大きくも小さくも出来る目を、頻々と大きく見開いて居るのであつたことが判つた。本来の形状は何とあらうとも、力めて之を円くする機会を避け、始終伏目がちに、額とすれ〳〵に物を見るやうにして居る風が流行すれば、誰しも百人一首の女歌人の如く、今にも倒れさうな恰好を保たしめて、其目を糸に画かねばならなかつたのである。それが時あつて顔を昂げ、まともに人を見るやうな態度を是認するに至つて、力ある表情が始めて解放せられたので、多分は公衆に立ちまじり、歌舞などに携はつた者の趣味が、只の家庭にも伝播したのであらう。

同じやうな変化はなほ服飾などの上にも現はれる。例へば最近まで眼に触れた女の抜衣紋《ぬきえもん》は、勿論直接の原因は髪の形、即ち無暗に長く突出した髱を保護するに在つたらうが、さういふ形を考案して、頸の後部を装飾しようとするに至つたのも、やはり眼を細くして居るのと同じ趣旨から、始終此部分を白く長く、露出することが流行して居た為で、黒髪を長く垂れて居た時代が過ぎると、所謂襟足はしとやかな娘たちの一番大切な外貌となつて来て、之を美しくする為に色々の趣向が立てられたのである。ところが僅かな年数の間に都市村落を通じて、そんな点に辛苦する者はもう殆と無くなつた。病気でゝも無い限りは前こゞみの、伏目受け口などであるく娘を見かけず、何れも襟を掻き合せて頭を天然の高さに復し、前に現はれる物なら何でも見ようとする態度を以て、去来するのを通例とするやうになつた。日本ではまだ色々の不満を指摘せられて居るが、是などは正しく教育の力であつて、一般に妹の兄との交際を可能にし自由にしたのも、亦其結果であらうと自分は思ふ。

たゞし此解説が理由の全部であるとは思はぬが、仮に婦女子が必要も無い謙遜から放免せられ、各自その天性の快活を以て家庭を明るくし、殊には孤独を感じ易い青年の兄たちを楽しましめるのだとしても、それは結構なる変化だと考へ得る。ところが今日の物知りには、卑俗なる唯物論者が多く、此の如き兄妹間の新現象を以て、単純なるエロチシズムの心理に帰せんとし、一方には又常習の悲観家なる者が之と合体して、往々にして之に拠つて解放の弊をさへ唱へんとするやうに見える。しかし其観察は明瞭に誤つて居る。仮に兄弟の交情の底の動機に、若い者らしい又人間らしい熱情が潜んで居たとしても、世には是ほど無害なる作用が果して他にも有るだらうか。無害と云ふ以上に此の如き異性の力は、屢〻他の悪質の娯楽から、単純なる人々を防衛して居る。あらゆる生物は言はずもあれ、人類の社会に於ても、新たなる家の分房の行はるゝ迄の期間、決して相とつぐこと能はざる男女の群が、斯うして互に愛護して最大の平和を保つて居た。それが即ち家庭であつた。その至つて単純なる元の形に、戻つて来たと云ふまで、あつて、言はゞ我々の肉親愛の復古ではなからうか。

故に之を名づけて愛情の解放と呼ぶまでは差支へないが、其動機の推察にあまりに深入して、仮令有り得べからざる危険を憂慮せぬまでも、往々に其自由を無用視しもしくは軽蔑しようとする者があるならば、それこそ囚はれたる昔風である。母なども以前の尋常の家庭に於ては、はか〴〵しくは人中に立ち交らず、成長した息子たちの之に向つて、打ちとけた心持で女が女同志、又は男が男ばかりでするやうな世間話をして居る所などは、外から来た者には曾て見かけられなかつた。いつでも怒つて居るのかと思ふやうな簡単な、ぶつきら棒の応答をするのが、父でも夫でも男たちの普通の態度で、女は又さうせられるのを当然として居つた。是は必ずしも母や妻の趣味ばかりでは無かつた。遠い昔から女には色々の禁忌があつて、漁猟戦争の如き男子の専業には、干与し能はざる厳しい慣習のあつたのが、本の意味が不明に為つて、いつしか此様な形式をとるに至つたのである。薩摩の如きはつい近い頃まで、婦人を憎みきらふことを以て、強い武士の特徴として居たこと、西洋のシバルリーとはちやうど正反対で、戒律のやかましい聖道の僧などよりも、更に過ぎたるものがあつた。堂々たる男子が僅かの接近を以て、すぐにめゝしさ柔かさにかぶれるものと信じた筈が無い。きたないとか穢れるとかいふ語で言ひ現はして居たけれども、つまりは女には目に見えぬ精霊の力が有つて、砥石を跨ぐと砥石が割れ、釣竿天秤棒をまたぐとそれが折れると云ふやうに、男子の膂力と勇猛とを以て為し遂げたものを、たやすく破壊し得る力あるもの、如く、固く信じて居た名残に他ならぬ。其様な奇異の俗信がもう無くなつて、漠然たる畏怖のみが永く留まり、元来親しみ馴れて相愛すべきものが、うはべは少なくとも疎遠なる形式を保つて、この新時代の活々とした世の中に入つて来たのである。そんな無用の垣根の撤せられたのは、至つて自然なる結果であつて、今まで之を予期しなかつたのが迂遠なくらゐのものだ。

三

しかし現実は決して此話ほどに簡単では無い。禁忌は之を知らない国の人が想像するやうに、徒らに我々を拘束する迷信では無かつたのである。社会の或一部分の便宜の為に、強ひて設けられた律令と謂ふことは出来るが、本意は寧ろ未知の外界に対する一種の対抗策で、他の力弱き動物などが常に危害の大小を測りかねて、遁走と潜匿との為に生涯の半ばの力を費して居るのに反し、一定最少限の条件をさへ守つて居るならば、人は自在に行動して何の怖るゝ所も無いものだと云ふことを、我々が確信し得たのも此御蔭で、言はゞ人間の勇気の根源を培ふものであつた。勿論誤つたる判断推論が、無くともよかつた幾つかの拘束を、後生大事に保存させたことは事実だが、それは今日の議院と雖も免れない。全体から見て其時代の、どうしても必要だと認めたものが慣習と為り、之を破れば一般の不安を感ずる間は、人は之を守らざるを得なかつたのである。人間の智慧には不確かなものが多い。此不安を追払ふことは容易で無かつた。婦人を叨《みだ》りに近づけず、又多くの男の仕事に参与せしめまいとしたことは、我々の眼には理由の無いことであるのみならず、又その最初の経験も忘れられて、今では之を説明する者も無い姿だが、それでもなほ此頃の如き変化に遭遇すると、彼等自身にも解し難い気遣はしさの為に、首を傾け眉を顰めようとする老翁などのあるのは、何かよく〳〵底深い惰性の、元の力として潜んで居る為では無いかとも想像せられる。

自分たちの学問で今までに知られて居ることは、祭祀祈禱の宗教上の行為は、もと肝要なる部分が悉く婦人の管轄であつた。巫は此民族に在つては原則として女性であつた。後代は家筋に由り又神の指定に随つて、彼等の一小部分のみが神役に従事し、其他は皆凡庸を以て目せられたが、以前は家々の婦女は必ず神に仕へ、たゞ其中の最もさかしき者が、最も優れたる巫女であつたものらしい。国の神は一つ以前には地方の神であり、更に溯れば家々の神であつたのみならず、現在に至つても、家には尚専属の神があつて、季節もしくは臨時に祭られて居るのを見ると、久しきに亘つて此職分は重要であつた。而うして最初此任務が、特に婦人に適すと考へられた理由は、その感動し易い習性が、事件ある毎に群衆の中に於て、いち早く異常心理の作用を示し、不思議を語り得た点に在るのであらう。雋敏なる児童の中には、往々にして神を見、神託を宣する者はあつたが、成長するにつれて早く特性を失ふ上に、斯んな子を生み育てるのもやはり女だから、女は常に重ぜられた。殊に婦人の特殊生理は、此の如き精神作用に強く影響した。天然と戦ひ異部落と戦ふ者にとつては、女子の予言の中から方法の指導を求むる必要が多く、更に進んでは定まる運勢をも改良せんが為に、此力を利用する場合が常にあつたのである。故に女の力を忌み怖れたのも、本来は全く女の力を信じた結果であつて、あらゆる神聖なる物を平日の生活から別置するのと同じ意味で、実は本来は敬して遠ざけて居たもの丶やうである。

そんな待遇をする必要が、もう殆と無くなつた近世まで、場合によつては尚かよわい者の力が信ぜられた。独り物を害する魔性の力だけでは無い。或種のまじなひには女を頼まねばならぬものがあつた。年々の行事で最も著しいものは田植である。昔の人の推理法は興味がある。女は生産の力ある者だから、大切な生産の行為は女に頼むがよいと云ふ趣意であつた。之に伴なうて色々の儀式の、至つて古風なものが今も残つて居り、従つて又神秘なる禁忌があつた。一方には又おみき・おなほと云ふ類の老女の、神と交通したと云ふ話が実事として数限りも無く語り伝へられる。実際其不可思議には数千年の根柢があるので、日本の男子として之に動かされることは聊かも異例で無かつた。世界的の宗教は大規模に持込まれたけれども、我々の生活の不安定、未来に対する疑惑と杞憂とは、仏教と基督教とでは処理し尽すことが出来なかつた。現世幸福の手段としては不十分なる点が見出された。而うして其欠陥を充すべき任務は、太古以来同胞の婦女に属して居たのである。倭姫命の御祭祀が単なる典礼になつてしまふと、光明皇后や中将姫の祈願が始まつたやうに、一つの形が不十分となれば、第二の方法が考へられなければならぬ。故に兄の寂寞を妹が慰めるのも、言はゞ此民族の一続きの大なる力の、一つの新しい波に過ぎないのかも知れぬ。

四

最近に自分は東北の淋しい田舎をあるいて居て、はからずも古風なる妹の力の、一つの例に遭遇した。盛岡から山を東方に越えて、よほど入込んだ山村である。地方にも珍らしい富裕な旧家で、数年前に六人の兄弟が、一時に発狂をして土地の人を震駭せしめたことがあつた。詳しい顛末は更に調査をして見なければならぬが、何でも遺伝のあるらしい家で、現に彼等の祖父も発狂してまだ生きて居る。父も狂気で或時仏壇の前で首を縊つて死んだ。長男がたゞ一人健全であつたが、重ね〴〵の悲運に絶望してしまつて、屢〻巨額の金を懐に入れ、都会にやつて来て浪費をして、酒色によつて憂を紛らさうとしたが、其結果は是もひどい神経衰弱にかゝり、井戸に身を投げて自殺をしたと云ふ。村の某寺の住職は賢明な人であつて、何とかして此苦悶を救ひたいと思つて、色々と立入つて世話をしたさうだが無効であつた。此僧に尋ねて見たらなほ細かな事情がわかるであらうが、六人の狂人は今は本復して居る。発病の当時、末の妹が十三歳で、他の五人は共に其兄であつた。不思議なことには六人の狂者は心が一つで、しかも十三の妹が其首脳であつた。例へば向ふから来る旅人を、妹が鬼だと謂ふと、兄たちの眼にもすぐに鬼に見えた。打殺してしまはうと妹が一言謂ふと、五人で飛出して往つて打揃つて攻撃した。屈強な若い者がこんな無法なことをする為に、一時は此川筋には人通りが絶えてしまつたと云ふ話である。

鈴木正三の因果物語の中にでもありさうな話である。仏者などに言はせると、必ず一応の理由はつくと思ふが、単なる狂暴の遺伝以外に、別に古来の異事奇聞の、多くの例に共通した何等かの法則が潜んで居る様な感じがする。仮に此等の狂人が今少しく平和なものであつて、鬼を見る代りに神仙を見、乃至は著聞集の狩人が箭をつがへて射たと云ふ如き、三尊来迎の御姿を見たのであつたらどうであらうか。近世の俗人たちの不思議奇瑞の分類法は、実はあまりにも単純であつた。平素より多病多感なる一人が、夢と現《うつゝ》の境に有り得べからざることを見たと説くが如きは、之を幻覚なりと謂ひ又は誇張妄信なりとして、耳を仮すまいとするけれども、三人五人が打揃うて現に目撃したと謂ふ場合には、乃ち舌を巻いて驚歎しようとしたのである。素朴一様の生活をした昔人は、心理も亦略〻同じ傾向を持つて居り、利害も趣味も感情も相似たる結果、似たやうな誤謬を経験することは有り得べく、殊に前に掲げた例のやうに、其間に強い統一の力の現はれ得ることは明らかだが、未だ之を考へた人は無いらしいのである。

是も奥州に例の多い座敷童子《ざしきわらし》、或はクラボッコとかスマッコワラシとか、色々の名を以て呼ばるゝ童形の家の神は、其姿を見たといふ者に証人を出し得る話が多い。関口善平と云ふ人は少年の頃、数人の友だちと共に、鄰家の座敷で此神の舞ひ跳るを見たと謂ふ。普通に髪を耳のあたりまで切下げて居ると云ふに反して、たしかに坊主頭であつたと云ふ一点を除く外、衣服などの事を今尋ねて見ても、正直な人だから単に記憶せぬと謂ふ。小児の淡い考へ方では、其当時一人々々に就いてたゞして見ても、精聴きやうによつては皆うんと答へ、やがて又さう記憶してしまつたかも知れぬが、精確に記述させたら必ず若干の喰違ひのあることを、どれも是も一様であつた様に信じてしまふ場合が多からう。例へば日本全国に亘つて誰でも説くことは、天狗倒しなど丶称して白昼に山の中で、大木を挽き伐り倒す音であるが、是などは全部落の者が同時に之を聴いて、後に其辺に往つて見ると何の痕も無いのが例であつた。都会に於ては夜ふけて囃子《はやし》の音をきくことがある。場所方角は一定せず、しかも一時に多勢の者が、あれ又今夜も遣つて居ると、言ふ場合が多いのである。斯う云ふ簡単な、しかも曾て聞いた印象の深い音響の再現は、何千人に共通しても之を幻覚と認めることが出来る。鉄道の開通した当時、時刻でも無い時に汽車が通り、或は其笛の音、車の響がしたといふなどは、新しい奇事ながら無数に村々で話がある。狐狸が真似をすると説明せられ、或は狸は馬鹿だから、本物の汽車と衝突してたうとう死んだなど丶云ふ噂までもある。即ち別に一人の統率者が無い場合にも、強い因縁さへあれば多人数の幻覚が一致をする。現代の個人はめい〳〵勝手次第の、生存を巧んで居るつもりで居るか知らぬが、流行や感染以上に昔からの隠れた力に、実はまだ斯うして折々は引廻されて居るのである。

五

だから大正十五年以後にも、斯んな出来事はなほ絶無を期し難いと思ふ。福島県の箭内《やない》名左衛門氏は、地方の先覚であり新知識であるが、前年自分が彼村を訪ねたとき、斯う云ふ話をしてくれた。此附近には三十年か四十年に一度、必ず一人の異人が出現する。其威力の絶頂に在る間は、呪術も予言も悉く適中して、如何に本人の元の身分を熟知した者でも、帰依渇仰せざるを得なかつた。但し一年もたつうちには霊験が衰へて、多くは気付かぬ間に何処へか往つてしまふさうである。始めて斯う云ふ異人が人に認められるのには、殆と一定した形式があつた。若干の微弱な前兆の後に、突如として物憑きの相を示して、屋根の上に飛んで上る。さうして棟の端に馬乗りに跨がつて棟木をつかまへて押動かすと、どんな大きな土蔵などでもぐら〳〵と揺いだと云ふ。之を集まり見た衆人は、もう其力を疑ふことを得なかつたので、物理学の法則からは有り得べからざることを承知して居るが、現に多数が其事実を認めたのだから、争ふことが出来ぬと云ふことになつて居たといふ。

昨年の初夏には、又自分は陸中の黒沢尻から、羽後の横手の方へ通らうとして居た。和賀川の左右の岸に、此辺特有の東向き片破風《かたはふ》の茅葺きの農家が、草木の茂みから処々にその寂しい姿を見せて居る。汽車の窓を開いて同行の阿部君が、其一個を指点して謂ふには、あの家には二三ヶ月前から、大さうよく当る占ひ者が出ました。毎日のやうに遠方から、見てもらひに来る人が今でもありますと云ふ。まだ若い女房である様子であつた。此地方一帯には至つて多い例で、時としては同時に五人三人と輩出して、力を競はねばならぬ場合さへあつた。固より尋常の田に働く女であつて、東北でよく聞くモリコ又はイタコの如く、修行と口伝とを必要とする職業の巫女とは別であつた。従つて最初何等かの奇瑞の、先づ周囲の人々を驚かすものが無かつたならば、世間が此の如き神姥の出現を知る機会は無いのである。ところが平生はそつけ無い物言ひをして、人の前では碌に眼も見合さぬ兄や夫が、実は潜かに家の女性の言行に対して、深い注意を払つて居たのであつたことが、こんな異常の場合になるとすぐに露顕する。通例将に霊の力を現はさんとする女は、四五日も前から食事が少なくなる。眼の光が鋭くなる。何かと言ふと納戸に入つて、出て来ぬ時間が多くなり、それからぽつ〳〵と妙な事を言ひ出すのである。不断から稍〻陰鬱な、突詰めて物を考へるたちの女ならば、折々は家族の者の早まつた懸念の為に、幾分此状態を促進することも無いとは言はれぬ。さうで無くても産の前後とか、其他身体の調子の変り目に、此現象の起りがちであるのを、やはり新しい医学の理論などに頓着無く、全然別様の神秘なる意義を彼等は付与したのである。だから世間も勿論此類の風説に決して冷淡では無かつたのだが、しかし第一次の固い信徒は、如何なる場合にも必ず家族中の男子であつた。

と謂ふよりも神憑きを信じ得ない家には、神憑きの発生することは決して無かつた。大和丹波市の近世の巫女教の如き、其随従者は之を天下に布かんとする意気込をもつて居るが、其発端に於ては何れも小規模なる家庭用であつた。昔は個々の家庭に於て、神に問ふべき問題が今よりも遥かに多く、寧ろ求めて家の婦人を発狂せしむる必要すらもあつた。しかも宿る神は八百万で、正邪優劣の差が著しく、宿主の願ふま丶にもならなかつたので、こ丶に儀式や禁忌のやかましい条件が案出せられ、成るべくは人間の生活に便宜なる貴い訪問者を、選択しようとしたのである。

我々の民族の固有宗教は、正しく此点に於て二筋に分岐し、末々別途の進展を遂げた。家と家、部曲と部曲の競争に於て、優れたる巫女の力に由り、最も尊く且つ正しい神を、御迎へ申すことを得た家は、一門の繁栄と附近住民の信服が思ひのま丶であり、此に助けられて男子の事業が成功すると共に、信仰も亦次第に統一せられたが故に、祭祀は其中心家族の事業と為つて、劣つたる神を持つ家々では、最早之に向つて各自個々の勧請をせぬやうになつた。しかも単に積極的に名を指して神を迎へる風が止んだと云ふのみで、婦人が霊に憑かれる習性までは絶やすことは出来ず、却つて以前に増して飢ゑたる霊、憤る神の如き遥かに階級の低い神霊が、招かざる賓客として時々尋常の家を訪ふことを、如何ともし得なかつたのである。公認せられた神道から見れば、言ふまでも無くそれは邪神ではあつたが、家としてはなほ古い親しみもあつて、敬して之に仕へたのみか更に其恩顧を利用せんとさへした。例へば狐の精、蛇の精といふが如き低い神でも、其霊が人間以上なる限り、之を饗し之を礼すれば冥助が有り、之を怒らしむれば其罰は中々に正しい神よりも烈しかつた。家々の祖先の霊、又は住地と縁故の深い天然の諸精霊の如きは、仮に之を避け退ける方法があつても、無情に之を駆逐するに忍びなかつた。況や人と彼等との間に立つて、斡旋し通訳するの任務が、主として細心柔情にして能く父兄を動かすに力ある婦人の手に在つたのである。是れ日本人の家の宗教の、久しく元の形を崩されつゝも、なほ其破片を保存せられた所以であつて、同時に又新しい色々の迷信の相次いで興隆した所以でもある。

六

我々が今読んで居る歴史と云ふものゝ舞台には、女性の出て働く数は甚だしく少なかつたが、表面に現はれた政治や戦争の事業にも、隠れて参加した力は実は大きいのであつた。さういふ心持を以て再び前代の家庭生活を眺めて見ると、久しく埋もれて居たゞけに、なつかしい民族心理の痕が際限も無く人の心を引く。但しなつかしいと云ふことは、必ずしも其昔に戻れと云ふことを意味しない。そんな面倒な拘束に今更従はねばならぬ必要は無いのみか、我々の名づけて古風と云ふものにも、上古以来何度か時勢の影響の著しいものがあつて、結局はどれが信仰の原の型と名づくべきものかを、指示することも出来なくなるのに、徒らに是に追随する理由は無いからである。

それでも歴史を辿つて行くと、我々が便宜の為、又此信仰の変遷の標準を掲げる為に、仮に名づけて玉依彦・玉依姫の世と称するものはある。此二柱の神は人も知る如く、賀茂の神人の始祖であり、同時に又上の社の御神の、御母と御伯父である。曾ては人間の処女の心姿共に清き者の中から、特に年若く未だ婚がざる者のみを点定して、神の尊き霊が御依りなされし時代があつた。他の多くの旧社には永く此例を遵守する者もあつたが、此場合には必ず代々の兄の家が神職を相続して、大工のジョセフよりも今一段と自然なる保護と奉仕とに任じ、又その御神の力を負うて、附近の部曲に号令することを得たのであつた。即ち人界に在つては藤原氏が、久しい年代に亘つて力と頼んで居た、外戚の親に該当するものである。兄弟の縁は見やうに由つては、父子の続きよりも確実である。今もし天つ神が大昔の母系の血筋を重んじたまひ、且つ女性の純潔を要求したまふとすれば、斯うした結合に由つて叔母から姪女へ、奉仕の職を伝へるの他は無い。神巫の家筋は何れの社でも、皆斯うして保存せられた。後次第に年限を定めて、年たけて夫を持つことを許され、或は必ずしも処女なることを要せぬやうになつたのみである。伊勢の内外宮に於て物忌父《ものいみのちち》と呼び、越前飛騨等の或旧家でテ、と称するものも、尚この玉依彦思想の第二次の延長であると見られる。

此の如き兄妹の宗教上の提携の、如何に自然のものであつたかは、遠近多種の民族の類例を比べて見てもわかる。近くはアイヌの昔物語に於ても、最近金田一氏の訳出せられた伝説に依れば、処々の島山に占拠した神は、必ず兄と妹との一組にきまつて居た。沖縄は固より我民族の遠い分れで、古い様式を保存し得る事情はあつたが、是亦御嶽の神々は男女の二柱であつて、其名の対偶より判じて見ても、我神代巻の最初の双神と共に、本来同胞の御神であつたことが想像せられる。斎院が神を祭る慣習も彼島には近世まであつた。元は一々の旧家名門に、各〻小規模の玉依姫が定められて居たことは、現在まだ疑ふ余地の無い痕跡が存して居る。内地に於ては祝神主の男子が、政治の必要から次第に巫女の家を抑制したに反して、彼に在つては今も祭祀が婦人に独占せられて居る。其上に重要なる祈願に於ては、もとは屢〻「をなり神」を拝する習があつた。即ち妹の神女を仲に立てゝ神の霊に面することであつて、ヲナリは島々に於ては現に又我々の謂ふ姉妹を意味して居る。同じ語とおぼしきものが内地で用ゐられるのは、たゞ田植の折の田の神の祭のみであるが、其任務の極めて神聖に、且つ家々の生活にとつて最も重要であつたことは、歌曲と口碑の中からも之を窺ふことが出来る。

簡単に話を運ばうとした為に、却つて註脚の必要な部分が多くなつたが、自分は之に由つてむつかしい学問上の論断を下さうとするのでは無い。新しい時代の家庭に於ては、妹の兄から受ける待遇が丸で一変したやうに見えるけれども、今後とても女性の社会に及ぼす力には、方向の相異までは無い筈である。もし彼女たちが出で、働かうとする男子に、屢〻欠けて居る精微なる感受性を以て、最も周到に生存の理法を省察し、更に家門と肉身の愛情に由つて、親切な助言を与へようとするならば、惑ひは去り勇気は新たに生じて、其幸福はたゞに個々の小さい家庭を恵むに止まらぬであらう。それには先づ女性自身の、数千年来の地位を学び知る必要が有る。之を我々のやうな妹を持たぬ男たちに、一任して顧みないのはをかしかつたと言ひ得る。人間の始めたことに本来意味の無いことは有り得ないのに、之を迷信など、軽く見てしまつて考へて見ようともしなかつたのは、同情の無い話であつたと云ふことを、改めて新しい時代の若い婦人たちに説いて見る必要があると思ふ。

雪国の春

一

支那でも文芸の中心は久しい間、楊青々たる長江の両岸に在つたと思ふ。さうで無くとも我々の祖先が、夙に理解し歎賞したのは、所謂江南の風流であつた。恐らくは天然の著しい類似の、二種民族の感覚を相親しましめたものが有つたからであらう。始めて文字といふもの、存在を知つた人々が、新たなる符号を透して異国の民の心の、隅々までを窺ふは容易の業で無い。殊に島に住む者の想像には限りが有つた。本来の生活ぶりにも少なからぬ差別があつた。それにも拘らず僅かなる往来の末に、忽ちにして彼等が美しと謂ひ、あはれと思ふもの、総てを会得したのみか、更に同じ技巧を仮りて自身の内に在るものを、彩どり形づくり説き現すことを得たのは、当代に於てもなほ異数と称すべき慧敏である。かねて風土の住民の上に働いて居た作用の、たまたま双方に共通なるものが多かつた結果、言はゞ未見の友の如くに、安々と来り近づくことが出来たと見るの外、通例の文化模倣の法則ばかりでは、実は其理由を説明することがむつかしいのであつた。

故に日本人の遠い昔の故郷を、かのあたりに見出さうとする学者さへあつたので、呉の泰伯の子孫といふ類の新説は、論拠が無くても起り易い空想であつた。独り魚鳥の遥々と訪ひ寄るもの多く、さては樹の実や草の花に、移さずして既に相同じいものが幾らもあつたのみならずそれを養ひ育てた天然の乳母として、温かく湿つた空気、之を通してきら／＼と濡れたやうな日の光、豊かなる水と其水に汰り平げられた土の質までが、誠によく似た肌ざはりを、幾百年とも無く両国の民族に与へて居たのである。人間の心情がその不断の影響に服したのは意外で無い。

其上に双方共に、春が飽きる程永かつた。世界の何れの方面を捜して見ても、亜細亜東海の周辺のやうに、冬と夏とを前うしろに押し拡げて、緩々と温和の季候を楽み得る陸地は、多くあるまい。是は素より北東の日本半分に於ては、味ひ能はざる経験であつたが、花の林を逍遥して花を待つ心持ち、又は微風に面して落花の行方を思ふやうな境涯は、昨日も今日も一つ調子の、長閑な春の日の久しく続く国に住む人だけには、十分に感じ得られた。夢の蝴蝶の面白い想像が、奇抜な哲学を裏付けた如く、嵐も雲も無い昼の日影の中に坐して、何をしようかと思ふやうな寂寞が、いつと無く所謂春愁の詩となつた。女性に在つては之を春怨とも名づけて居たが、必ずしも単純な人恋しさではなかつた。又近代人のアンニュイのやうに、余裕の乏しい苦悶でもなたかつた。獣などならば只睡り去つて、飽満以上の平和を占有する時であるが、人には計算があつて生涯の短かさを忘れる暇が無い為に、寧ろ好い日好い時刻の余りにかまつて、浪費せられることを惜まねばならなかつたのである。乃ちその幸福な不調和を紛らすべく、色々の春の遊戯が企てられ、芸術は次第に其間から起つた。日本人は昔から怠惰なる国民ではなかつたけれども、境遇と経験とが互に似て居た故に、力を労せずして鄰国の悠長閑雅の趣味を知り習ふことを得たのである。

二

風土と季候とがかほどまでに、一国の学問芸術を左右するであらうかを訝る者は、恐らくは日本文献の甚だ片寄つた成長に、まだ心付いて居らぬ人たちである。西南の島から進んで来て内海を取囲む山光水色の中に、年久しく栄え衰へて居た人でないと、実は其美しさを感じ得ないやうな文学を抱へて、それに今まで国全体を代表して貰つて居たのは、必ずしも単なる盲従乃至は無関心では無いのであつた。今一つ根本に溯ると、或は此様な柔かな自然の間に、殊に安堵して住み付き易い性質の、種族であつたからといふことになるのかも知らぬが、如何なる血筋の人類でも、斯ういふ好い土地に来て悦んで永く留らぬ者はあるまい。全く我々が珍しく幸運であつて、追はれたり遁げたりするやうな問題が少しも無く、いつまでも自分たちばかりで呑気な世の中を楽み終せて居たうちに、馴染は一段と深くなつて、言はゞ此風土と同化してしまひ、最早此次の新らしい天地から、何か別様の清く優れた生活を、見つけ出さうとする力が衰へたのである。

文学の権威は斯ういふ落付いた社会に於て、今の人の推測以上に強大であつた。それを経典呪文の如く繰返し吟誦して居ると、いつの間にか一々の句や言葉に、型とは云ひながらも極めて豊富なる内容が附いてまはることになり、従つて人の表現法の平凡な発明を無用にした。様式遵奉と模倣との必要は、たま〳〵国の中心から少しでも遠ざかつて、山奥や海端に往つて住まうとする者に、殊に痛切に感じられた。それ故に都鄙雅俗といふが如き理由も無い差別標準を、自ら進んで承認する者が益〻多く、其結果として国民の趣味統一は安々と行はれ、今でも新年の勅題には南北の果から、四万五万の献詠者を出すやうな、特殊の文学が一代を覆ふことになつたのである。

江戸のあらゆる芸術がつひ近い頃まで、この古文辞の約束を甘受して居たことは、微笑を催すべき程度のものであつた。漸く珍奇なる空想が入つて来て片隅に蹈まつて居ることを許され、又は荒々しい生れの人々が、勝手に自分を表白してもよい時代になつても、やはり露西亜とか仏蘭西とかに、何かそれ相応の先型の存在することを確めてからで無いと、人も歓迎せず我も突出して行く気にならなかつたのは、恐らくは亦永年の模倣の癖に基づいて居る。即ち梅に鶯紅葉に鹿、菜の花に蝶の引続きである。しかもそれをすら猶大胆に失すと考へる迄に、所謂大衆文芸は敬虔至極のものであつて、今一度不必要に穏当なる前代の読み本世界に戻らうとして居るのである。西欧羅巴の諸国の古典研究などは、人の考を自由にするが目的だと聴いて居るが、日本ばかりは之に反して、再び捕はれに行く為に、昔の事を穿鑿して居るやうな姿がある。心細いことだと思ふ。だから我々だけは子供らしいと笑はれてもよい。あんな傾向からはわざと離背しようとするのである。さうして歴史家たちに疎んぜられて居る歴史を捜して、もう少し楽々とした地方々々の文芸の、成長する余地を見付けたいと思ふのである。

其話を出来るだけ簡単にする為に、茲には唯雪の中の正月だけを説いて見るのだが、今説かうとして居る私の意見は、実は甚だ小さな経験から出発して居る。十年余り以前に仕事があつて、冬から春にかけて暫くの間、京都に滞在して居たことがあつた。宿の屋根が瓦葺きになつて居て、よく寝る者には知らずにしまふ場合が多かつたが、京都の時雨の雨はなるほど宵暁ばかりに、物の三分か四分ほどの間、何度と無く繰返してさつと通り過ぎる。東国の平野ならば霰か雹かと思ふやうな、大きな音を立て丶降る。是ならば正しく小夜時雨だ。夢驚かすと歌に詠んでもよし、降りみ降らずみ定めなきと謂つても風情がある。然るに他のさうでも無い土地に於て、受売して見ても始まらぬ話だが、天下の時雨の和歌は皆是であつた。連歌俳諧も謡も浄瑠璃も、さては町方の小唄の類に至るまで、滔々として悉く同じ様なことを謂つて居る。また鴨川の堤の上に出て立つと、北山と西山とには折々水蒸気が薄く停滞して、峯の遠近に応じて美しい濃淡が出来る。ははア春霞といふのは是だなと始めてわかつた。それが或季節には夜分まで残つて、所謂おぼろ〳〵の春の夜の月となり、秋は昼中ばかり霧が立つて、柴舟下る川の面を隠すが、夜は散じて月さやか也と来るのであらう。言はゞ日本国の歌の景は、悉くこの山城の一小盆地の、風物に外ならぬのであつた。御苦労では無いか都に来ても見ぬ連中まで、題を頂戴してそんな事を歌に詠じたのみか、たま〳〵我田舎の月時雨が、之と相異した実況を示せば、却つて天然が契約を守らぬやうに感じて居たのである。風景でも人情でも恋でも述懐でも、常に此通りの課題があり、常に其答案の予期せられて居たことは、天台の論議や旧教のカテキズムも同様であつた。だから世に謂ふ所の田園文学は、今に至るまでかさぶたの如く村々の生活を覆うて、自由なる精気の行通ひを遮つて居るのである。

三

白状をすれば自分なども、春永く冬暖かなる中国の海近くに生れて、この稍狭隘な日本風に安心し切つて居た一人である。本さへ読んで居れば次第々々に、国民としての経験は得られるやうに考へて見たこともあつた。記憶の霧霞の中からちら〳〵と、見える昔は別世界であつたが、そこには花と緑の葉が際限も無く連なつて、雪国の村に住む人が気ぜはしなく、送り迎へた野山の色とは、殆と似も付かぬものであつたことを、互に比べて見る折を持たぬばかりに、永く知らずに過ぎて居たのであつた。七千万人の知識の中には、斯ういふ例がまだ幾らもあらうと思ふ。故郷の春と題して屢々描かれる我々の胸の絵は、自分などには真先きに日のよく当る赤土の岡、小松まじりの躑躅の色、雲雀が子を育てる麦畠の陽炎、里には石垣の蒲公英や菫、神の森の木大がゝりな藤の紫、今日からあすへの堺目も際立たずに、いつの間にか花の色が淡くなり、樹蔭が多くなつて行く姿であつたが、この休息とも又退屈とも名づくべき春の暮の心持は、たゞ旅行をして見たゞけでは、恐らく北国の人たちには味ひ得なかつたであらう。

北国で無くとも、京都などはもう北の限りで、僅か数里を離れた所謂比叡の山蔭になると、既に雪高き谷間の庵である。それから嶺を越え湖を少し隔てた土地には、冬籠りをせねばならぬ村里が多かつた。

丹波雪国積らぬさきに
つれておでやれうす雪に

といふ盆踊の歌もあつた。之を聴いても山の冬の静けさ寂しさが考へられる。日本海の水域に属する低地は、一円に雪の為に交通がむつかしくなる。伊予に住み馴れた土居得能の一党が、越前に落ちて行かうとして木ノ目峠の山路で、悲惨な最期を遂げたといふ物語は、太平記を読んだ者の永く忘れ得ない印象である。総体に北国を行脚する人々は、冬のまだ深くならぬうちに、何とかして身を容れるだけの隠れがを見付けて、そこに平穏に一季を送らうとした。さうして春の復つて来るのを待ち焦れて居たのである。越後あたりの大百姓の家には、斯うした臨時の家族が珍しくはなかつたらしい。我々の懐かしく思ふ菅江真澄なども、暖かい三河の海近い故郷を、二十八九の頃に出てしまつて、五十年近くの間秋田から津軽、外南部から蝦夷の松前まで、次から次へ旅の宿を移して、冬毎に異なる主人と共に正月を迎へた。山路野路を一人行くよりも、長いだけに此方が一層心細い生活であつたことゝ思はれる。

汽車の八方に通じて居る国としては、日本のやうに雪の多く降る国も珍しいであらう。それが到る処深い谿を溯り、山の屏風を突き抜けて居る故に、かの、

　黄昏や又ひとり行く雪の人

の句の如く、折々は往還に立つてぢつと眺めて居るやうな場合が多かつたのである。停車場には時としては暖国から来た家族が住んで居る。雪の底の生活に飽き飽きした若い人などが、何といふ目的も無しに、鍬を揮うて庭前の雪を掘り、土の色を見よう

としたといふ話もある。鳥などは食に飢ゑて居る為に、殊に簡単な方法で捕へられた。二三日も降り続いた後の朝に、一尺か二尺四方の黒い土の肌を出して置くと、何の餌も囮も無くてそれだけで鶫や鶇が下りて来る。大隅の佐多とか土佐の室戸とかの、茂つた御崎山の林に群れて囀りかはして居たものが、僅かばかり飛び越えるともう此様な国に来てしまふのである。

我々の祖先が曾て南の海端に住みあまり、或は生活の闘争に倦んで、今一段と安泰なる居所を覓むべく、地続きなればこそ気軽な決意を以て、流れを伝ひ山坂を越えて、次第に北と東の平野に降りて来た最初には、同じ一つの島が斯程までに冬の長さを異にして居ようとは予期しなかつたに相違ない。幸ひにして地味は豊かに肥え、労少なくして所得は元の地に優り、山野の楽みも夏は故郷よりも多く、妻子眷属と共に居ればこそ再び窮屈な以前の群に、還つて行かうといふ考も起らなかつたであらうが、秋の慌だしく暮れ春の来ることの遅いのには、定めて暫らくの間は大きな迷惑をしたこと、思ふ。十和田などは自分が訪ねて見た五月末に、雪を分けて僅かに一本の山桜が咲かうとして居た。越中の袴腰峠、黒部山の原始林の中では、共に六月初めの雨の日に、まだ融けきらぬ残雪が塵を被つて、路の傍に堆かく積んで居た。旧三月の雛の節句には、桃の花は無くとも田の泥が顔を出して居ると、奥在所の村民は来て見て之を羨んだ。春の彼岸の墓参りなどにも、心当りの雪を掻きのけて、僅かな窪みを作つて香花を供へて還るといふ話が、越後南魚沼の町方でも語られて居る。あの世に往つて住む者にも淋しいであらうが、此世同士の親類朋友の間でも、大抵の交通は春なかばまで猶予せられ、他国に旅する者の帰つて来ぬことにきまつて居るは勿論、相互ひに灯の火を望み得る程の近隣りでも、無事に住んで居ることが確かな限りは、訪ひ訪はれることが自然に稀であつた。峠の双方の麓の宿場などが、雪に中断せられて二つの嚢の底となることは、常からの片田舎よりも尚一層忍び難いものらしい。だから銘々の家ばかりを最も暖かく、成るだけ明るくして暮さうとする努力があつた。親子兄妹が疎み合うては、三月四月の冬籠りは出来ぬ故に、誰しもこの小さな天地の平和を大切にして、いつかは必ず来る春を静かに待つて居る。斯ういふ生活が塞い国の多くの村里では、ほゞ人生の四分の一を占めて居たのである。それが男女の気風と趣味習性に、大きな影響を与へぬ道理は無いのであるが、雪が降れば雪見など丶称して門を出で丶山を望み、もしくは枯柳の風情を句にしようとする類の人々には、ちつとも分らぬまゝで今までは過ぎて来たのである。

四

燕を春の神の使として歓迎する中部欧羅巴などの村人の心持は、似たる境遇に育つた者で無いと解しにくい。雪が融けて始めて黒い大地が処々に現れると、すぐに色々の新らしい歌の声が起り、黙して叢の中や枝の蔭ばかりを飛び跳ねて居たものが、悉く皆急いで空に騰がり、又は高い樹の頂上にとまつて四方を見るのだが、其中でも今まで見かけなかつた軽快な燕が、わざ〱駚け廻つて、幾度か我々をして明るい青空を仰がしめるのを、人は無邪気なる論理を以て、緑が此鳥に導かれて戻つて来るもの、如く考へたのである。春よ還つて来たかの只一句は何度繰返されても胸を浪打たしむる詩であつた。嵐吹雪の永い淋しい冬籠りは、ほと〱過ぎ去つた花の頃を忘れしむるばかりで、もしか今度は此儘で雪の谷底に閉されてしまふので無いかといふ様な、小児に近い不安を味つて居た太古から、引続いて同じ鳥が同じ歓喜をもたらして居た故に、之を神とも幸運とも結び付けて、飛び姿を木に刻み壁に画き、塞い日の友と眺める習ひがあつたのである。さうして是とよく似た心持は、亦日本の雪国にも普通であつた。

即ち此の如くにして漸くに迎へ得たる若春の悦びは、南の人の優れたる空想をさへも超越する。例へば奥羽の処々の田舎では、碧く輝いた大空の下に、風は軟かく水の流れは音高く、家にはぢつとして居られぬやうな日が少し続くと、ありとあらゆる庭の木が一斉に花を開き、其花盛りが一どきに押寄せて来る。春の労作はこの快い天地の中で始まるので、袖を垂れて遊ぶやうな日とては一日も無く、惜しいと感歎して居る暇も無いうちに、艶麗な野山の姿は次第々々に成長して、白くどんよりとした薄霞の中に、桑は延び麦は熟して行き、やがて閑古鳥が頻りに啼いて、水田苗代の支度を急がせる。この活き〳〵とした季節の運び、それと調子を合せて行く人間の力には、実は中世のなつかしい移民史が匿れて居る。其歴史を滲み透つて来た感じが人の心を温めて、旅に在つては永く家郷を懐はしめ、家に居ては冬の日の夢を豊かにしたものであつたが、単に農人が文字の力を傭ふことをしなかつたばかりに、其情懐は久しく深雪の下に埋もれて、未だ多くの同胞の間に流転することを得なかつたのである。

五

さうして又日本の雪国には、二つの春があつて早くから人情を錯綜せしめた。ずつと南の冬の短かい都邑で、編み上げた暦が彼等にも送り届けられ、彼等も亦移つて来て幾代かを重ねる迄、其暦の春を忘れることが出来なかつたのである。全体日本のやうな南北に細長い山勝ちの島で、正朔を統一しようとすることが実は自然でなかつた。僅かに月の望の夜の算へ易い方法を以て、昔の思ひ出を保つことが出来たのである。然るに新らしい暦法に於ては、更に寒地の実状を省みること無くして、又一月余の日数を去年から今年へ繰入れたのである。是が西洋の人のするやうに、正月を冬と考へることが出来たならば、其不便も無かつたのか知らぬが、祖先の慣習は法制の感化を以て自然に消滅するものと予測して、なまじひに勧誘を試みようとしなかつた為に、終に斷ういふ雪国に於ても、なほ正月は即ち春と、固く信じて渝らなかつたのである。

東京などでも三月に室咲きの桃の花を求めて、雛祭りをするのをわびしいと思ふ者がある。去年の柏の葉を塩漬にして置かぬと、端午の節供といふのに柏餅は食べられぬ。九月は菊がまだ見られぬ夏休の中なので、もう多くの村では重陽を説くことを止めた。盆も七夕も其通りではあるが、僅かに月送りの折合ひに由つて、馴れぬ闇夜に精霊を迎へようとして居るのである。併し正月となると更に今一段と大切なる賓客が、雪を踏み分けて迎へられねばならなかつた。正月様とも歳徳神とも福の神とも名づけて、一年の福運を約諾したまふべき神々がそれであつた。暦の最初の月の満月の下に於て、是非とも行はれねばならぬ儀式が幾つでも有つた。人も知る如く此等の正月行事は、一つとして農に関係しないものは無かつた。冬を師走の月を以て終るものとして、年が改まれば第一の月の三十日間を種籾よりも農具よりも、遥かに肝要なる精神的の準備に、捧げようとしたのであつて、即ち寅の月を以て正月と定めた根源は、昔もやはり温かい国の人の経験を以て、寒地の住民に強ひたことは同じであつた。沢山のけなげなる日本人は、其暦法を固く守りつゝ、雪の国までも入つて来た。白く包まれた広漠の野山には、一筋も春の萌しは見えなかつたけれども、神はなほ大昔の契約のまゝに、定まつた時を以て御降りなされることを疑はず、乃ち冬籠りする門の戸を押開いて、欣然としてまぼろしの春を待つたのである。

もしも新たに自分の為に発明するのであつたら、恐らく此様な不自然不調和を受入れることはしなかつたであらう。辺土の住人が世間の交りが絶えると、心安い同士の間には身嗜みの必要も無くて、鬚を構はなかつたり皮衣を著たり、何か荒々しい風貌を具へて来るのを見て、時としては昔袂を別つた兄弟であることを忘れようとする人たちもあるが、仮に何一つ他には証拠の無い場合でも、かほど迄も民族の古い信仰に忠実で、天下既に春なりと知る時んば、我家の苦寒は顧みること無く、又何人の促迫をも待たずして、冬の只中にいそ〳〵と一年の農事の支度に取りかゝる人々が、別の系統から入つて来た気づかひは無い。

或は今日の眼から見れば、そんなに迄風土の自然に反抗して、本来の生活様式を墨守するにも及ばなかつたのかも知れぬが、同じ作物同じ屋作りの、何れも南の島にのみ似つかはしかつたものを、兎に角にこの北端の地に運んで来て、辛苦の末に漸く新たなる環境と調和せしめたのみか、なほ出来るならば西伯利亜にも勘察加にも、はた北米の野山にも移して見ようとする、それが寧ろ笑止なる此国人の癖であつた。曾て中央日本の温和の地に定著して、斯んなによく調和した生活法が又とあらうかと悦んだ満足が、或は無用に自重心を培養した結果でもあらうか。何にもせよ暦の春が立返ると、西は筑紫の海の果から、東は南部津軽の山の蔭に及ぶまで、多くの農民の行事が殆と些かの変化も無しに、一時一様に行はるゝは今猶昨の如くであつて、しかも互に鄰県に同じ例のあることも知らぬらしいのは、即ち亦此等の慣習の久しい昔から、書伝以外に於て持続して居たことを意味するもので無くて何であらう。

六

爰に其正月行事の一つ〳〵を、列挙して見ることは自分にはむつかしいが、例へば田畠を荒さうとする色々の鳥獣を、神霊の力の最も濃かなりとした正月望の日に、追ひ払うて置く一種の呪法がある。鳥追ひの唄の文句には後に若干の増減があつたが、ムグラモチを驚かす槌の子の響き肥桶のきしみ、之に附け加へた畏嚇の語の如きは、北も南も一様に簡明であつて、たゞ奥羽越後の諸県では凍つた雪の上を、あるくばかりが西南との相違である。此日の小豆粥を果樹に食べさせ片手に鎌鉈などを執つて、恩威二つの力を以てなるかなるまいかを詰問する作法なども、雪国の方の特色といへば、雪が樹の根に堆かくして、真の春になつてから粥を与へた鉈の切口が、手の届かぬ程の高い処になつて居るといふだけである。囲炉裏の側に於て試みられる火の年占が、或は胡桃であり栃の実であり又栗であり大豆であり、粥占の管として竹も葦も用ゐられて居るのは、単に手近に在るものを役に立てるといふのみである。粟穂稗穂の古風なるまじなひから、家具農具に年を取らせる作法までが一つであつた。綱曳の勝負も亦年占の用に供せられた。二種の利害の相容れぬものが土地に有れば、優劣の決定を自然に一任して、之を神意と解したのであるが、もし一方に偏つた願ひがあるとすれば、結局は他の一方が負けることに仕組まれてあつた。雪深き国の多くの町で正月十五日に之を行ふ他に、朝鮮半島に於ても同じ日を以て此式があり、南は沖縄八重山の島々にも、日はちがふが全然同じ勝負が行はれて居た。

或は同じ穀祭の日に際して、二人の若者が神に扮して、村々の家を訪れる風が南の果の孤島にもあつた。本土の多くの府県では其神事が稍弛み、今や小児の戯れの如くならうとして居るが、是も亦正月望の前の宵の行事で、或はタビタビ・トビトビと謂ひ、又はホト〳〵・コト〳〵など、、戸を叩く音を以て名づけられて居るといふ差があるのみで、神の祝言を家々にもたらす目的は則ち一つである。福島宮城では之を笠鳥とも茶せん子とも呼んで居る。それが今一つ北の方に行くと、却つて古風を存することは南の海の果に近く、敬虔なる若者は仮面を被り藁の衣裳を以て身を包んで、神の語を伝へに来るのであつて、殊に怠惰逸楽の徒を憎み罰せんとする故に、之をナマハギともナゴミタクリとも、又ヒカタタクリとも称するのである。閉伊や男鹿島の荒蝦夷の住んだ国にも、入代つて我々の神を敬する同胞が、早い昔から邑里を構へ満天の風雪を物の数ともせず、伊勢の暦が春を告ぐる毎に、出で、古式を繰返して歳の神に仕へて居た名残である。

初春の祭の更に著しい特徴には、異国のクリスマスなども同じ様に、神の木を飾り立てる習ひがあつて、是も弘く全国に亘つて共通であつた。餅団子の根本の用途は、主として此木の装飾に在つたかとさへ思はれる。飾ると言ふよりも其植物の実を用ゐ姿を仮りて、一年の豊熟を予習せしめようとするのであつて、即ち一種のあやかりの法術であつた。今日は最初の理由も知らず、単に此木を美しく作り立てる悦ばしさのみを遺伝して居る。家の内の春は此木を中心として栄えるが、更に外に出ると門口にも若木を立て、それから田に行つても亦茂つた樹の枝を挿して祝した。此枝の大いに茂る如く、夏秋の稔りも豊かなれと祈願したものであるが、雪の国では広々とした庭先に畝を劃して、松の葉を早苗に見立て田植のわざを真似るのが通例であつた。稲はもと熱帯野生の草である。之を瑞穂の国に運び入れたのが、既に大いなる意思の力であつた。況んや軒に届く程の深い雪の中でも、尚引続いて其成熟を念じて居たのである。されぱこそ新らしい代になつて、北は黒竜江の岸辺にさへも、米を作る者が出来て来たのである。信仰が民族の運命を左右した例として、我々に取つては此上も無い感激の種である。

山の樹の中では松の葉が最も稲の苗とよく似て居る。雪に畏れぬ緑の色をめでて、前代の北方人が珍重したのも自然であるが、しかも斯様な小さな点まで、新たなる作法の発明でなかつたことは、正月の祭に松を立てるといふ慣習の、此方面のみに限られて居なかつたのが証拠である。子の日と称して野に出で丶小松を引き、之を移植する遊びは朝家にも採用せられた。但し大宮人が農事には疎かつた為に、何の目的を以て小松を引栽ゑるか迄は、歌にも詩にも一向に説いて居ないが、多分は山城の都の郊外にも、之を農作の呪法とした農民が住んで居たのである。北日本の兄弟たちは、たゞ其習俗を携へつゝ、北へ北へと進んで行つたのである。

しかし雪国の暦の正月には、月は照つても戸外の楽みは少なかつた。群の力と酒の勢ひとを借りて、或程度までは寒さと争つては居るが、後には家の奥に引込んで、物作りの樹の周囲に笑ひさゞめくの他は無かつた。さうして此等の行事が一つ一つ完了して、再び真冬の淋しさに復帰することは、馴れて後までもなほ忍び難いことであつたらうが、幸ひにして家の中には明るい囲炉裏の火があり、其火のまはりには又物語と追憶とがあつた。何もせぬ日の大いなる活動は、恐らくは主として過去の異常なる印象と興奮との叙述であり、又解説であつたらうと思ふ。即ち冬籠りする家々には、古い美しい感情が保存せられ培養せられて、次々の代の平和と親密とに寄与して居たのである。其伝統が行く〳〵絶えてしまふであらうか。はた又永く語り得ぬ幸福として続くかは、結局は雪国に住む若い女性の、学問の方向によつて決定せられ、彼等の感情の流れ方が之を左右するであらう。男子が段々と遠い国土に就いて、考えねばならぬ世の中になつた。雪国の春の静けさと美しさとは、永く彼等の姉妹の手に、其管理を委托せられて居るのである。

海女部史のエチュウド

一　始めて見た海

村を過ぎて行く川の水は、僅か一時間以内で大海の潮にまじるのだが、そんな事は少しも考へぬかの如く、忙しげに小石の上を走つて居た。魚島と称する鯛さはらの季節には、朝の十時頃にはもう村々を売りながら、浜の若い男が勇ましい声で生魚を担いで来た。章魚でも海老でも多くは活きて動いて居た。鰈なども籠の中で跳ねるのを見たことがある。前の立て場に休む人力の客も車夫も、港と蒸汽船の話をよくして居た。それだのに自分はまだ海を見たことが無かつたのである。本ではよく読み絵も幾つと無く屛風や額で見た。学校の作文では、自分も海のことを書いたことがある。あまり笑はれるから何とかして、海を見ようと思つたのが十歳の春であつた。

村の後の岡は美しい小松山で菜の花麦畑の眺望は一等であつたが、ちやうど真南の川の岸に迫つて、飯盛といふ孤山が立ち塞ぎ、それに実は少し低かつた。今一つ奥の山里から来る同級生が、茱萸や虎杖や四十雀の巣などと一緒に、屢ゝ海を眺めた話を持つて来るのが、何か無暗に嫉ましかつた。ところが好い機会があつて山遊びの一行に連れられ、峯伝ひに北の村境の、いつも雨乞の晩には松明をともして皆の登る山に登つた。爰からなら海がよう見えると、岩の片端に人々と共に立つて見ると、うたてや五月半ばの夏霞で、川口近くの松林がもう煙つて居る。併し右の方へ少し偏つて、山が二つほど見える。あれが家島や、漁師の余計をる島やと、折角教へては貰つたが、たゞ藍鼠色の、夢のかたまり見たやうなものであつた。何か白い影が其前を折々通るのであつたが、それが帆掛船だといふ説にはまだ反対する者もあつた。いつから我々の村には来て住むことになつたか知らぬが、海の風は毎日の様に吹いて来るのに尚一生海を見ずに村で終る者も多かつた。出世をせねばならぬ。さうして方々の海を見てあるかうと思つた。ビヨルンソンのアルネを読んで居ると、雪を冠つた、高い嶺の外に、海といふ荒い水面のあることを聴かされて、恍惚として人生の第二頁を飜さうとする少年が出て来る。西海を威服したギキングの後裔でも、一たび谷底の平和に根をさすと、元を忘れて更に新たなる空想の来り促すのを待たなければならなかつたのである。あらゆる生物に取つて、土は力強い鏈《くさり》であつた。私などもあれから四十年の旅行生活を重ねたが、今でもまだ渚に立つて沖を望み、遠くから来り寄る物を、迎へて見ようとする考が止まぬ。海が故郷への途であることを知りつゝも、尚此島の美しい姿を、岸を離れて振回つて望むことが出来なかつたのである。

二　海無き国と云ふこと

どうして又此様に完全に、海の路を忘れてしまつたか。北へ日本人の移住して往つた時も、主として北上川の両岸の土を、耕しつゝ進んだやうである。山一重の外の気仙閉伊の海辺には、近い世までの異俗人の生活の痕がある。さうして又荒浜が多かつた。出羽の側でも最上雄物の二水域は、川上から開けて行つて海近くなつて止まつて居る。海沿ひには又別方面からの土着があつた。猟と農業との興味が我々の祖先と引わけたことは、殆と大洋を渡つて来た種族の末とも思はれぬ位で、険しい山坂は却つて之を苦にもせずに、樹海の底を泳ぎ潜つても、尚舟の旅を続けようとした形がある。即ち山脈の垣根は彼等に取つて、最も自由なる通路であつたにも拘らず自分勝手に之を以て行政区劃を堺し、さうして海無き十余国を作つて居た。日本のやうな小さい島で、海の無い地方といふものを、考へ出したのさへ珍しい。上野や下野などは平原の一続きで、まともに海の風が夏になると吹いて来る。住民の心が海を疎んずる以外に、此地を海と隔離する何の障壁も無かつたのである。だから海有る日向の国などでも、春は磯の松の根元迄麦を蒔き紫雲英の花を咲かせ目の届く限り一隻の漁舟も見えず、浪は森閑として独り静かな田を守つて居る。四国の北岸を汽車で走つて見ても、海で働く人の家は、たゞ稀々に群を為すのみで、清き渚は徒らに田畠の囲ひ堀、濠、又は普通の農家の背戸の景色を為すばかりである。

　忘れたと言はんよりも、始から深くは海を思はなかつたのかも知れぬ。蜜柑で有名な瀬戸内海の大長村は、二十五箇の離れた陸地に、小舟で渡つて耕作をして居るが、其漕ぎ方には一目で分る百姓風があり、漫々たる門前の入江は有りながら、今でも漁師から生魚を買つて食べて居る。代々の真宗門徒で、殺生を悪む為とも説明せられて居るが釣だけは好んでするのを見るとさうでも無い。つまりは海上の手業の不得手なことを自ら知り、又それよりも土の上の労働が、一段と上品なることを感じて居たのである。内海には大小の島の数しげく、いはゆる長汀曲浦も果し無く続いて居るが、心からの海の民といふものは存外に少なかつた。近世に入つて周防の或領主は、船方を其海岸に用意して置く為に、寛大なる条件を掲げて東隣芸州の島々から漁村を移住せしめたことがある。紀州でもいつの時代にか熊野の海女の部落を誘うて、有川以西の浜に分村せしめたことがある。しかも其地方は昔の海部の居住地の跡であつた。沖縄に渡つて見て自分の驚いたのは、あの細長な如何なる小山の上からでも、左右両側の海を一時に見るやうな島であつて、尚且つ海から食料を得ようとする念慮が甚だ乏しかつた。水産の極めて豊かな大洋を抛擲して、独り穀類と山の肉との不足をのみ歎いて居た。尤も今日では到る処の砂浜に、二戸三戸の小屋が出来て網などを干して居るが、あれは何れも糸満といふ一村から移つて来た者で、寧ろ在来の村人の土の生産を分けて貰ふべく、彼から交易を求めに近づいて来たのである。船をあやつる技術の如きも、殆と斯ういふ僅かな人の独占であつた。若し此状態を以て分業だと謂ふならば、この広い海と狭い陸地に向つて斯る不均衡なる労力の配置は天然にはどうしても想像し得られない。海を越えて来た者は最初から二通りの種族があつたか。さうで無ければ土の香の柔かい湿り気の中に、故郷を忘れしめるだけの匿れた魅力があるのでは無いか。海を今後のアトリエとせねばならぬ我々に取つては、何れにしても至つて大切な歴史であつた。

三　浜千鳥を羨む

先づ第二の場合から考へて見ると、海人には追々と本の業を見棄てゝ、融けて無くなつて行く傾きがあつたらしい。前に挙げた紀州の海部郡でも、又は其対岸の阿波の同名の郡でも、水陸の便宜はほゞ昔の儘でありながら、曾て都の名を呼ぶ迄に群れて住んだ者の、どれが子孫であらうかと思ふ者さへ居らぬ。尾張の海部郡の如きは、無理に遠浅の潟を田に拓いて、今では純の純なる農村を以て充ちて居る。余部と漢字に書いた郷村の中にも、海に近いものは彼等居住の名残であるやうに信じられて居るのに、もうそれを証明するだけの史料は留めて居らぬ。佐渡ヶ島の内外の海府は、最も世に遠く攪乱が少なかつた地方であるけれども、やはり今の住民は主として牛を飼ひ山田を耕して居る。越後の海府は今日は汽車が走つて居るが、其開通前には後に高山を背負ひ、平地が至つて少なくして、海部で無ければ来て住むことも出来ぬ地形である故に、爰だけはまだ昔の生活の痕を、存して居ること、思つて往つて見ると、家居にも村の構成にも、それかと思ふ特色も無く、やはり山の裾に少しの田を築いて、清水の雫で湛念に稲を植ゑて居る。是が若し波濤に送られて遥かの南から、乗込んで来た白水郎の末であつたとすれば、さ程迄にして模倣せねばならなかつた農作の歓びはどこに至つたかと、今更に四辺を見まはすばかりであつた。

昔は京近くでは難波の海人九州では筑前の志賀の海人の如き、正しく史書の上に現れて居た者が、今に其片影をも見せぬのである。外海の風浪が荒いとならば、鷗眠る入江の松の蔭も多かつた。漁利と云ひ漕運と云ひ、機会は彼等の上に尚豊かであつた筈なのに、斯うして次々に北の浜に移つて、終に隴畝の中に消え去つたのは、或は本の島の常夏の心安さに比べて、此国四時の変化が海に居ては殊に忍び難かつたのでは無いか。

広東の珠江の水に浮んで居る数千艘の蜑民の船には、日本の中世の江口河尻の生活を想ひ起さしむる者が多かつた。彼等の中には流に溯つて遠く韶州の城外に至つて仮泊し、尚煙花のなりはひに携る者さへあつた。恰かも妙女白女の徒が山崎鳥羽のあたりに迄棹さして、貴人の遊を迎へたのと同じである。定家卿の日記などを見ると、遊女には陸に上つて家居する者もあつた。南支那の蜑家が命終つて後漸く堅い土に睡ることを許されるのに比べると、誠に頼みある境遇のやうだが、しかもそれは唯艶にして善く歌舞する者のみの特権であつて、年老い色衰へて後は親夫に誘はれ、再び漂泊の船に上らなければならなかつたのである。故に或時には絶代の佳人の、能く其才芸を以て天が下の詞客を魅し尽し、意満ち気驕りてあるべき者までが、尚粛然として浜千鳥の一章を口吟したのである。

浜千鳥飛ゆく限ありければ雲ゐる山をあはとこそ見れ

此歌の哀音は海部千年の寂しい歴史を、理解する者の胸には沁み入つたであらう。千鳥でさへも末は落着く浜がある。何処で果てるといふ宛ても無い。あの山に居る雲の如く、見る〳〵行き動くが心細いと言つたのは、即ち後世の小唄の、「ちぎれ〳〵のあの雲見れば」の元の形で兼て又此部落に属する人々が土を懐しがつた大きな動機の一つであらう。

不幸なる芸術

一

左伝を読んで見ると、これはあの時代の賢人が世を導く為に、著はした歴史の書なるにも拘らず、不思議に悪人ばらの悪巧みに、興味を持つて居た筆の跡が目につく。後世曲亭馬琴といふ類の勧善懲悪家が、むやみに奸悪の徒の顎の骨を尖らしめ、名前まで大塚蟇六などゝいふ碌でも無いのを付けて、終には我々をして悉くその挿画の顔をこすり潰さしめずんば止まなかつたのに比べると、驚くに絶えたる雅量であり、又昔なつかしい趣味でもあつた。あまり面白いから、二つ三つ実例を挙げて見よう。

たとへば楚の大子商臣、父王を怨んでしかも其心を測りかね、其師播崇《はんすう》に告げて曰く、之を如何にしてか察せんと。崇答ふらく、「江芊《かうび》を亨《きやう》して敬するなかれ。」江芊は王の妹、即ち大子の叔母様である。御馳走に招いて置いて、わざと失礼なことをして御覧なさいといふのである。さうすると謀計果して図に当り、叔母さんは大いに怒つてしやべつてしまつた。「あゝ役夫《えきふ》、むべなり君主の汝を殺して職を立てんとするや」と。職といふのは大子の弟の名であつた。そこで潘崇に告げて曰く、信なり矣云々。それから官兵を手なづけて、冬十月には父成王を攻めて殺してしまつた。熊の掌を煮て食ふ間待つてくれと請うて、許されなかつた王様である。

今一段と皮肉なのは、同じく楚の大子建の小師費無極、大子に寵無きを憤つて離間を策したが、如何にも手の込んだ支度をして居る。「曰く建室すべし」。即ち大子も御年頃なれば、もはや奥方を御迎へなさるべしと言上したのである。さうして秦に聘して美しい夫人を約束し、後に盛んに其美を説いて、終に父王をして其女性を横取させた。如何に仲のよい親子でも、斯んなことをすれば気まづくなるにきまつて居る。それから国境に大きな城を築いて、大子をそこに置くことを勧めたのも同人の悪巧みで、さて愈〻といふ讒言は、それから後にゆつくりと計画して又成功して居る。有名な伍《ご》子胥《ししょ》の父親なども、此難に遭うて殺されたのである。

女性の黠智には更に自由にして且つ美しいものがあつた。晋の驪姫《りき》は実の子の奚斉《けいせい》を立てんとして、孝心の深い大子申生を陥れるのに、斯んな策を用ゐて居る。「姫大子に謂つて曰く、君夢に斉姜《せいきょう》を見たまへり。必ず速かに祭したまへ」と。斉姜は大子の亡き母である。夢に見たと聴いては子は供養をせねばならず、その供へ物は又夢を見た人に分たねばならぬ。それをよく知つて居て、其酒肉にはそつと毒を入れて置き、猟から帰つて来た殿様に、わざと気の付くやうにして差出した。「公之を地に祭れば土わきかへり、犬に与ふれば犬斃れ、小臣に与ふれば小臣も亦斃る。姫泣いて曰く賊は大子に由る」と。乃ち涙といふ鋭利なる武器を以て、計略の繋ぎ目を補うて居るのである。

二

この一条の物語の如きは、前の半分は大子以外に語る者が無く、後の半分は公独り親しく実見したので、一貫して之に参与した者はかの一人の外面如菩薩だけであるが、彼女は永遠に其記憶を欺いた筈である。然るに悪人でも無い左丘明といふ盲目の歴史家が、果して何の力を以て其光景を眼前に見るが如く、鮮麗に又簡潔に、書き伝へることを得たかといふと、彼が史実に忠誠であつたと同じく、又時代の伝承といふものに、甚だしく冷静なることを得なかつた結果である。実際又左氏の熟視した人生には、女子小人その他の凡庸が、何れの時代よりも遥かに敏捷に、活躍して居た様にも考へられる。

次の一つの例は、或ひは左伝の中では無かつたか。捜して見たけれども急には中々出て来ない。よつて無責任ながら少年の頃の記憶で書いて置くが、是もやはり被害者が善良なる若殿であつた場合である。少しも欠点の無い大子を陥れんとして、美しい継母は自分の衣に蜜を塗つて、花園の中を逍遥して居る。殿様は遠くからその美しい姿を眺めて居る。熊ん蜂が飛んで来て奥方の衣の蜜に附かうとする。折から来かゝつた大子が思はず近よつて、手を揚げて之を払ひのけると、わざと高い声を立て、宮殿へ走り込み、王の側に来て息を切り、眼には清い液体を湛へて居る。一つの大悲劇は、此の如くにして亦製造せられざるを得なかつたのである。

女の一心が善悪に拘らず、兎に角に是だけ自然に近い芝居を仕組んで、一度の練習も無しに上品に綺麗に、予定の効果を収め得たといふことは、勿論興味ある出来事には相違無いが、それよりも更に我々に取つての一奇蹟は、それを詳細に諒解したのみならず、仮令敬服したのでは無いまでも、百世の末までに、言ひ嗣ぎ語り伝へんとした人の心である。現に自分なども憎いなとは感じつゝも、其計略の如何にも掌を指すが如くなるを見て、新たに人間の力の意外なる展開を経験し、子供ながらも消し得ない印象を得たのであつた。さうして此頃になつて、生活価値論の説法を聴くに及んで、再び又何故にあんな歴史が、世に伝はらねばならなかつたかを疑ひ始めて居るのである。

人によつては或ひは無造作に、偶然に伝はつたから伝へるのだ、もう是からはあんな愚劣な事件は、わざとでも湮滅せしめた方がよいのだと言ふかも知れぬ。成るほど我々の同胞は、記録に対しては極度に敬虔であつた。殊に古いといふことは一切の批判を緩和し、有る限りの趣味を妥協せしめる。しかも文書の根原に溯つて、初めて此材料を紙の上に排列した人の心持を尋ねると、彼等の後裔がこれほどまでに寛大なるべきを予期して、勝手気儘な楽書をしたのでもなければ、又其当時の現実に盲従して、知れば必ず書き残すといふ程に、無選択でも無かつたらしい。古人に取つては紙筆は貴重であつた。彼等はやゝ過当にすら墨を吝んで居る。たゞ今日と異なる所は、人生に対する興味であつた。彼等は悪の芸術に対して、頗る我々とちがつた鑑賞態度を、持つて居たらしいのである。

三

此痕跡は我々の時代のやうに、出来るだけ敵といふ言葉を使ふまいと骨折る人が多くなつても、なほ折々は之を認めることが出来たのである。杜騙《とへん》新書といふ本の日本に飜刻せられたのは、確かに明治になつてからの事である。出版者は申し訳ばかりに、世渡りの用心の為など、言つたらうが、自分たちの夜を徹して読み耽つた動機は、寧ろ悪に働く人間の智慧が、楠正成孔明その他の僅かな例外を除けば、到底正直善行の方面に於ては見ることの出来ぬやうな、複雑にして且つ変化に富んだものであつたからでは無かつたか。それればかりでは無く、毎日の新聞を見ても、確かに隣人がその悪の為に傷き悩むことを知りつゝも、所謂警察種の、殊に憎々しいけしからぬ事件に注意する。つまりは動物園の檻の中に、虎獅子を見舞ふ心持と同じなのである。無論讃歎では無いが、さりとて討伐退治といふ類の、正義感からでも無かつたのである。

悪の技術はもはや一つとして、この統一せられた平和の社会に、入用なものは無い筈であるが、曾て人間の智巧が、敵に対して自ら守る為に、之を修練した期間が余りにも久しかつた故に、余勢が今日に及んで、なほ生活興味の一隅を占めて居るのである。実際に我々の部落が一つの谷毎に利害を異にした場合には、譎詐陰謀は常に武器と交互して用ゐられて居た。友に向つて之を試みることは、弓鉄砲以上に危険であつたから、射垜《あづち》も設けられず、道場も他流試合も無く、治に居て乱を忘れずといふ格言すら、此方面には封じられて居たけれども、如何せん別に何等かの其欠点を補充する教育が無かつたら、到底安泰を期せられぬ様な国情が、随分久しい間続いて居たのである。韓非子とか戦国策とかマキャベリとかいふ書物ばかりが、其役目を勤めたとも限らなかつた。けちな人間同士のけちな争闘には、やはり微細な小規模な悪計も、習練して置く必要があつたのである。

日本は中華民国よりも、もとは遥かに幸福な国であつて、悪巧みの必要が夙くから減少し、従つて目に見えて此方面の技術は劣つて居る。その証拠としては偶ゝ何かの必要があつて、之を悪用した場合を見ると、感歎するどころか、何としても眉を顰め、面を背けずには居られぬやうな、必要以上に害の大いなる惨虐ばかりが多かつた。一例をいふと足利末期の血戦時代には、どうでも倒さねばならぬ隣の大名に、娘を縁付けて少しく安心させ、婿入りの日に之を討取つたといふ話が幾らもある。重臣の手強い者は公然と懲罰もなし難く、主人が率先して之を騙しすかし、不意に御諚といつて首を刎ねたりした。伊太利の中世なども争ひが随分ひどかつたやうだが、それでも此様な露骨な謀計は無かつたかと思ふ。然るに我々の中世の軍書には、こんなにが〳〵しい記事を以て充ちて居る。教科書にも何にもなり得なかつたわけである。語を換へて言ふならば、是は闘諍の少なくなつた社会に於ける、悪の技術の著しい退歩であつた。

悪は現代に入つて更に一段の衰微を重ね、節制も無ければ限度も知らず、時代との調和などは夢にも考へたことは無く、毒と皿との差別をさへ知らぬ者に、稀には悪事の必要不必要を判別させようとしたのだから、この世の中もべら棒に住みにくゝなつたわけである。兵は兇器なりと称しつゝ兵法を講じた人の態度に習ひ、或ひは改めてこの伝世の技芸を研究し、悲しむべき混乱と零落とを防ぐべきではあるまいか。

四

自分たちの学問の領内では、前代の悪の技術は、無邪気なる武辺咄と同じく、明るい色の着物を着て遊んで居る。敵が攻めて来て味方よりも強ければ、ペテンを以てへこませるの外はない。従つてうそつきの功名談といふものが、永く竹帛に伝へられることになる。人間を嘲り罵るのは悪いことだが、対陣の場合には斯うして味方の士気を振はしめる必要がある。故に常から狗の子が嚙み合ふ程度ぐらゐに、少しづゝは悪口の練習もして置かねばならなかつた。其趣味を養成する手段としては、日本には多くの馬鹿婿の昔話がある。或ひは又山家のヲッサンや「こば唐人」の話がある。慾張り和尚の失敗談もある。二人椋助一流の童話には、うそつき栄え愚直滅び、めでたしめでたしといふやうな浅ましいものさへあつて、「昔」ならばそんなこともあらうと、面白く笑つて人が之を聴いた。それが御差合とあらば、別になほ目に見えぬ人間の敵あり、沼の藤六、曾呂利の輩は見越入道を征服し、或ひは天狗を欺いて羽団扇や隠れ簑笠を捲き上げ、或ひは八化けと名乗つて七化けの狐を裏切つて居る。乃ち我々の日常生活の権道主義は、十分とまでは云はれなかつたが、未だ其伝統を絶つには至らなかつたのである。

ハイネの諸神流竄記を読んで見ると、中世耶蘇教の強烈なる勢力は、終にヴェヌスを黒暗洞裡の魔女となし、ジュピテルを北海の寂しい浜の渡守と化せしめずんば止まなかつた。それと全く同様に、我々の系統ある偽善、即ち悪の必要を理解し得ざりし人々の辞令文学は、結局悪業を全滅し得ずして、たゞそれを物凄い黒い技術としてしまつたのである。殊に今日の所謂被害者の階級は、自身馬鹿らしい浪費を事としつゝも、なほ悪から受ける微小なる損害をも忍んで居なかつた。故に二つの要求が合体して、この久しい歴史ある一種の芸術を、永く記録文献の外に駆逐することゝなり、学問の目的物としては、終に空中のエレキやバクテリヤ以上に、取扱ひにくい社会現象としてしまつたのである。

しかも食ひ遁げ押借りといふ類の、半公開の技術で無くとも、尾佐竹猛君も既に説かれた如く、インチキにもサクラにも流行があり改良がある上に、一方には古今一貫の口伝があるらしいのを見れば、学校とか研究所とかいふ新式の文字を使はぬだけで、例へば天草や五島の切支丹の如く、人に隠れて不完全なる相続はして居たのである。筋肉の運動の為ならば公共の入費で、弓術剣道等の古い不用の武芸でも演習する。故に斯ういふ昔からの横着猾智姦計の類も、そんな外部の批判的名称には累はされずに、単に快楽として、又若干の将来の必要に備ふべく、一定のグラウンドを設けて之をスポーツ化し、無学無教育の現在の悪人共をして、牛刀鶏を割くが如き無茶な事をさせぬ様にするのが、経済の上から見てもやはり利益であるやうに私は思ふ。

五

元来自分の志は、被害者といふやうな私心を離れて、今一度この消えて行く古風の芸術を見ようといふに在るのだが、不幸にして渡世が拙なる為に、終に騙されても構はぬといふ迄の生計の余裕が出来なかつた。だから撃剣の稽古でいふならば、いつでも面籠手を着けずに竹刀で打たれる様な結果になつて、心静かに伝統の趣きが味はへない。さうかと言つて他人のやつ付けられるのを、面白さうに見物して居るわけにも行かぬ。うつかりすると同類かと疑はれるからである。それ程までに世間はもう容赦なくなつたからである。やはり不満足でも自分の実験を語る他はないやうである。

私の経験では、此方面でも昔の作品は念が入つて居る。従つて手間を食うてや、引合はぬ形がある。以前小樽で知合ひになつた某といふ男の如きは、僅か十五円の金を私から借り倒す為に、半歳に近い苦労と三分の一ほどの入費を使ひ、其上に五つほどの大きなウソをついて居る。「このあひだ新カズノコを一樽、船便で出しましたがまだ届きませんか」と謂つた。「何とかして猟虎《らつこ》の皮を一枚、手に入れて差上げようと思つて方々へ頼んであります」とも謂つた。「アザラシならば二枚持つて居ます。あれはカバンなどに張るのは勿体ない。是非チョッキに仕立てさせて御覧なさい、さし上げます。私も着て居ますが中ゝようございます」とも謂つた。そればかりか既に初めて逢つた時にも、樺太は水が良くない。炭酸水を御持ちなさるがいゝ、と謂つて、現に船の出る間際に、縄で括つた一ダースを届けてくれた。然るに樺太へ行つて見ると水は大いに良い。つまらぬ物を持つて来たと、船の中からもう人に笑はれた。斯ういろんな事をされては長くなる程気味が悪い。早く勘定を取りに来てくれた方がよいのにと思つて居ると、その中に遣つて来て騙したのである。騙されてやれ〳〵と思つたやうな場合が、私などにさへあるのだから、たしかに人生は活きるに値ひする。

しかしともかくもウソといふものは、誠に本当とよく似たものであつた。それから後二十年に近くなるが、私の家では「海豹のチョッキ」といふ諺が出来て、年に二三度づゝは之を使用する必要が生ずる。想像して見ると愉快さうな計画で、しかも先づだめといふことの予測せられる場合に、簡便の為にこの手製自家用の諺を持出すのである。私も妻や子供に、折々この海豹のチョッキを着せてやつたことがある。小樽で出逢つた悪人などは、逞ましい金歯の、太つた四十ばかりの男であつたが、もう何処かで斯んな事を忘れて老いて居るであらう。生まれは大阪だと言つたが、案外に古風な着実な悪人であつた。あんなのは少し位は世の中に居た方がよいかとさへ思ふ。

六

それから此頃になつて、又一つ奇抜な実例が出現した。出入の八百屋に評価をさせて見ると、此悪人の不当所得は五十銭ばかりのものであつた。それに対して非常に大掛りな、堂々たる詐欺手段が講ぜられたのである。

夏の初めの或日の午前であつた。台所の者が見ごとな胡瓜と茄子を手に載せて、是が一銭づゝだと申しますといふ。早速家内が出かけて見ると、売りに来た百姓が盛んにしやべつて居る。如何にも不意気な、きよとんとした小男であつたといふ。わしんとこでは畑が広くて、自分で作るから安いのだ。玉川の遊園地へ行く路の、左とか右とかに見える竹藪の家がさうだと謂つた。うちは十五人家内で、今日も四人づれで町へ出た。娘は十八でついそこ迄車を曳いて来て居る。ぢい様は九十一で丈夫で、何と云つても聴かぬから一しよに来た。車は二つ持つて居て一方は馬、一方は牛に曳かせて来た。茄子も胡瓜もその車に積んであると言つて、此男は苦竹《はちく》の筍だけしか担いで居なかつた。それでも何かのぐあひで胡瓜の前金をくれとも言へなかつたと見えて、筍の代ばかりを受取つてそれつきり遣つて来なかつたのである。

三十年も前から、年に一度か二度、暮には剝製の足の無い鴨を売りに来たり、或ひは底の二重になつた醬油樽、練り物の鰹節などを持込む者もあつたが、大抵は成功せずに沢山の家を歴訪して居る。あんなのは寧ろ看破しない方がよいのだ。今時これ程の手数をかけ、足を使つて、詐欺取財などになつては引合つた話で無い。いはゞ彼等は悪者の中の愚直なる保守派である。由緒の確かな古い様式に囚はれてしまつて、余計の辛労をして居ることを自覚せぬ者だ。殊に玉川の農家に十八の少女と、九十一歳の白髪翁とを点出するに至つては、尋常の所謂身辺小説家の企て及ぶべからざる拮据経営であつた。我々は寧ろ賢明にして、永く彼等の為に欺かれてやり得ないことを悲しまねばならぬ。

話はまあこの位にして置いて、終りにこの人生の悪の芸術が、末にはどうなつてしまふかといふことを考へて見よう。自分等の存在する期間ぐらゐは、凡そこの世の中に悪の華の入用が無くなつて、生活がたとへばホップを使はぬ麦酒の如く、なつてしまはうとも思つては居ないが、その衰頽の兆は今すでに顕著である。優れたる人物に敵が無くなり、わけの分らぬ圧抑が無くなれば、勿論彼等は斯んな仕事の為に苦労はしない。敵意があればこそ悪意は其存在を認められるのである。凡庸の多数には勿論いつ迄も敵はあらうが、彼等の力には稍〻この芸術は高尚すぎる。必ず今日以上に見つともない、且つ無茶な危険な取扱ひ方をして、見物をして愛想をつかさしめるだらう。さうすれば永く流行しないにきまつて居る。しかしさうして一切の伝統と絶縁し、あらゆる習練の機会を奪ひ去り、単に少数の病的天才の跋扈跳梁に放任することが、果して安全の途であるか否かには疑問がある。殊に法令が設けた悪の階段には、不当に智慧のある者のみを贔屓する姿がある為に、却つて術乏しき者をして無法な闘争をなさしめる。遠く歴史を回顧するまでも無く、今でも地方には恨の刃だの、或ひは「赤い鳥を飛ばせる」だのと称して、拙劣なる悪業に沢山の犠牲を払つて居る。その最も愚なる例としては、自分の讐家の軒に縊れて、化け物となつて後に報復しようとする者さへあつた。つまりは民衆は悪の芸術に飢ゑて居るのである。不幸にして世に此物の入用のある限りは、之を魔術の如く忌み嫌つてばかりも居られまいかと考へる。

野草雑記

一

この喜多見の原の家に住み始めてから、今度はもう第十回目の春が復つて来る。此間に於ける草木の有為転変は、一つの巨大なる歴史であつて、之に比べると人は寧ろ常盤《ときは》であつたとも言へる。最初私たちは久しい町の生活に馴れてさゝやかなる庭前の草をも容赦しなかつた。必ず「年々愁処生」といふやうな詩の句を思ひ出して、それを成長させて置くことが、我身をはふらかすわざの様に考へて居た。さうかうして居るうちに道路は小砂利になり、又は雨の後の泥にまみれて、根強いものまでが次第に退いて行つた。家のまはりの植物は萩が先づ衰へて、今では僅かに一叢二叢が、譜第の家の子のやうな顔をして培はれて居る。黄なる山菊は残さうと思つたが、去年などはどうやら咲かずにしまつた。春の草では菫がたゞ一種だけになつて、蒲公英はもう疾くに姿を消して居る。さうしてをかしいことには今生えようとして居る草は、大抵は主人が名を知らぬものばかりである。草の名の教育などは、我々は六つ七つの時から以後、絶えて与へられもせず又受けようともしなかつた。それ故に幼い愛着は永く伝はり、新たなる感歎の時あつて催されると共に、測らずも又人間の無識が、如何に多くの事蹟を閑却して居たかを、心づかしめる機縁ともなるのである。

二

杉菜は此あたりの畠を打つ人たちに、何よりも憎まれて居る草であつて、其根は地獄にも届いて居る様に、戯れていふ者さへある位であるが、畠を切り均《なら》したばかりの私の家の外庭には、毎年待つて居る子どもがあるのに、もう一本でも生えて来ようとしない。全体どういふ場処に生えるものなのかと、気をつけて見てあるいて居ると、時々は湿りがちな田の畔にも、日蔭の多い若木林の端にも、驚くほど沢山の小法師の、並んで立つて居ることがある。

さう条件は六つかしくないらしいのだが、不思議に人間の住む所を避けて繁らうとする。庭は全く人の踏む足の数がどこの土よりも多い。それを彼等の開拓者が嫌ふので、根や養ひだけの問題ではなかつたのである。芒なども性癖が是と稍〻似て居る。隣の空地ではある季節には是唯一色に蔽はれて、色々の虫の声を宿し、小路を隔て、一斉に袖を振る様子は、招くと言はうよりも寧ろデモンストレエションに近く、風が吹けば盛んに穂綿を流して来るのだが、私の庭へは僅かな片蔭以外、めつたに下りて土著しようとはしない。一時は熱心に闘つて抜き棄てたものを、此頃は一株移植して見ようかと思ふほどになつた。是とは反対に根笹は草に隠れて、地続きの一方の空地には覗いても眼につかぬのに、いつになつても其根が走つて来ることを止めない。逕《こみち》にも出れば芝生の中にも出る。垣根の下はもとより、中には五六間も飛離れて糸のやうな筍を抽きんでようとする。是だけは鋏を以て切つてしまはずには居られぬのであるが、考へて見ると竹は人に最も親しむ植物の一つで、鳥であつたらどの位喜ばれたか知れない。

三

それからタケニグサも此土地へ来てから、始めて気心のよくわかつた野草である。郊外はどこの新建てでも、一度は此草に劫かされて、如何にも文化住宅の浅はかさを、思ひ知らされずにはすまぬ様な時期があるやうに見えるが、少し程過ぎると、是も薄よりはなほ素直に退散してしまふ。今まで日本に此草のあることを知らず、或は土方草などと謂ふヒメムカシヨモギと共に、遠い国からでも渡つて来たもの丶やうに、思つて居る人の多いのも一つの歴史である。タケニグサの生活機会は可なり限られて居るやうである。即ち土を掘り返して日の光が一面に当り、静かに進み寄る小草のまだ乏しい間に、たとへば植民地の最初の自然移民などの様に、こゝに暫くの盛りを息づくのである。此植物の褐色の汁液には、少しの臭気があり又毒もあると言はれる。それよりも人に迫るのはあの熱帯風な大がら、時には見上げるほども伸びてしまふこと、及び是ほど数多くの種子が飛び散つたらどうしようと、思ふ位に実のなることであるが、是は全く魚の子のやうなもので、大部分は無結果に消えてしまふらしいのである。私の家でも三年ほどの間は、タケニ草を目の讎《かたき》にした。蹴飛ばす程まで大きくは決してさせなかつた。指の汚れるのを忍んで茎を持つてそつと引くと、するりと附いて来るやうにして必ず中途で根が切れるので、一層憎らしく思はれたのであつたが、めつたには其古根が復活したのを見たことがない。今でも折々は種が飛んで来て、一二寸の芽生えを育て、居るのを見かけることがあるが、それは〳〵いたいけで、垣根の外に居る従兄弟とは似もつかない。素性を知らなかつたら豆盆栽にでも、したくなるやうな姿をして居る。それでも抜いて棄てるのは伝統と言つてよい。ちやうど蟒蛇の昔語りがあるばかりに、きれいな小蛇が殺されるのとよく似て居て、此方は更に記憶が生々しいのである。私は前かた上州の利根の奥に遊んで居て、偶然に路傍に此草の一群を見たことがある。土工と日の光がたま〳〵同じ条件を設けた為に、幸運な一粒が何処からか帰つて来て栄えたので、此時ばかりは流石にあなつかしと、昔の敵を愛する気になつて居た。流転はまことに此一族の運命であつたかと思はれる。それが恰も今大都市の周辺に、稍〻引続いて安住の地を供与せられ、所謂第二の故郷を念がけて居る点は、寧ろ著しく我々の境涯に似て居たのである。

四

字引を引いて見ると此草の本名チャンパギク、博落廻《はくらくくわい》とあるのが我々を考へさせる。日本に最初からあつて名が無かつたか忘れたか。但しは新種の雑草と同じに、物のまぎれに入込んだのが見つかつたか。わざ〳〵名を添へて輸入するだけの、物好きは有りさうに思はれぬのみか、それでは現在の分布を説明することが出来ぬのである。元からあるものは一応は元からあつたと認めるのが自然だ。さうすると此草が久しく注意せられず、もしくは注意する者があつても地方的で、是に全国倶通の名を生ずるに至らなかつたと解して置いて、舶載の証跡の後日出て来るのを待つより他はあるまい。自然と文学といふ問題は、此方面からも一度は近よつて見る価値がある。奈良や京都の郊外にタケニ草の繁茂する機会が無く、たま〳〵繁つて居てもそれを只けうとしと感じて、来て見る文筆の士も無かつた限りは、記録に伝はるやうな本名は生まれやうが無い。さうして記録の天然は人も知る如く、甚だしく狭隘であつたのである。花ならば梅桜あやめに菊、鳥獣なら鶯時鳥猪に鹿、まるで近頃の骨牌の絵模様が、日本の自然文学の目録であつたといふも誇張でない。是は風雅の選択が厳峻を極めて、些しく俗気のあるものは吟詠の料としなかつた為のやうに、千年の長きに亘つて解しつづけて居たのであるが、そればかりは何分にも信じられない。現在の文士などはもう大分自由なのだが、それでなほ我々の間には、油絵に静物がもてはやされる程度に、咏物の詩は起らないのである。一つには歌の詞形の短い為もあらうが、主たる理由は一言でいへば知らなかつたのである。知らない故に歌になる様な好い名前が生まれなかつた。乃ち斥けたと言はうよりも断念したといふ方が当つて居るのである。

畔田翠山翁の古名録などを見ると、牡丹をフカミグサ・ハツカ草といふ類の五音節語は、何百といふ程も設けられて居る。名が無ければ文学の生まれぬのは当り前だから、之を試みようとした者は以前もあつたのだが、それが多くは我儘の、ちつとも適切でないものなので人望が無く、日本の言語として通用しなかつたのだから名誉で無い。国に広汎なる文芸を起さうとするならば、先づ言葉の問題を一通り解決して置かなければならぬ。歌だから咏物の詩だから事はまだ小さいが、すべてが此調子であつては我々の筆舌は束縛せられ、少し込入つた気持は上品には人に示すことが出来ない。いくら本名でもチャンパギクでは歌にならぬといふことが、偶然ながらも我々に大きな暗示を与へて居る。それで此線路を辿つて、もう少し前の方へ話を進めて見ようと思ふ。

五

日本に佳い単語を増加して行かうといふ努力には、動植物学者もたしかに参与して居るが、幸か不幸か彼等は散文家である為に、少しでも歌よみの苦労を察してくれない。どこの国でも学問上の名は本名でないのだが、我邦では精細を旨とするの余り、二階三階を積重ね穴蔵をほり下げて、時には三十一文字と背競べをしようといふ長い名が作られて居る。殆と音語の終極の用途を、念頭に置かぬ者の所行である。此状態で新七草でも投票すれば、選挙粛正などはとても望まれぬことで、誰しも上品な句や歌になりさうな名を持つ草へ、入れたくなるのは免かれぬ弱点であらう。乃ちいつ迄もあれは名が俗だなど丶、負惜みを謂つてあきらめるものが多いわけである。之に比べると郷土の人たちの附けた名は大抵はもつと実際的であつた。歌にもうたはれず文句の口拍子にも乗らぬやうな草の名は、生まれたかも知らぬが承認せられては居ない。といふよりも寧ろ歌や文句の中から、孕まれたらうと思ふものが多いのである。是は統計の上にも多分現はれること丶思ふが、今まで最も普通であつたのは三音節、クサの語を下に添へて五字の一句を為すもの、次には一つのテニヲハの余地を存して、四音六音でこしらへたものが多い。花とか鳥とかを附けて呼ぶ物の名も是と同様で、かねて法則を意識して居たのでは無いまでも、所謂語路の悪い言葉は、忌んで採用しなかつたらしいのである。是が深見草一流の歌道のかぶれでなかつたことは、和歌には向かぬが民間のうたひものや童言葉に、ぴたりと合つて居るもの、多いのを見ればわかる。潜む動機がもしも有りとすれば、遠く溯つて文と唱へとの、未だ分れなかつた世に求めなければならぬのである。

六

そこで立戻つて再びタケニグサを説くことになるが、私は此名のいつ頃からあるのかを考へる前に、先づ以て或る一つの野草に、どうして名を与へる必要が起つたかを尋ねて見たい。最もよくある機会は効用の発見、薬や染料の為に野山を分けて、是一つを捜さなければならぬ時であらうが、今日普通にいふ竹を煮ると柔かくなるといふ説は、何分にもまだ信用が置けない。果して一人でもそんな実験をして見た人が有るかどうか。確かめもせずに語の解釈に供するのは悪いと思ふ。或は其点は事実に反するまでも、古人が誤り信じてさう名づけたのだらう。タケニといふからにはさう釈くより他は無いと、思つて居る人があるかも知れぬが、それはもう少し多くの事実を知つてからで無いと、我々には到底断言の出来ぬことである。さう〳〵自分たちの先祖をまちがへばかりした様に、証拠も碌に無いのにきめてかゝることは、感心せぬ態度だと私は思ふ。

だから我々は先づ此植物に対して、現在土地々々で与へて居る名前を、比べ合せて見る必要を認めるのである。所謂チャンパ菊の異名を知つた土地はあまり多くない。最近に耳にしたのは三重と奈良県の堺の山村でゴウロギ、ゴロはあの地方でも大きな石のごろ〳〵として居る処のことだから、其ゴロによく生える木といふ意味に解してよからう。東京京都の人だけは知つて居らぬらしいが、ゴロもゴウラも全国に亘つて、かゝる磽确《げうかく》不毛の地をさう呼んで居る。起りは多分岩くら、くらしゝなどのクラであらう。日本人は斯ういふ語の用途を分化させて行く場合に、いつもいやなものだけを濁音にする癖があるやうだ。現にこの土地でも土と交つた小石の堆積して居る処はガラ、大きな石の在る処だけをゴロと謂ふとのことで、この二つの語は別々とも考へて居らぬ様だから、つまりは少しでも似つかはしい音に偏よるのである。信州の上伊那から来て居た青年は、国ではタケニ草をガラガラと謂ふと語つた。其時には此植物がうら枯れて後に、秋の風に吹かれる様子を形容したものかと思つたが、或はその気持は加はつて居るにしても、やはり発端は亦ガラに生える草といふに在つた。それが大きくなつて木のやうに見えるからゴウロ木で、此程度の一致ならば、別に一方から伝へなくとも、偶然にも起り得たのである。

七

越後の西頸城《にしくびき》地方で、この草をツンボグサと謂ふわけはまだはつきりしない。土地の人ならばまだ其命名の気持を覚えて居るかも知らぬが、福井附近などで芒の穂をミミツンボと謂ふのと、或は関係の有る言葉かと考へられる。是とても竹を煮て軟かくするといふ噂と同様に、曾てその経験をした者はあらうと思へぬが、何だか気になつて近よつて行けない故に、軽々しくさういふ名前が承認せられることになつたのであらう。下総印旛郡の草原地には、或は又ドロボノシンヌギといふ名も行はれて居る。是も一つだけ聴くとあまりに奇抜だが、以前の笑ひの材料には尻といふ語が多かつた。例へば細藺をサギノシリサシ、近頃入つて来たと思ふ竜舌蘭をヌスビトノシリサシと謂ひ、こまかな針のある「とげそば」といふ湿地の草の一名を、ママコノシリヌグヒと呼んで居る人もある。以前は尻拭ひには木や草の葉を用ゐたので、泥棒ならば之を用ゐるだらう。もしくは是で沢山だといふ意味からでも、半ば戯れに斯ういふ名を案出せられ得たのである。立会つて竹を煮させて結果を見た人だけが、タケニグサの命名に参与したと、見なくてもよい一つの理由である。

それからもう一つは私などの郷里、播磨の一部にはオホカメダホシといふ方言がある。狼が此草を食ふと酔うて倒れるから、斯ういふ名が生まれたやうに説明する者もあるが、此経験などは愈〻以て試み難いものである。狼が草を食ふといふことが既に考へられず、それを見て居て酔つぱらふのを確かめた人などは、捜しまはるだけのものは無いのである。たゞ自分等が是によつて感ずることは、もしもタケニ草の故郷が外国であり、又は早くから現在の地であつたならば、斯ういふ名は恐らく発生しなかつたらうといふことである。伊勢信濃のガラ・ゴウロギも同じことだが、この異様な植物はもと狼でも棲息しさうな地に在つて、予め今日の郊外居住に備へて居たのである。たゞ人間が彼等の存在に注意し始めた機会が区々であつて、斯うして私のやうに昭和の時代に入つて漸くこの一つの生活に美しい意義を見出した者さへあるのである。詩の発展は乃ち無限であらうが、それは今少しく未知の自然の方に、眼を向けかへなければならぬ様に考へられる。言葉が制限であり、習慣が附け紐である限りは、要するにそれはたゞ蕪村のいはゆる、「水桶にうなづき合ふや瓜茄子《なすび》」である。

八

そんな憎まれ口をきくのが私の目的ではなかつた。チャンパ菊の異名に今一つ、辞書にも認められたササヤキグサといふのがある。物にも似合はぬ佳い名である。此言葉については色々の空想が起る。たとへばあの鈴なりになつた枝の種子が、風に吹かれて幽かに鳴るのかとも思はれ、実は私も其音を聴いたやうな気さへする。しかし是は明らかに空想であつた。種は柔かな綿のやうなものに包まれて静かにこぼれて居る。さうして梧桐のやうなあの大きな葉は、がら〳〵ならともかくも、さゝやく音は立てようとも思はれぬのである。比較はどこまでもして見なければならぬ。東京の近くでは相州の津久井の山村などが、どこでもタケニ草をササヤケと謂つてゐる。即ち遠くから見てこの草の連なつた穂先が、笹に似てや、焼けた様な色を帯びて居ることが、此名の与へられた元の動機であつたらしいのである。之をササヤキ草と横なまる位のことは、少しく風流心のある者ならば誰にでも出来る。まして適切でもない色々の文芸用異名に、久しく馴らされて居る人ならば喜ぶかも知れない。たゞ私たちはまだ何処にさういふ語の行はれて居るかを知らぬだけである。是がもし東京の現象であるならば、やがては又普及し且つ新たなる解読が副ふことであらう。大よそ一通りこの事情が判つて居ての上ならば、それを観察して居るのも決して興味の無いことではない。

近年私の家の庭から追払はれたタケニ草は、僅かな道路を隔てた西隣の空地に往つて今は住んで居る。爰も芒が一年増しに根を張つて来て、それと昔から仲のよい萩や「われもこう」の、咲きまじつた野原に復らうとして居るが、まだ其片端には普請で土を動かした部分があつて、そこばかりは堂々たるタケニグサの林である。タケニといふ言葉も或は是から出て居るのかも知れぬ。梢が伸びきつて悉く茶色の細長い花筴を附けたところは、山の野生の小竹原を思はせる。竹にもや、是に似た色彩を見せる季節がある様な気がするがまだ確かなことは言へない。兎に角に此様なよく嫌はれる草にも、美しく見える日が二日か三日はあつて、それが最も竹らしく感じられる時でもあつた。ちやうど初秋のしつとりと露の置く晩方などに、立止まつて見て居たいやうな気持になつたことも折々ある。それよりも忘れ難いのは夜の引明けに、二階の寝室の窓を開いて、あゝ美しいと思つて見たことが何度かある。それが雨でも降るか荒い風でも吹くと、すぐにもう狼藉になつてしまふのである。郊外の朝と夕方は存外に多事なもので、私は気楽だから斯んなものにも目を留めて居るが、省みられぬ場合の方が多いことゝ思ふ。さうして去年まで確かにさうだつたが、此夏はもうどうなつて居るかわからない。

九

たつた十年ばかりの、しかも飛び〳〵の観察などは、今の植物学に逢つてはかなはぬにきまつて居る。しかし私は前に述べた事実に拠つて、今は大よそ是だけの歴史を推測して居るのである。このタケニ草の最初の郷里は、寧ろ人げの少ない山中であつた。山が崩れたり水で荒れたりすると、何よりも早く飛んで来て、そこに芽を吹くのは此草の種子であつた。日本は地変稀でない国だから、順にさういふ処をまはつても、血統は絶えなかつたらしいのである。それが近年は土地利用の型が変つて、人里近くにも遊ばせてある場処が出来、それも底土を切つたり覆したりする故に、追々と彼等の進出が始まり、少なくとも都会の周囲では、所謂異国情調を発散するやうになつたのだが、元々御互ひによく似た身の上である以上は、是はたゞ我々の忘却、もしくは最初からの無関心以外の、何物をも意味しないのである。我々の先祖も山に拠り、山あひの小さな空地のみを捜し求めて、末々其後裔が斯んな海端の平蕪の地に、集合し又放浪しようとも思はなかつたことは同じだが、人間の長所は次々の境涯に応じて組織を拡大し生活ぶりを変へ、新たな名称を認め新たな美徳をたゝへるに急であつた余り、古い縁故のある若干の天然を疎外し、又時としては敵視しなければならなかつたのである。しかしタケニ草の世も亦開けた。人と交渉する言葉は多くなり、それが又追々と耳に快いものとならうとして居る。この落莫たる生活があはれを認められ、終に人間の詩の中に入つて来るのも、さう遠い未来ではないやうに思はれる。

眼に映ずる世相（明治大正史　世相篇より）

一　新色音論

以前も世の中の変り目といふことに、誰でも気が付くやうな時代は何度かあつた。歴史は遠く過ぎ去つた昔の跡を、尋ね求めて記憶するといふだけで無く、それと眼の前の新しい現象との、繋がる線路《すぢみち》を見究める任務があることを、考へて居た人は多かつたやうである。ところがその仕事は、実際は容易なものでなかつた。この世相の渦巻の全き姿を知るといふことは、同じ流に浮ぶ者にとつて、さう簡単なる努力では無かつたのである。鴨の長明とか吉田兼好とかいふ世捨人は、確に自分ばかりは達観することが出来たやうであるが、まだその方法を教へては置かなかつた。我々は新たに之を学ぶべき必要を感ずるのである。全体に物遠い法則を仮定してかゝり、もしくは込入つた調査を計画するものは、大衆にも向かず、又いつも次から次への変化には間に合はぬやうな憾みがある。何か此以外に今少しく平明な、誰でも入つて行かれる実験法があつて、段々に歴史を毎朝の鏡の如く、我々の生活に親しいものとすることが出来るのでは無いか。

それには先づ色々の様式を試みて見なければならぬ。江戸が始めて東海の滸《ほとり》に生れた頃、時代は当然に亦一つ廻転をしようとして居た。久しい兵乱に倦み切つた日本人は、均しく目を瞠つてこの若い平和の都府の新しい世の姿を視たのであつた。多くの文人が筆を載せて、その間を往来して居た中に、或一人は奥州の田舎者の江戸見物に托して、吾妻廻りと題する小さな一冊の観察記を書いて居る。勿論、三百年前の人の心持は、今思ふとをかしい程に悠長であつた。当時関東に於て流行るものは何々、庭木には椿の花、飼鳥には鶉、上下貴賤と無く何方に往つても之を珍重する。鶉の風雅なる声音と椿の花の艶色と、何れを優れりとせんかといふことを長々と説いて、それでその書の一名を色音論《しきおんろん》とも謂つて居るのである。是は或は一種文章の趣向に過ぎなかつたのかも知れぬ。如何に無事素朴を尚んだ武家時代の社会でも、さう簡単には統一せられて居たのでは無い。個人心意の動きの其表層に顕はるゝものは、同じ空気に住むあの当時の人の感覚にはやはり相応に目まぐろしかつたに相異ない。椿と鶉とたゞ二つの微々たる物によつて、文化の特徴を代表させることの、不可能であつたことは解つて居る。しかもこの二物の流行なるものは、兎に角に新しい現象であつた。

最近に過去の部に編入せられた今までの状態と、各自が直接に比較することの出来る事実であつた。恐らくは何人の指導説明をも須たず、且つ多くの仲間の者と共々に、黙つて其径路を理解し得た変化であり、即ち又実験の歴史でもあつたのである。此方法は常に全般に行き亘らぬ非難があるが、尚努力を以て之を必要なる区域に推し拡めて行くことが出来る。さうして少なくとも各自把握した現実の区域に於ては、外部の文明批評家の論断を、鵜呑にしてしまふみじめさを免れるのである。三百年前の色音論は気楽であつたが、眼に見耳に聞いたものを重んじた態度だけは好い。改めて今一度、之を昭和の最も複雑なる新世相の上に、試みて見るのは如何であらうか。是が此書の編者の第一の提案である。

次には我々の実験を、特に何れの方面に向つて進めようかゞ問題になつて来るが、それには必然的に、歴史は他人の家の事蹟を説くものだ、といふ考を止めなければなるまい。人は問題によつて他人にもなれば、また仲間の一人にもなるので、しかも疑惑と好奇心とが我々に属する限り、純然たる彼等の事件といふものは、実際は非常に少ないのである。時代が現世に接近すると共に、この問題の共同は弘くなり又濃厚になつて来る。さうして其関係の最も密なる部分に、国民としての我々の生き方が、どう変化したかの問題が在るのである。順序は、それ故に出来るだけ多数の者が、一様に且つ容易に実験し得るものから、入り進んで行くのが自然である。如何に平凡であらうとも衣食住は大事実である。各人の興味と関心は既に集注し、又十分なる予備知識は行き渡つて居る。改めて之を歴史として考へて見ることは、社会の為であつて同時に又自分の入用である。仮に文化の時代相が、その全き姿を此中に映し出して居ないとしても、少なくとも国民生活の主力は、終始之に向つて傾けられ、従つて其痕跡は何よりも顕著である。何人も知り切つて居る莫大なる事実が、未だ整頓せられずに此方面には転がつて居る。新たに報告せらるべき材料などは殆と無い。我々は単にもう一度、指ざして仲間の問題にすればよいのである。さういふ中でも眼は何遍も物を見直すことが出来る。一人が見損じて居れば万人が訂正してくれる。是が当代の新色音論の、特に重きを色彩と物の形の方に、置かなければならぬ理由であつた。

二　染物師と禁色

新聞は時々面白い問題に心付かせてくれる。大阪では近い頃「今沢市《いまさはいち》」などと評判して、久しい間の盲人が目あきになつた話がある。八年ぶりとかに見た世の姿で何が一番に珍しく感じるかと尋ねて見ると、女たちの衣裳の花やかになつたのには驚くと答へたさうである。見えぬとは言つても町に住む盲ならば、幾度と無く美しい色の話を聴いて居たことであらう。さうして心のうちにそれを描いて居たこと、思ふが、それですら久しぶりに目をひらけば、意外の感に打たれずには居られなかつたのである。

是はたつた一人の奇抜なる経験で、勿論有力な参考とは言はれぬが、仮に我々が目を閉ぢて、逆に浦島太郎の昔の日を思ひ出して見ても、やはり同じやうな変化を説くことになるであらう。明治大正の六十年足らずの歳月は、非常に大きな仕事を此方面でも為し遂げて居る。それが余りにも当り前と考へられて居た為に、誰も此盲人のやうな心持にはなり得なかつたのである。

色は多くの若人の装飾に利用せられる以前、先づそれ自身の大いなる関所を越えて来て居る。色彩にも亦一つの近代の解放があつたのである。我々が久しく幻の中にばかり、写し出して居た数限りも無い色合が今は悉く現実のものとなつたのみならず、更にそれ以上に思ひがけぬ多くの種類を以て、我々の空想を追越すことになつたのである。この変化は決して単純なる程度の進みでは無かつた。日本は元来甚しく色の種類に貧しい国であつたと言はれて居る。天然の色彩のこの様に豊かな島として、それは有り得ないことの様であるが、実際に色を言ひ表はす言葉の数は乏しく、少しちがつたものは悉く外国の語を借りて居る。さうして明治の世に入つて後まで、さういふ借物までを取集めても、使つて居る数は四十にも足りなかつた。しかも緑の山々の四時のうつろひ、空と海との宵暁の色の変化に至つては、水と日の光に恵まれた島国だけに、又類も無く美しく細かく且つ鮮かであつたのである。この二つの事実の矛盾しないわけは、我々が眼に見、心に映し取る色彩の数と、手で染め身に装ふことの出来たものとの間に、極めて著しい段階があつたといふことで説明し得られる。六つかしい言葉ではあるが、私たちは之を天然の禁色と謂はうとして居る。其禁色が近代の化学染料期になつて、悉く四民に許されるやうになつたのである。

　禁色は一方には又国の制度でもあつた。たとへば黄の一色だけは王者の服、紫は定まつて上流の官人に許すといふやうに、其位に列せぬ者が用ゐることを非法としたのは、古い国々の常の例であつたが、其動機は今でもよく解つて居る。つまりは中世以前の社会に於ても、其時代の文化能力の許す限り、出来るだけ多くの天然の色彩を、取り卸して人間の用ゐ得るものとしようとした念慮は、今日と異なる所が無かつたのである。染法は我々の祖先が最も熱心に、外国から学ばうとした技術の一つであつた。高価なる染料は其目的の為に、辛苦して遠く求められ、是が金銀珠玉に次いでの主要なる貿易品であつた。得難く染め難い新種の色彩が、尊貴の特徴となつたのは自然の結果であつて、之を常人の模倣することを禁じたといふのは、寧ろ其工芸の幾分か民間に普及し始めたことを意味するのである。京都の富の独占が少しづゝ弛んでから、所謂雑戸の分散が始まつた。種々の職人は田舎を渡りあるいて、農民の間に生計の路を開くやうになつた。染物師は其中でも比較的新しい出現であつて、近世漸く店の数を増加した後まで、尚村々の手染と対立して、其全部に取つて代ることは出来なかつたが、それでも在来の禁色の制度を、終に無効に帰せしむるには足りたのである。或一つの色が庶民の常用に許されなくとも、彼等は其専門の知能を働かせて、別に第二のそれよりも珍しく、又上品なものを工夫することが出来たのである。此点が黄金や宝玉などとは事かはり、色彩の文化の永く一部の独占に属し得なかつた理由であつて、仮に他の幾つかの条件さへ備はつて居たならば、必ずしも明治の新世紀に入るを俟たずして、色は幾らでも通俗化して行くことが出来る筈であつた。之を制抑して居た力は別に在つた。余り多くの人の心付かぬ間に、其制御が徐々として解けて来て居たのである。

三　まぼろしを現実に

所謂天然の禁色に至つては、この人間の作り設けた拘束に比べると、遥かに有力なものであつた。今でも其力はまだ少しばかり残つて居る。我々が富と智能との欠乏の為に、どうしても自分のものとすることの出来なかつた色といふものは、つい近頃までは其数が非常に多かつたが、仮に技術が十分手軽にその模倣を許すとしても、尚憚つて之を日常の用に供しようとしなかつたものが幾らもある。特に制度を立て、禁止する迄も無く、多くの鮮麗なる染色模様等は、始から我々の生活の外であつた。質素は必ずしも計算の結果では無かつた。江戸期の下半分には衣類倹約の告諭が何度か出て居るが、之に背くやうな人たちは、村方には何程も居なかつた。東北などの或藩では百姓の衣類の制式を定めて居る。他の多くの土地にはその様な掟は無いけれども、やつぱり農民はそれ以上のものは着なかつた。是は貧乏の為なりと解するのも理由はあるが、彼等は稀に豊かなる場合に於ても、多くは飲み食ひの方へばかり其余力を向けて居る。好みを世間並にして目に立つことを厭うたといふこともあらう。或は又感情の安らかさを保つ為に、力めて年久しい慣習を受け継いで居たと見ることも出来るが、その慣習の元に溯つて見ると、何か今少し深いわけがありさうである。手染の染草は大部分は山野に採り、もしくは園の片端に栽ゑたものであつたが、其品種は既に豊かであり、又其処理の技術も驚くほど進んで居た。必ずしも澄んだ明るい色合が出せぬといふ為で無く、わざ／＼樹蔭のやうなくすみを掛け、縞や模様までも出来るだけ小さくして居た。さうして是が亦衣裳以外の、種々なる身のまはりの一様の好みであつたことは、以前は町方も村と異なる所が無かつた。

つまり我々は色に貧しかつたといふよりも、強ひて富まうとしなかつた形跡があるのである。是が天然の色彩の此通り変化多き国に生れ、それを微細に味はひ又記憶して、時節到来すれば悉く利用することの出来た人民の、以前の気質であつたといふことは不思議な様であるが、見方によつては是も我々の祖先の色彩に対する感覚が、夙に非常に鋭敏であつた結果とも考へられる。色の存在は最初一つとして天然から学び知らなかつたものは無いのであるが、其中には明らかに永く留まつて変らぬものと、現滅の常なきものとの二種があつた。地上に属するものとしては物の花、秋の紅葉も春夏の若緑も、美しいものはすべて移り動くことを法則として居た。蝶や小鳥の翼の色の中には、しばしば人間の企て及ばざるものがきらめいて居た故に、古くは其来去を以て別世界の消息の如くにも解して居たのである。火の霊異の認められて居た根本の要素には、勿論あの模倣し難い色と光があつた。是に近いものは寧ろ天上の方に多かつたのである。虹の架橋は洋海の浜に居住する者の、殊に目を驚かし心を時めかすもので、支那でも虫扁を以て此天象を表示する文字を作るやうに、日本では之を神蛇のすぐれて大いなるものと思つて居た。其他おまんが紅などと名づけた夕焼の空の色、又は或日の曙の雲のあやの如き、何れも我々の手に触れ近づき視ることを許さぬといふことが、更に一段と其感動を強めて居たのである。所謂聖俗二つの差別は当然起らなければならなかつた。移して之を日常の用途に、充てようとしなかつたのも理由がある。

だから我々は色彩の多種多様といふことに、最初から決して無識であつたのでは無く、却つて之を知ることが余りに痛切なる為に、忌みてその最も鮮明なるものを避けて居た時代があつたのである。人が此点に最も多感であつたのは、恐らく童子から若者になる迄の期間であらうが、誰しも一生涯には二度か三度、到底拭ひ消すことの出来ぬやうな印象を受けて居て、それが大抵は異常なる心理の激動と結び付いて居た。

それが各自の体質の上に、如何なる痕跡を遺すものであつたか。はた又遺伝によつてどれだけの特徴を、種族の中に栽ゑ付けるものであるか、是は尚進歩すべき生理学の領分であるけれども、少なくとも日本の国民が古く貯へて居た夢と幻との資料は、頗る多彩のものであつたらしい証拠がある。言葉には之を表はす手段が未だ具はらず、単に一箇のアヤといふ語を以て、心から心に伝へては居たが、人は往々にして失神恍惚の間に於て、至つて細緻なる五色の濃淡配合を見て居たのである。絵が始まり錦を織るの術が輸入せらるゝや直ちに之を凡俗の生活に編み込むことを敢てせず、一種崇敬の念を以て仰ぎ視て居たのも、必ずしも智能の等差なり貧富の隔絶なりでは無かつた。仏法が其宣教の主力を、堂塔の金碧荘厳に置いたのも、言はゞ一つの無意識なる巧であつた。天然に養はれたる此国民の宗教心は、常にこの類の異常色彩によつて、目ざめ又必ず高く燃え立つやうに出来て居たのである。

斯ういふ二通りの色の別ちが存する限り、たとへ技術は之を許すとしても、人は容易に禁色を犯さうといふ気にはならなかつた。昂奮は譬へば平野の孤丘の如きもので、それが無かつたならば人生は勿論淋しい。しかも屢ゝ其上に登り立つことも、堪へ難き疲労であり又前進の妨げであつた。それ故に我々は花やかなる種々の色が、天地の間に存することを知りながらも、各自は樹の蔭のやうな稍ゝ曇つたる色を愛して、常の日の安息を期して居たのであつた。それが固有の染料の自らの制限だけで無かつたことは、単なる白といふ色の用ゐ方を見てもよくわかる。現在は台所の前掛に迄も使はれるやうになつたが、白は本来は忌々しき色であつた。日本では神祭の衣か喪の服以外には、以前は之を身に着けることは無かつたのである。婚礼と誕生とにも、もとは別置を必要とした故に白を用ゐたが、それすらも後には少しづゝ避けようとして居た。つまりは眼に立つ色の一つであり、清過ぎ又明らか過ぎたからである。斯ういふ稍ゝ不自然なる制限の解除せられたことは、一つには異なる外国の風習の、利あつて害無きことを知つたからでもあるが、それよりも強い理由は褻《け》と晴との混乱、即ち稀に出現する所の昂奮といふものゝ意義を、段々に軽く見るやうになつたことである。実際現代人は少しづゝ常に昂奮して居る。さうして稍ゝ疲れて来ると、始めて以前の渋いといふ味はひを懐かしく思ふのである。

四　朝顔の予言

今度は方面をかへて、衣服調度以外のものを考へて見るに、花を愛するの情も亦大いに推し移つて居る。桜は久しい前からの日本の国の花であつたが、春毎に山に咲いて之を見に出るのが花見であつた。躑躅《つゝじ》、藤、山吹の咲き栄える四月始には、これを摘み取つて戸口に挿し、又は高い棹の尖端に飾つて、祭をするのが村々の習はしであつた。秋の初には又一しきり、野山の錦の織り出されることがあるが、其時にも之を盆花に折り取つて、精霊の眼を悦ばせようとしたことは、冬のとぢめに常磐の緑を迎へて来て、門に祭をするのと同じであつた。栗や櫪《くぬぎ》のやうな眼に立たぬものは別として、大よそ鮮麗なる屋外の花の色どりは、常に我々の心を異様にし、祭を思ひ又節供を思はしめたのであつた。人が美しいと感ずる方が前であつたか、もしくは祭の気分の為に美しく感じられたのか、それさへも未だ確められて居ないのである。花木が庭前に栽ゑて賞せられるやうになつたのは、酒が遊宴の用に供せられるに至つたのと、経過に於て略〻相似て居る。天の岩戸の物語に伝はつて居る如く、面白いといふのはもと共同の感激であつた。其折の幸福が永く記憶せられる為に、資力のある者は少しづゝ花の木を庭に掘り植ゑた。前栽といふのは、農家では蔬菜畠のことであるが、上流の家では野の草を庭に咲かせようとすることを意味して居た。其うちに追々唐様の植物が渡ることになつて、邸内の色彩も単調では無くなつたけれども、それでも尚久しい間、之を以て普通民家の眼の楽しみとするには至らなかつたのである。

江戸で三百年前に椿の花が流行したといふことなども、到底今の者には想像し得られぬ程の大事件であつた。椿も此国の固有の木ではあつたが、元来は山や神様の杜に咲くべきもので、人は季節の宗教的意味を考へること無しに、此花を眺めることは無かつたのである。それが輸入により又は新しい培養を以て、次々に変り種の出来たといふことさへ不思議であるのに、町では単なる愛玩用の為に、家並に之を栽ゑようとして居たのである。当時の田舎者が驚いたのも無理は無い。しかし驚くとは言つても既に其頃から、之を面白いと感ずる者が次第に多くなつて、椿が行き詰まれば山茶花とか木瓜とか、末には漢名しか無い多くの木の花も渡つて来て、僅な世紀の間に日本の園芸は美しいものとなつた。さうして一方上流の流行の下火は、いつと無く其外側の、庶民の層へ移つて行つたのであつた。是を海外交通の開けたといふ唯一つの理由から、解説しようとしたのが今までの歴史家であるが、以前とても入る途は塞がつて居たわけで無い。第一には人が斯様の物を求むる心、それよりも力強い原因と見るべきは、花を自在に庭の内に栽ゑてもよいと考へた人の心の変化であつた。近頃の外国旅客の見聞記の中には、日本人の花好きに感心して居る記事が毎度有る。十坪二十坪の空地しか持たぬ小農の家でも、居廻りには必ず何か季節の花を作つて居る。よく〳〵自然に対する優しい感情をもつた人民だと言つて居るが、其観察は実は半分しか当つて居なかつた。花に対する我々の愛着は以前から常に深かつたが、其動機は徐々に推し移つて居たのである。今でも老人のある家などで、菊や千日紅やダリヤを咲かせるのを、仏様に上げる為と思つて居る者が少しは有る。畠に綺麗な花が一つも無いか、町でも花屋が来ぬ日などがあると、なんにも供へる花が無いと言つて淋しがることが、秋は殊に著しい。流行を始めた人たちは娯楽であつたかも知れぬが、それが普及するには別に又是だけの理由があつた。俳諧寺一茶の有名な発句に「手向くるやむしりたがり赤い花」といふのがある。即ち可愛い小児でさへも仏になる迄は此赤い花を取つて与へられなかつたのである。此気持が少しづゝ薄くなつて、始めて閑ある人々の大規模なる花作りが盛んになつた。さうして近世の外からの刺戟も大いに之を助けたのである。

しかも西洋の草花の種が、殆と其全群を尽して入り込んで来たのは、明治年代の一大事実であつて、今日百に近い片仮名の花の名は、大部分が其遺物であつた。これも簡単に最も模倣し易い外国文化であつたからと、片付けてしまふことも出来ぬわけは、初期の勧農寮の政策では、積極的に之を奨励し又援助して居るのである。殊に北海道の米国式農政に於て、新たに荒漠の地を開かうとする者に異国の鮮かなる色彩を供給しようとしたのには同情があつた。恐らくは当時、農村の生活が、既に花作りによつて其寂寞単調を慰められて居る事実が知られて居たので、しかも是が大きな世相変化の境目だといふこと迄には心付かなかつたのである。花を栽ゑようといふ人々の心持は、勿論此以前からも区々になつて居て、また段々に観賞の方に傾かうとして居た。最初最も弘く国内に人望があつたのは、誰でも記憶する如く千日紅、百日草といふ類の盛りの長い花であつた。花の姿には別段の見所は無くとも、欲しいと思ふ時にいつでも得られるのが重宝であつた。それが追々と新種の増加によつて、次々に珍しい花が絶えず、待つとか惜むといふ考が薄くなつて、終に季節の感じとは縁が切れた。家の内仏に日々の花を供へるやうになつたことは、近代の主婦の美徳の一つではあつたが、其為に曾て彼等のたつた一輪の花を手に折つても、抱き得た情熱は消えてしまつた。新たに開き始めた花の蕾に対して、我々の祖先が経験した昂奮の如きものは無くなり、其楽しみはいつとなく日常凡庸のものと化した。是が我民族と色彩との交渉の、やがて今日の如く変化すべき端緒だと、自分などは思つて居る。

其中でも殊に日本の色彩文化の上に、大きな影響を与へたのは牽牛花《あさがほ》であつた。他の多くの園の花は鮮麗だといふだけで、大抵は単色であり其種類も僅かであつたに反して、この蔓草ばかりは殆とあらゆる色を出した。時としては全く作る人が予測もしなかつた花が咲き、さうで無いまでも我々の空想を、極度に自在に実現させてくれたのである。是が大部分日本の国内の、しかも百年余りの自力に成つたといふことは、考へて見れば愉快なことである。牽牛花の歴史を説く人は支那からの輸入のやうに言ふが、実際は暖かな南部の海浜などに前からあり、持つて来たのはたゞ其種実の薬用と、それを書き現す漢字とだけであつたらしい。現在はもはや改良も行止まつて、辛うじて葉や花の畸形に変化を見せようとして居るが、其以前には一度色彩の珍を競はうとしたことがあつた。ちやうど江戸期の末頃から、明治の前半期までの事であつたかと思ふ。所謂玄人たちはもう省みなくなつてからも、変つた色々の花が地方に普及し、人は思ひ〳〵の交配や撰種法を以て、今まで見たことの無い色を出さうとした。

さうして一部分は成功をしたのであつた。当時人工の染料は発明日あさく、在来の技術にもまだ多くの束縛があつた間に、柿とか黒鳩とかの名も付けにくい珍しい色、またはは紅紫青水色の艶色のみか、絞り染分けなどの美しい仕上げ迄が、一時は工芸家よりも数歩前へ出て居たのである。どうして此種の植物ばかりが、特に人間の空想に従順であつたか、今とても之を説明し得る者は無い。勿論半は偶然の遭遇に帰してよいが、早く此事実に心付いて、注意と情熱とを傾けたのは我々であつた。やがて出現すべかりし次の代の色彩文化の為に、この微妙の天然を日常化し、平凡化して置いてくれたのは無意識であつたらうが、少なくとも曾て外見や、陰鬱なる鈍色《にびいろ》の中に、無為の生活を導いて居た国民が、久しく胸の奥底に潜めて居た色に対する理解と感覚、それがどれ程まで強烈なものであるかを、朝顔の園芸が十分に証明した。さうして予め又今日の表白の為に、少しづゝ準備をさせて居たのである。

五　木綿より人絹まで

是を模倣の如く又出藍の誉でもあるかの如く、自分までが考へてかゝることは間違である。機会が相応しなかつた故に発明はよその国に委ねたといふばかりで、色彩の進歩に向つては立派に我々も寄与し得る素養があつたのである。他の万般の学術も同じことであるが、其利用を完成し得る能力と、之を創始した智慮とは二つのものである。夙に自然に恵まれ又練習させられて居る我々が、行く〳〵世界の色相観を導き得るかどうかは、今は些しでも予定せられて居ない。少なくとも現在の実状よりは、ずつと前の方へ進み得るであらうことは、歴史の学問が之を希望させてくれるといふわけは、我々の知り又考へるべきことが、まだ幾らも残つて居るからである。境遇が我々の技芸の発達の為に有利であつたことは、将来はいざ知らず、過去に於ても悦ぶべきものが幾らもあつた。たとへば色に対する日本人の趣味性の如き、一方には以前の精神生活の影響によつて、渋さの極致ともいふべきもの迄を会得した頃に、ちやうどアニリン色素などの応用が起つて来たのである。色の二つの種類の境目が紛乱し始めた時期まで、季節信仰を超越したやうな余り多くの花物は入つて来なかつた。朝顔の栽培がよい頃合に流行したやうに、木綿の輸入なども遅過ぎもせず、又早過ぎもしなかつたやうである。

綿の種は山城の都の初の世に、三河の海岸から上陸したといふ記録があるが、どこに栽ゑ何物に利用して居たのか、まだ何人も之を指示し得ない。第二の輸入はずつと時を隔てゝ、所謂南蛮貿易の頃であつたらうが、それもやゝ久しい期間、案外に普及して居なかつた。諸国の農民が真剣に綿を栽培し始めたのは、江戸期も半を過ぎて、綿年貢の算法が定められた享保度の僅か前からのことゝ察せられる。以前も少しづゝは名を知られ、又相応にもてはやされて居たものが、急に此様に生産を増加することになつた理由は、恐らく紡織技工の進歩よりも、是も亦染色界の新展開にあつた。葉藍耕作の最初の起りは不明であるが、少なくとも是が実用には専門の紺屋が予期せられて居た。家々の手染に於ては、此材料は処理することが稍〻六つかしかつた。麻やさよみの類にも染められぬことは無いが、殊に木綿に於て最も藍染の特徴を発揮して居るのを見ると、紺を基調とする民間服飾の新傾向は、全くこの藍と綿と二つの作物の提携から生れて居るのである。紺の香と木綿の肌ざはり、歴史は短か丶つたかも知れぬが、懐かしい印象を残して居る。

これ以外にも鬱金《うこん》とか桃色とか、木綿で無くては染められぬ新しい色が、やはり同じ頃から日本の大衆を悦ばせ出した事は、諸国の小唄類に今以て其痕跡を留めて居る。如何に我々の内部の色彩感覚が成育して居らうとも、麻を着て居たのでは之を実際に表はして見ることが出来なかつた。ちやうど一つの関の戸が開かれたやうなものであつた。何れの民族でも同じかと思ふが、木綿着用の歴史には記念しなければならぬことが多い。山本修之助氏の集めた佐渡の民謡の中に「シナのはだそで腟こくる」といふ盆踊唄がある。シナといふのは級《しな》の木の皮で織つた布、もとは通例は肌にも麻を着けたが、土地によつては湯具にまで級布を用ゐたのである。肌膚が之に由つて丈夫になることも請合だが、其代りには感覚は粗々しかつたわけである。ところが木綿のふつくりとした、少しは湿つぽい暖かみで、身を包むことが普通になつたのである。是が我々の健康なり又気持なりに、何の影響をも与へないで居られた道理は無いのである。日本の若い男女が物事に感じ易く、さうして又一様に敏活であるのも、或は近世になつて体験した木綿の感化では無いかと、私たちは考へて居るのである。

少なくとも日本人はこの木綿の採用に当つて、一同のとつおいつを経験して居る。果して一千年来の麻の衣を脱ぎ棄てゝ、この新来の衣料に身を任せるのがよいものかどうかは、容易に決し難い問題であつたのである。海洋国の夏は殊に多湿であつた。肌と着物との間に幾つもの三角な空地を作つて置いて、たび／＼扇の風を送り込まなければ、汗を放散させて清涼を味はふことが出来なかつた。それには腰の強い麻の糸を、織つて着るの他は無かつたのである。木綿は温柔な代りに足手に纏はり易く、主として春と秋とを外で働く者にも適しなかつた。新鮮なる染色の効果を愛する人たちは、それ位な便不便は省みざらんとしたのであるが、尚極端に糊をこはく、又洗濯の度毎に打ち平めて、旧来の麻の感触を少しでも保持して居たのである。縮みといふ一種の織り方が、特に日本に於て盛んに行はれたのも国柄であつた。斯うして漸くの事で不断着の買入れを可能ならしめ、終に全国の木綿反物を、工場の生産品たらしむる素地を作つたことは、考へて見れば手数のかゝることであつた。

麻の第二の長処は久しく持つといふことであつたが、是も後には不人望の種となつて居る。色が目に立ち記憶し易くなれば、飽きて折々は更へようとするのも自然で、それには却つて木綿の早く弱るのが、うれしかつた人も多いやうである。好みの年齢に応じてそれ〴〵に違はなければならぬ習はしは、全く此時から始まつたのである。大体に日本人くらゐ、多量の衣裳を持つて居る民族も無いと言はれて居るが、元は単純な誰にでも用に立つ品を、多く持つのだから貯蓄にもなつたが、末には折角の宝を衣櫃の底で、腐らせるやうな場合も無いではなかつた。それよりも更に無益なる古くからの惰性は、絹織物に対する過度の尊敬であつて、為に幾分か木綿の利用法を、無理な方向に導いて行つた形がある。曾て中華民国では爪を長く延ばす風があつた。爪は決して美しいもので無いが、毎日働く者には爪を長くして居る事が出来ない。即ち働かずともよい人の記号として、爪の長いのが好ましがられたのであつた。絹は爪などよりは無論美しいが、是もやはり働かぬ時の衣料であつた故に、何だか格別によく見えたのである。染色が自在に我々の実用に供せられるやうになつた後まで、尚染絹を上臈の代表の如く、考へる気風は失せてしまはなかつた。さうして好みは往々にして其模造の方に赴いたのである。金巾《かなきん》の輸入は其品物が少しばかり、又其名前の半分が絹に近かつた故に喜ばれた。所謂唐糸は持が悪いことを知りつゝも、単にその細手の故を以て普及した。明治二十九年の棉花関税の全廃は無くとも、以前の太短かい日本棉などは、次第に片隅に押し遣らるべき運命をもつて居たのである。紡績の工芸が国内に発達して来ると共に、木綿の着心地は公然として変化した。もはや洗濯物の糊の強《こは》さ柔かさを、深く詮議する者は無くなつた。衣服は此通りいつも稍ゝ湿つて肌に附くものと相場がきまつてしまつた。女性の姿のしをらしさが、遠目にも眼につくやうになつたのも此頃から、又その細かな内々の心遣ひが、掬み取らるゝことになつたのも此頃からであるが、其代りには幾分か人に見られるのを専らとする傾きを生じ、且つやゝ無用に物に感じ易くなつて来たことも事実である。

六　流行に対する誤解

何を一国の国風と認むべきかは、さう容易く答へられる問題で無い。たとへば衣服と民族との間に、曾て一つの約束が存在したにしても、それは此際を以て完全に帳消しとなり、残るはたゞ人並の物が着たいといふ願のみである。さうしてずつと以前にも是と同じ変化が、又時々はあつたかも知れぬのである。麻の織物は最初その天然の繊維の、幾らでも細く利用し得られるのが長処であつて、技芸は之に基づいて実に驚くほどの精巧の域に達して居たが、後には却つて其為に、新しい生産経営には向かなくなつたのである。家々の婦女の勤労が、今とは全く異なる評価法に支配せられて居た時代には、彼等は其生涯の記念塔を刻むやうな情熱を以て、神と男たちの衣を織るべく、一線づゝの苧を繋いで居たのであるが、之を市場に托するやうになれば、其価は確に骨折に償はなかつた。新たなる衣料はこれに比べると、実にをかしい程得やすかつたのである。だから麻しか産しない寒い山国でも、次第に麻作を手控へて木綿古着を買ひ、又は古綿を買ひ入れて打ち直させ、それから買縞の荷がまはるやうになつて、終にめい〳〵の機道具を忘れるに至つたので、最初から斯うなることを予期して、乗りかへた者は無かつたのである。是をもし一つの機運と名づけるならば、原因は遠く溯つて村々の人の心理に在つた。門を叩かれて漸く戸を開いたのでは無いのである。

強ひて恩を構へる迄も無く、我々の色の歴史は不思議なやうに、文化の時代相を映発して居る。始めて日本に木綿の日が東雲《しのゝめ》した時には、新しい色と謂つても算へるほどしか無かつた。人は今考へたら笑ひたい位の単純なる色を、染めて着て嬉しがつて居たのである。さういふ中にも正紺の香は懐かしがられ、縞は外国から入つて来た流行らしいが、それにも我々の好みは加はつて、絹の色糸などがつゝ、ましやかに織り込まれ、斯邦でより見られない発達を遂げたのであつた。絹の縞織などは起りは古いかも知らぬが、後には寧ろ木綿の趣味に追随する観があつた。ところが新たに縞を知らぬ国々と交際してから、却つて木綿を絹らしく見せようとする努力が始まつたのである。それから又一方には、毛織物とも近づかうとして苦労をした。メンといふ語を頭に載せた色々の織物は、すべて此際を以て出現したのであるが、其中でも綿フランネルなどが殊に沢山の逸話をもつて居る。無地や染模様に幾つもの理想を抱いて居りながら、肝腎の染料が思ふやうには得られなかつた。仮に粗末な品で間に合はせようとすれば、直ぐにぼやけて浅ましい色になり、地質の良くないのと相助けて、何の為に此様なものを着て居るのかと舌打ちするやうなものをよく見かけた。それが程無く外国の補給によつて、先づ一通りの色だけは具はつたもの丶、実はまだ自分の能力では無かつたのである。世界大戦時代の貿易杜絶によつて、その弱点が明白に露はれ、国内の生産者が共々に慌てた光景は、全く何かの判じ物のやうにも思はれた。それが朝野の苦心の結果、大正四年の染料医薬品製造奨励法などとなつて、兎に角一時を間に合せたのみならず、躓きながらも結局は染料国産の、前途を拓いて行く機縁となつたことは、ちやうど今日の思想界とも似て居るのである。

モスリン工業の急速なる発達の跡は、その一種の中間性に於て、人力車などの経過と共通した点が多い。尤も此方は最初は模倣であつたが、即座に我々は之を日本向きと化し、後には又他で見られない特産として認めさせた。さうして是がどの程度までに、国の生活の実際と調和し得るかを、遅くなつてから発見したことも同じである。原料の羊毛が果して国内の生産を期し得るかどうか、それを何れとも決し得ないまゝで、着手したことは無謀のやうであるが、そんな事には構つて居られないといふ事のみは、既に木綿の方でも経験して居る。兎に角に、自分で作つて見なければ損であり、又精確には国内同胞の要求に追随することも出来なかつたのである。勿論此要求は稍ゝ気まぐれに、始終変つて行くものであつた。僅か行き過ぎて振りかへつて見ると、流行の弱点などは誰にでも心付くものである。たとへばモスリンが塵埃に化し易く、衣類を一年半季の消費物として、家の予算を組む習慣を強ひられることは、後には明白になつて来たのであるが、少なくとも我々は之に由つて、又新しい経験を積み添へた。一言でいふならば獣毛も着らるゝこと、古来一疋でも羊を飼つた覚えの無い百姓でも、其毛を取り寄せて織らせて着ることの出来る世の中に、もうなつて居るといふ意識である。是が将来何を着るべきかの問題を決する為に、重要なる参考資料であることは言ふ迄も無い。以前は玩具に近かつた毛糸の利用普及、それよりも更に顕著なる厚地毛織物の生産増加、殊に染色応用の技術進歩が、悉く過去数十年の、唐縮緬文化を苗床として居たことを考へると、これは確に無益なる実験では無かつた。問題はたゞその次々の実験の途中、やたらに理想的だの完成だのといふ宣伝語を、真に受けることがよいか悪いかで、所謂生活改良家は少しばかりその説法がそゝつかしかつた様に思はれる。

絹と人造絹との新旧両端の織物も、共に此意味を以てもう一ぺん試験せられるだらう。絹が忘れる程古い昔から有る故に、誰にも向くといふことの言へない如く、一方も亦最後に出たのだから、あらゆる階級の註文に応じて居ると迄は言ひ得ない。しかも新たに発明せられたものは固より、久しく伝はるものにも各ゝの用途はある筈だから、我々は先づ其領分を劃定する必要を見るのである。全体に季節境涯その他、是ほど千差万般の身の望みを持ちながら、少しく有合せのものを着るといふ辛抱が強過ぎたが、実は今までは色と形と、其価とより他のことを考へる者が、少なかつたのだから致し方は無い。色は其中でも最近百年間の国民共同の研究問題であつた。それが明治に入つて天然と人文との、二つの禁色を解放せられたのだ。自由は我々を眩惑せしめたのである。それを今頃になつて元の穴へ、再び押し込むなどといふ事は出来るものので無い。寧ろもう一歩を進めてあらまし此問題を片付け、それから少しづゝ他の点に及んだ方がいゝ。和田三造画伯の色彩標本は五百ださうだが、それを千五百にも増加したら、もう大抵は索引によつて順ぐりに引き出すことが出来るだらう。幸ひに我々は隠れた永年の演習によつて、幾らでも新しい色を空想し得るだけの能力を養はれて居た。さうして之を実際の物とする学術は、向ふの方から近よつて来たのである。世界の国々との色彩の交易に於いても、既に多くの珍しいものを供給した。我々は必ずしも輸入超過を苦しんで居ない。たゞ時々は過度の謙遜を以て、日本もまた他の太平洋の島々の如く、始終欧米服飾の趣味流行に、引き廻されて居るものゝ如く考へることを、弱点とするばかりである。

七　仕事着の捜索

ヨウフクといふ語が既に国語であると同じく、所謂洋服も亦とくに日本化して居るのである。なまじひに其文字の成立ちを知り、此着物の伝来を詳かにした者が多い結果、いつ迄も我々は之を借物だと思ふ癖を去ることが出来ない。始めて朝廷が礼服の制を改定せられた際には、或は寸分も違はず何れかの一国の風を移すこと、たとへば大和の都で唐式を採択せられた如くであつたかも知れぬが、尚本元の正しい着方までを学び取ることは容易で無かつた。下に鼓動する心臓の問題は別にして、単に外形の上から言つても、槍や弓術で作り上げられた骨格が之を引掛けたのだから、同じ形とは見えなかつた。所謂鰐足が非常に気になつたさうである。或は牧師のやうにいつもフロックコートを着て居る人がある。朝から燕尾服を着てあるく礼儀もあつた。既に其頃よりして一種洋服に近い衣物と、謂ふ方が当つて居たのである。それでも晴の衣裳は初から窮屈なものときまつて居たから、絶えず手本に照して訂正することもあつたらうが、是が常着であつては借物で通せる道理が無い。追々に自己流を発揮して行く方が当り前である。我々は寧ろ今日の程度にまで進んで身を矯めて新服に調和させようとした、無邪気さに歎服してもよいと思つて居る。

或は人によつては稍ゝ進み過ぎた決断のやうに、感じて居た者もあるか知らぬが、所謂洋服の採用を促したものは、時運であり又生活の要求であつた。兵士が顕著なる一つの例であるが、つまり明治四年に於て既に新たなる仕事着をさがして居たのである。兵士の仕事着はもう古いものが用ゐられなくなつて居た。ちやうど近頃の勤労者も同じやうに、仮に独立して工夫をして見たとしても、やはり上下二つになる衣袴《いこ》を考へ出すの他は無いのであつた。是には勿論洋の字の附くものを、新しいと喜ぶ心持が手伝つて居る。或は晴着に洋服を用ゐんとした人々の、感化といふことも考へられぬことは無い。併し単なる模倣で無い証拠には、最初から必要なる変更を加へて居たのである。例へば学生が制服に足駄をはき、ズボンに帯を巻いて手拭を挟んだりすることは、三四十年前から今も続いて居る。地方の郵便集配人には、足だけは和装のものが初から普通であつた。兵士でも警察官でも、最も真剣な働きの際には、屢ゝ是に近い改良が必要と認められて居た。夏の旅人には時々は臍から下だけの洋服を着て行くものがあり、俄雨のぬかるみの中では、靴を下げて素足で通る人さへあつた。実際日本の気候風土、殊に水田の作業を主とする村々に於ては、晴着以外の目的に寒い大陸の国の服装を学ぶことは、何よりも先づ足が承知をしなかつたのである。即ち生活の必要が之を日本化させたといふよりも、単に落想を外国人から得た新たなる仕事着と、言つた方が寧ろ当つて居るのである。

　婦人洋服の最近の普及と共に、此推定は一段と明白なものになつた。敢て事々しく動作を敏活にする為などといふ説明を添へずとも、親しく現在の実景を見た程の人ならば、是が小児服同様にたゞ愛らしくする目的に出でたものと、考へる者などは恐らくはあるまい。働かうといふ女たちに働くべき着物も与へず、今まで棄てゝ置いたのが済まなかつたと言つてもよいのである。勿論女の仕事着も元は確にあつた。日本はなか〳〵女のよく働かされた国で、仕事着が不要なほど悠長な暮らしは少なかつたのである。ところが理由あつて中央の平坦部などには、その仕事着が早く廃れてしまつた。西洋の田舎でも、女がよい服よい靴の古びて仕方の無いものを、畠で着て居るのをよく見かけるが、殊に日本には女に余分の晴着が多く、その中の一等悪いのが、下して間に合せに用ゐられたのである。是には団体の作業が少なくなつて、めい〳〵の出立ちを八かましく言はぬやうになつたことも、原因の一つに算へられるが、それよりも大きな理由は衣服が得やすく且つどし〳〵と古くなることであつた。今日の女の常着は以前の晴着であつた。即ち、上﨟のよそ行きの衣の型であつた。しかも之を裾引いて居られる女性は、実際は町にも少なかつたので、乃ち襷を応用して長い袖をまくり上げ、褄《つま》を折りかへして重くるしい帯を蔽うたのみならず、更に色々の見にくい身のこなしを忍んでまでも、此なりで尚働かうとしたのは殊勝であつたが、今から考へると無理な苦労であつた。ヨウフクの発見は至つて自然である。保守派の長老たちの人望の無いのは、この突飛なる躍進を賛成せぬばかりか強ひて此事情を述べようとすると、然らば今一度昔の仕事着に戻れと、言ひさうな顔をすることである。それが諾々として服従し得ることか否かは、実物を一見すればすぐにわかる。昔の仕事着は、先づ最初に男女年齢の差別が余りに少なく、一様に色が鮮かで無い。それに名称が何分にも古臭い。各部分を比べて見るとさう大して最新式の仕事着と違はぬのだが、上着の至つて短いのを腰きりだの小衣《こぎぬ》だのと謂ひ、下にはく袴をモンぺだのモッピキだのと謂つて居る。前掛は町に保存せらる丶唯一つの仕事着であるが、是は細長く前に垂れ、村にあるものは横広く腰を纏うて居る。足には手甲を附け脛巾《はゞき》を巻き、冬は大幅の布を三角に折つて頭に被り、足には藁靴を穿くのが通例であつた。夏の仕事着には裸といふ一様式もあつたが、女は勿論そんな流行を追はなかつた。袖無し単と腰巻との単純な取合せは、殊に盛装する女性に疎まれて居るやうだが、あれが一番に今の流行と近い。色と模様と僅ばかりの裁ち方を改むれば、これを日本の新しいヨウフクだと、名乗つても別段差支は無かつたのである。実際又この仕事着の方にも、明らかに各時代の新意匠は加はつて居たのである。たとへば木綿が出現すれば次々に之を採用し、紀州ネルが起れば之を腰巻にも角巻にもしたのみならず、花やかな染色が多くなると共に、其好みによつてめい〳〵の年頃を見せようともしたのであつた。守つて変らなかつた一点は労働本位と、古くからある肩と裾、襟と袖口などの僅なる飾りであつた。即ち是からもなほ幾らでも改良することが出来たのである。新しい洋服主唱者にもし不親切な点があるとすれば、強ひてこの久しい行掛りと絶縁して、自分等ばかりで西洋を学び得たと、思つて居ることがや丶それに近い。さうして多数の為に問題を未決にして置くのが、どうもまだ本当では無いやうである。

未決の問題はいつでも足もとにある。靴は外国でも働く女たちが常に困つて居る。独り其入費が高くつくといふだけで無く、是を人並に間ちがひ無く穿いて居らうとすると、如何に簡単な衣服を着ても、やはり十分に働くことが出来ぬからである。是も木靴を再現するわけにも行くまいから、或は行く〳〵日本に来て見て、鼻緒の附いたものを学ぶ様にならうも知れぬ。此方では靴の歪み潰れを案外に気にして居ないが、何しろこの通りの土と水気では、到底あんな物を誰でもはくといふわけに行かない。男ばかりが護謨の長靴などを穿いて、女はどうともせよと棄てゝ置くらしいのは悪いと思ふ。其上にもう一つ気になるのは、住宅の方との関係である。靴は其本国では脱ぐ場所が大よそ定まつて居る。さうして極度の馴々しさを意味して居た。ところが我々の家では玄関の正面で、是と別れるやうに構造が出来て居る。一日のうちにも十回二十回、脱いだり突つ掛けたりする面倒を厭うては、休処と仕事場との聯絡は取れぬので、それがまた世界無類の下駄といふものが、斯様に発達した理由でもあつたのである。衣服ばかりが単独に洋化するわけには行かなかつた。大工の技芸も根本から改まるか、さうで無ければ上り口に手洗ひ場を設けるか、我々の清潔癖が緩和するか、もしくは指で摘まんで物を食べる慣習でも罷めぬ限り、靴は到底常人の仕事着に、従属する資格をもたぬのであつた。全体に是は斯ういふものなのだと、あきらめさせる訓育がよく行はれて来たが、其中では働く者にこの暑苦しさを我慢せしめることが殊に無理であつた。それ故に流石に此点だけは背く者が多いのである。汗の悩みは日本の女たちの、永い間の試錬であつた。それは幸ひに靴の一点を除いて、今は先づ解除せられようとして居るのであるが、男はまだ大いに苦しめられて居る。厚地綾織類の詰襟の汚染を見ると、せめて日本が北緯四十度以上の大陸国でもあつたらばと、悔む者も少なくはないと思ふが、これにも何かは知らず一つ〳〵の理由は有つたので、たゞ其思案が隅々に及ばなかつただけである。我々の仕事着はまだ完成して居ない。単に材料と色と形とが、自由に選り好みすることを許されて居るといふまでである。

八　足袋と下駄

明治三十四年の六月に、東京では跣足を禁止した。主たる理由は非衛生といふことであつたが、所謂対等条約国の首都の体面を重んずる動機も、十分に陰にははたらいて居たので、現にその少し前から裸体と肌脱ぎとの取締りが、非常に厳しくなつて居るのである。是が恰かも絵と彫刻の展覧会に、最も露出の美を推賞しなければならぬ機運と、並び進んだのは不思議なる事実であつたが、是よりも更に大いなる一つの問題が今尚解決せられずに残つて居るのである。我々が足を包まうとする傾向は、実はもう久しい前から現はれて居た。或地の法令は単に之を公認し、又幾分か之を促進したといふに過ぎぬので、人が足を沾《ぬ》らして平気で居てもよいか悪いかは、寧ろ新たに東京の先例に由つて、考へさせられることになつた次の問題である。最初の跣足禁止は足と地面との間に、何か一重の障壁を設ければよかつたので、或は草鞋の奨励と謂つた方が当つて居た。草鞋は通例足の蹠よりもずつと小さく、それで泥溝をあるいて大道に足形を附けて行く光景が当時の漫画界の題材とさへなつて居た。斯ういふ人たちででも無いと、もうその頃には跣足では歩かなかつた。しかも傘は頭しか隠さず、蓑は既に流行におくれ、雨だけは依然として横吹きに降つて居たのである。裾をからげて脛を天然の雨具とする以外に、是ぞといふ便法も発明せられずして、大正終りの護謨長時代まで遣つて来た。だから手拭は本たうは足拭であり、洗足の盥は家々軒先の必要器什であり、跣足禁止はまだ少しでも根本の解決では無かつたのである。

それが忽ちにして今日の足袋全盛となつたのは決して法令の力では無いのである。武家階級の上下を一貫して、素足はもと礼装の一部であつた。人が是で無くては存分に走り廻れなかつたこと、それから革足袋が本来沓《くつ》の一種であつたことを考へると、別に意外な話でも無いか知らぬが、後に木綿の柔かな足袋が、家々では普通に用ゐられるやうになつても、尚病身又は老年を理由にして、毎冬殿中足袋御免を願ひ出でなければならなかつたのである。一方庭前に控へて居る位の身分の者は、当然にそんなものは許されて居なかつた。即ち独り田に働く人たちだけで無く、一般に足袋は仕事着の品目に算へられなかつたのである。察するに寒い冷たいが最初の理由で無く、やはり又木綿の物珍しさ、或は肌にふつくりと迫る嬉しさともいふべきものが、偶然に之を我々に結びつけ、後には習ひとなつて、無いことを不幸と感ぜしめる迄になつたのであらう。出井盛之君の「足袋の話」は、我々に此問題を考へさせた最初の本であるが、あれから以後も工場は東西に競ひ起り、機械と工程とは次々に改良を加へられ、統計に出て来る年産額のすばらしさは、殆と人間に足が幾つあつたかを、もう一度考へさせる位である。人は昔のまゝでも、足の生活だけは少なくも変化した。足袋は乃ち仕事着の一部になつたのである。是も始にはたゞ余分な古物の利用であつたらうが、程無く専用の跣足足袋、地下足袋などといふ名が現はれた。護謨や金色の小はぜの興味が、之を誘うたやうにも考へられて居るが、結局はやはり靴の間接の感化と見られる。近頃交際し始めた西洋の諸国が、今少し南の方に在つたならば斯うはならなかつたらう。帽子襟巻手袋耳袋、凡そ我々の採用した身のまはりは殆と例外も無く皆防寒具であつた。防寒具の完備は勿論冬を面白くしてくれた。しかし足を沾らすことを気にすること、足袋の役立つ仕事を好むといふことは、可なり我々には大きな事件である。我邦の水田はどし〳〵と排水して行くが、是から出て行く先には沼沢が多い。足を沾らして働くやうな土地だけが、僅に日本人の植民には残されて居るのである。

男女の風貌はこの六十年間に、二度も三度も目に立つてかはつた。それは単なる御化粧の進歩では無いのである。男の方でも男らしさの標準といふものが、誰定むるとも無く別なものになつた。さうして常に現在のものが正しく、振り反つて見れば皆少しづゝをかしい。肩を一方だけ尖らせて跨いであるくやうな歩き方もあつた。袖を入れちがひに組んで小走りする摺足もあつた。気を付けて見ると、何れも履物の影響が大きかつたやうである。下駄は最初から、決して今のやうに重宝なものでは無かつた。著聞集には小馬を足駄だと謂つた人の話があるが、駄といふからには何か基づく所はあつたのである。兎に角に僅か一筋の鼻緒を以て、之を御して行くのは練習を要することで、この足の指の技能にかけては、独歩の誉は日本人に属して居る。一方には又色々の意匠と改良があつた。下駄屋は比較的新しい商売であつた。それが江戸期の末の頃になつて、盛んに商品の種類を増加し、更に明治に入つてから突如として生産の量を加へた。桐の木の栽培は是が為に大に起り、しかも国内の需要を充たすことが出来なかつた。褻にも晴にも一度でも公認せられたことの無い履物であつたが、其普及は此の如く顕著であつたのは、やはり亦足を汚すまいとする心理の表はれであつた。藁沓藁草履の衰運は此際を以て始まり、いよ〳〵簡単なる護謨靴の進出に遭うて、其最後をとぢめられた。個々の農家に於ては又一つ、金で買ふべき品物の数を加へたのである。全体に藁の履物を下賤なもの、貧乏くさいものと考へるのは誤解であつた。又一つ是は一つには粗製でも間に合ふ場合には、強ひて体裁を構はなかつたこと、又一つには無頓着に、古く破れたものを折々は穿いて出た為で、現在は既に此工芸は衰へたけれども、土地によつてはまだ精巧なる作品を存して居る。たゞ大なる不利益は産物が都市に属せず、また工場の大量産出に適しないことであつたが、麻布などと違ふのは、生産の労費は他の何れの品よりも低い。村に此技術の続かなかつた理由は、主として古風であり町の流行で無かつたといふこと、人が独立して各自の必要品を、考へ得なかつたといふことに在る。さうして斯ういふ例は他の方面にも多いやうである。我々の衣服が次々に其材料を増加し、色や形の好みは目まぐろしく移つて行きながら、必ずしも丸々前のものを滅ぼしてもしまはず、新旧雑処して残つて居たといふことは、乱雑なやうだが又好都合なことでもあつた。仮に各人が自分の境遇、風土と労作との実際に照して、遠慮無く望むこと又困ることを表白し得るやうになつたとしたら、もう一度改めて斯ういふものゝ中から、真に自由なる選択をして、末にはめい〳〵の生活を改良する望みがあるからである。

九　時代の音

私の新色音論は、つい眼で見るものゝ方に力を入れ過ぎたが、是は誠によんどころ無いことであつた。音は色容の如く曾てあつたものを、永く以前のまゝで保留しては居ない。現在の新しい世代を代表する音の中にも、確に若干の元からあるものを含んで居るのだが、これを聴き分け又人々と共に味はふといふことは六つかしく、従つてその善し悪しに就いて、選り好みをすることが出来ない。それ程我々は新たに現はる ゝ一つ〳〵の音の為に、心を取られてしまひ易かつたのである。人が天然の快い物の音を記憶して、学び伝へようとしたものは僅であつた。楽器はその構造が単純であつて、多くの約束によつて辛うじて其聯想を繋ぐばかりであつた。人の音声は幾分かそれよりも自由で、稍ゝ適切なる模倣を為し得たかと思ふが、後々内容が複雑になつて来ると共に、次第に分化して符号のやうな言葉だけが激増したのである。色とは違つて人間が何の目的も無しに、作り出した音といふものも非常に多い。しかも其大部分は今までの音よりも、珍しく又力強く人の心を動かしたのであつて、所謂騒音の世界が我々を疲らすものであることは、まだ近頃まで心づく者が無かつたのである。

耳を澄ますといふ機会は、いつの間にか少なくなつて居た。過ぎ去つたもの ゝ忘れ易いは言ふまでも無く、次々現はれて来る音の新しい意味をさへも、空しく聞き流さうとする場合が多くなつた。香道が疲る ゝ嗅覚の慰藉であつたやうに、音楽も亦これ等雑音の一切を超脱せんが為に、慾求せられる時代となつて居るが是に由つて人の平日の聴感を、遅鈍にすることなどは望まれない。のみならずその色々の音響にも、一つ〳〵の目的と効果とがあるので、それを無差別に抑制しようとするのも、理由の無いことであつた。古来詩人の言葉で天然の音楽などと、形容せられて居る物の音の中には、実は音楽では無くてそれよりも更に楽しいものがある。都市のざわめきは煩はしいもの、やうに思はれて居るが、曾ては其間にも我々の耳を爽かにし季節の推移を会得せしめるものが幾つかあつた。衢《ちまた》を馳せちがふ車の轟きや、機械の単調なる重苦しい響きまでも、人によつては尚壮快の感を以て、喜び聴かうとして居るのである。闇が我々を不安に誘ふ如く、静寂は常に何物かの音を恋しがらせる。殊に人間の新たに作り出したものは、たとへ染色のやうに計画のあるものでは無くとも、兎に角に相互ひの生活を語り合つて居る。人は即座にそれが何であるかを解し、もし解し得なければ必ず今の音は何かと尋ねる。即ち音は欠くべからざる社会知識であつた。それを批判も無く又選択も無しに、一括して憎み又は避けしめようとするのは誤つて居る。行く〳〵是も亦綿密に整理せられ、色と同様にこの共同生活の立場から、各〻の価値を定められる時が来ると思ふ。

全体に一つの強烈なる物音が、注意を他のすべてから奪ひ去るといふ事実は、色の勝ち負けよりも更に著しいものがあつた。それ故に企て、所謂一種異様の響きを立て、之に由つて容易に中心の地位を獲ようとする濫用が、時としてはあつたやうである。殊に近頃までの日本人は、一般に其誘惑に対して弱かつたと見えて、明治に入つてからも誠に珍しい経験をして居る。よほど以前にも私はこれを社会心理の一問題として提供して置いたが、それにはまだ別の解釈を示した学者も無かつた。平和なる山の麓の村などに於て、山神楽或は天狗倒しと称する共同の幻覚を聴いたのは昔のことであつたが、後には全国一様に深夜狸が汽車の音を真似て、鉄道の上を走るといふ話があつた。それは必ず開通の後間も無くの事であつた。又新たに小学校が設置せられると、やはり夜分に何物かゞ、その子供等のどよめきの音を真似ると謂つた。電信が新たに通じた村の狢は、人家の門に来てデンポーと喚はつた。其他造り酒屋が出来ると、季節はづれに酒造りの歌をうたふ者があり、芝居が済んで暫くの間は、やはり空小屋の中で囃子拍子木の音をさせるといふ毎夜の噂があつた。斯ういふ類の話は決して一地方だけでは無く、而も一家近隣が常に共々に此音を聴いたと主張するのであつた。新しく珍しい音響の印象は、深く濃かなるものがあつたらしいのである。我々の同胞の新事物に対する注意力、之を多数の幻に再現するまで、深く濃かなるものがあつたは、是ほどにも己を空しうし、推理と批判とを超越せしめるものがあつたのである。其後余りにも頻繁なる刺戟の連続によつて、この効果は頗る割引せられることになつたが、尚言論の如きは音声の最も複雑にして又微妙なるものである。是が今までさういふ形式を知らなかつた人々を、実質以上に動かし得たのも已むを得なかつた。故に音楽の流行がもし我々の音の選択、即ち特に自分の求むるものゝみに耳を傾けさせる習慣を養うてくれるならば、それは確にこの生活を平穏ならしめる途である。さうで無い迄も此世には既に消え去つたる昔の音が多く、今尚存在して稍ゝ幽かに、もしくは是より新たに起らんとするものがあつて、或ものは甚だ快く又或ものは無用にしてしかも聞苦しく、最も美しいのは必ずしも高く響いて居るもので無いといふことを、知らしめるだけでも一つの事業であらう。聡明は決して現在の特に強烈なるものに、動かされ易いといふ意味では無いのである。昔は縁の下に蟻が角力を取る音を聴いたといふ話がある。それ程で無くとも心を静めて聞けば、まだ〳〵面白い色々の音が残つて居る。聞き馴れて耳に留まらなくなつたのは、叢の虫梢の蟬だけでは無く、清らかなるものゝ今や稀になつたのは、野鳥の囀《さへづ》りのみでも無いのである。新たに生れたものゝ至つて小さな声にも、心にかゝるものは多い。ある外国の旅人は日本に来て殊に耳につくのは、樫の足駄の歯の鋪道にきしむ音だと謂つた。然り、是などは確に異様である。さうして又前代の音では無かつた。

米の力

一

食物がその素材と調理法、及び之を摂取する様式の如何によつて、それ〴〵に大きな効益の差等があることは、昔の人たちもよく知つて之を守つて居た。たゞその根本の理論と認むべきものが、全く現今の栄養説とは懸け離れて居たのみである。果してこの二つの法則の間には何程の交渉があるか。又結果から見てどれだけの用意の足不足が見分けられるか。古人が予め我々の学問を理解し得なかつたのは是は致し方が無い。後から来る者は一通り前車の轍の跡を視て、徐ろに其研究の進路を決すべきではなかつたか。例によつて一見甚だしく平凡な、小さな問題から新たなる考察を開始する。斯ういふ中にこそ屢ゝ研究家と自称する者の注意を逸し、折角遺つて居る肝要なる事実の、利用もせられずして消え去るものが多いからである。

先づ力餅といふものゝ話をして見たい。私などが草鞋の旅をして居た頃には、諸国の峠には頂上に多くは茶屋があつて、店先に餅を売つて居た。餅に名があれば必ず力餅で、名前以外には何のかはつた点も無い只の名物であつた。最近の所謂ハイカアたちも、まだ折々は其残留に接することを得るだらうと思ふ。たとへば筑波山の上などでもたしか売つて居る。精々力を出してもう登つてしまつた処に、今さら何の力餅だといひたくなる人が多い為か、大抵は弁慶とか曾我五郎とか、歴史上の力士の名に托し、現に讃州屋島の寺には、その武蔵坊が用ゐたといふ虫ばんだ餅臼まで伝はつて居るのである。

今ある横杵の馬の顔のやうな形のものが入つて来る迄は、臼は専ら家々の女の役であつた。餅には限らず一切の穀物は、すべてかよわい手によつて調製せられて居たのである。其臼が什宝として大事に保管せられるといふことは、簡単明瞭にもう力餅といふ名の起りが、忘れられて居る証拠と言つてよからう。弁慶が搗いたのが始めとしても、もしくはたゞ立寄つて食べたとしても、それで力餅といふやうになつたといふのが実はをかしいので、乃ち如何にして斯様な名が生まれたかゞ一つの問題になるのである。我々の方法は必ずしも煩雑でない。たゞ若干の忍耐を以て、同じ言葉が国中を通じて、どんな場合に用ゐられて居るかを見て行けばよいのである。即座に確実なる答は与へられぬかも知れない。しかし少なくとも変遷の路筋は判つて来る。さうして段々に根源に近よつて行かれる。力餅は言はゞたゞ一つの実例であつた。

二

餅はたべるものである。之を食べる者に力が附くといふのでなければ、多分は力餅といふ名は与へられなかつたらう。実際私たちの集めた府県の類例は、殆と例外も無く皆それであつた。其中で何れの地にあるのが古く、どこのが新しい応用であるかは、後に追々と考へて見るとして、先づ餅と縁の深い正月の力餅から始めると、越後は北蒲原郡の紫雲寺郷の一部などで、力餅といふのは小正月の飾りにした餅団子を、小豆粥の中に入れて食べるもの、名である。此粥を煮る日は他では通例十五日の朝だが、此土地だけでは正月二十日になつて居る。この餅を多く食へば食ふほど力が出ると謂つつて居る。同じ飾り餅は又一重ねの上の方だけを火に焼いて、朴の葉に包んで天井につるし、春の鍬おろし即ち初田打ちの日まで置くことにして居る。其日之を食して力を出す為と説明せられる(高志路二巻一号)。馬耕が普及するまでは、実際春田の打起しは最も骨折な男の仕事であつた。

十五日の小豆粥にはどこでも必ず餅を入れる。元旦を年始にして居る土地では、大抵は御飾りの鏡餅をこわして入れ、又は其為に別に小餅を用意して、それを早暁の左義長の火で焼いて来る例もある。此餅には幾つかのかはつた名があるが、それを又力餅といふ土地があり、佐渡の松ヶ崎などは其一つであつた(佐渡年中行事)。加賀の鳥越村では、此日左義長の火に焙つて食ふ餅を力餅といひ(能美郡誌)、こゝでは必ずしも粥の中には入れぬらしい。其餅は現在は既に小児の楽しみばかりになつた処もあるが、多摩川両岸の村々などではまだ正式の食物で、わざ〳〵其為に作つた三つ股の木の枝に、三つの団子を刺したのを、主人が自ら携へて焼きに来る者もある。但しこゝでは之を力餅とは謂つて居ない。

三

力餅を新年の正式食物とする又一つの例は、中国では鳥取県の西半から島根県の出雲にかけて、可なり濃厚に現はれて居る。全体にこの地方の諸種の民俗には、特色ある変化が見られ、久しく我々の総括的調査を望んで居る区域であるが、この力餅の問題の如きは、殊に看過し難い暗示を投げかけて居るやうに見える。それでやゝ詳しく各地の仕来りを比べて見ると、先づ東の方では東伯郡以西村などの力餅は、正月歳徳神の供物だと謂つて居る。米を茶碗大に握つて外を餅で包んだもので、是を新米の俵二つを並べて新しい莚を敷いた上に、膳部と共に供へるといふ(因伯民談四巻一号)。西伯郡の法勝寺村では、此餅を力起しの餅とも呼んで居る。正月の鏡餅を作る日に、ふかしたまゝの糯米を餅で包んで、椀を伏せた形に二つこしらへ、神棚に上げて置く。

是を春さき雪が止んで雷の鳴る日に、取卸して家内一同で食べる(五倍子雑筆四)。初雷の鳴るまでは黴が生えても決して食べてしまはない(近畿民俗一巻一号)。同じ郡の弓浜半島の村々でも、強飯を餅の形につくねたものが力餅で、やはり正月にこしらへ、之を鏡餅と共に三宝の上に載せて、楪葉《ゆづりは》橙海老ひじきなどで飾るといふ(民俗芸術二巻一号)。後に日を定めて食べるのであらうが、其点はまだ報告せられて居ない。それから島根県に入つて出雲の能義《のぎ》郡でも、此餅を食べることを力祝と謂つて居る。其日は正月の二十四日であるが、やはり暮の餅搗きの際に、半搗きの餅を主人の茶碗で型に取つてこしらへ、歳徳さんに供へて置くといふから(広瀬町誌)、餅の名も力餅であつたことは想像せられる。八束半島の外海岸野波の村などでも、暮の二十八日の餅搗きの日に、同じく半搗きの餅を主人の為に、主人常用の茶碗に一ぱい取つて置き、それを二十日正月の日になつて家内一同で食べる(桜田勝徳君報)。

右の幾つかの例を比べて見ると、力餅を供するものは年神と家の主と、二通りに分れて居るやうであるが、方式目的が同じである故に、以前は二つであつたものを省略して、後に何れかの一つにしたのかと思ふ。簸川《ひかは》郡などは村によつて、近い頃まで二通りこしらへて居た者もあつたらしい。爰でもまだ十分に搗かない、米の形の見えて居る餅が力餅で、それを主人の茶碗で型に取つて円め、正月に散米栗柿橙鰑など丶共に三宝に載せて床飾りにする。二十日正月の日に焼いで食べると力が強くなると謂つて居るが、別にこの以外に大きな黒椀につめて作つたのを神前に供へ、それを食べると大力を授かるともいふ家があつたさうである。どうして此餅だけを半搗きにし、もしくは蒸したばかりの糯米をつくねて作るかは、まだ我々には説明することが出来ぬが、同じ簸川郡でも海に面した北浜村あたりでは、暮の餅搗きの日の杵に附いただけの餅を、別に茶碗に取つて之を三宝の上に飾り、やはり力餅と称して二十日に家内中で食べるといふから(瀬川清子君報)、是も「臼ばた」や「手のくぼ餅」と同じ様に、それだけは餅の調製に参与したもの、所得と、認められる慣習があつたので、しかも此地方の正月の御供餅は、家主夫婦が自ら搗くのを原則として居たといふから、之を最初から二人の食分に、指定せられたものと見ることが出来たのであらう(身の上餅の条参照)。

四

是とほゞ似た行事はなほ弘く行はれて居る。たとへば長門の沖の見島では、暮の餅搗きには最初の二臼は小餅、三臼目を以てオイハヒサマ即ち鏡餅を取る。その御祝を搗くに先だつて、蒸したばら〳〵の糯米をすこし、一升桝に取つて神様に上げるが、是を力餅と称していたゞくと力が附くと信じて居る(見島聞書)。筑前の志賀島などでは、力餅は正月に荒神様に供へた餅のことだが、之を七日に卸して下に敷いて居た白紙に包み藁で結んで置き、十四日のオミ即ち雑炊の中には是非之を入れ、その又一部は同じ日のオニスベ即ち火祭の際に、之を七軒の家の火で焙りそめをして食べ、更に翌十五日の小豆飯の中にも入れる。この力餅は必ず一家の者だけで食べ、他人には分けてはならぬとして居る(桜田君報)。肥前の三養基郡にも正月の二十日力餅を食べると病気をせぬといふ俗信がある(佐賀県下の食生活)。それをいつ搗くとも報じては居らぬが、多分は是も亦新年の御供又は御飾りで、此日の為に特別に残して置いたものであらう。

農民が特に力の必要を感ずるのは、春のかゝりの耕耘の際であつて、その季に先だつて力餅を食べようとしたのは自然であるが、是もよく見ると正月と関係がある。以前のトシの始は今よりも遥かに遅く、いよ〳〵農作の営みに入らうとする旧三四月の候だつたかと我々は想像して居るが、それはとにかくとして、此頃にも亦力餅を搗く土地は多い。たとへば飛驒では苗代餅、即ち苗代田を打ち起す日に作る餅を力餅とも謂つて居る(ひだびと四巻五号)。この餅が実際に田仕事の開始を宣するのである。今でもあるか否かは知らぬが、秋田県の北部には草の力餅といふのが元はあつた。是も春田打ちの初めの日に、之を家々で搗いて田へ持つて行くので、少し早過ぎると思ふが、此辺では旧二月十五日過ぎのことだと謂つて居た(芒の出湯)。中央部では大阪府下中河内郡などの村々に、力餅の日といふのがあつて大抵は旧五月末の或る日であつた。重きを畠作に置く地方なるが為か、麦の穂が赤るんで来ると、区長が気候と作物の様子を考へて此日をきめ一日休ませる。力餅といふのを搗いて互ひに近所へ配るのが習はしであつた（近畿民俗一巻三号）。又力団子といふものをこしらへる慣行が又大阪市の附近にもあつた。日は六月一日で、淀川改修の記念日とも伝へて居るが、其名を秋休みと謂つたのを見ると（東成郡誌）、やはり農作に関係をもつ日であつたことが想像せられる。

五

我邦の民間暦に於ては、この六月朔日は一般に可なり大切な節日であつたかと思はれる。九州南部で万石朔日、中国で焼餅節供、東国ではムケの日だの衣脱ぎ朔日だのと、名は土地によつて色々とちがつて居るが、是が農業の労働と深い関係のある日であつたことはほゞ想像せられる。ちやうど田植の忙しさが絶頂を越えたばかりで、是から改めて草取りや水の心配にかゝるといふ際なのだから、多分は連日の疲労に向つて、一種の活を入れるといふやうな作用をもつて居たかと思ふ。現在は主として水の神の祭り日の如く考へられ、西の方では川祭、東へ来ると天王おろしとも謂つて居るが、目的は必ずしも灌漑用水の保障をしてもらふ為ばかりでなく、病難その他の身の弱りにつけ込む災厄を、何とかして免れようとする気持も籠つて居たらしい。さう思つて見ると、単なる休養とは見られないさまぐ〳〵の食物行事が、祇園の信仰などとは別に残つて居て、それがもう説明し難くなつて居る。其中でも特に注意せられるのは、歯固めといふ名の餅が朝廷では正月の初め、田舎でも或る村では同じく新春の食物となつて居るのに、処によつては之を六月朔日の行事として居ることである。奥羽から越後佐渡にかけては、この餅は元旦の暁に、若水を迎へに行く時に水の神に上げたものを、半分持つて還つて六月の朔日まで、貯へて置くことになつて居る。或は氷の餅といふ名だけあつて、たゞ寒餅をかき餅や「あられ」に切つて置き、此日改めて出して食べるものもあるが、東北では実際の氷餅になつて居て、白くぼろ〳〵として之を噛んで食べても、格別歯の修練にも何もならぬものである。それを藁で括つて大切に吊り下げて置き、うまくも無いけれども儀式としてこの日食べるのである。春のなかばの田打ち始めの日に、同じ行事をする土地もあるが、是は歯固めとは謂はない。通例は六月一日の節日を期して、之を家内の働く人々に分配すると、彼等はその一部を食べるだけで無く、咬み砕いて手足頸筋などに塗り付ける。蛇蚊に螫《さ》されて悩まないまじなひだと謂つて居る。餅にさういふ力が有るものと思つたのは則ち亦力餅の思想であつた。それが正月の餅であり、又六月に最も敬はなければならぬ水の神の御供であるといふ点に、その機能の源が在ると考へられたのである。歯固めといふ語は朝家の古い名ではあるが、之によつて求めなければならなかつたのは歯の安全だけではなかつた。故に最初は是にも又別の名があつて、後に凍らぬ堅餅をかり〳〵と噛むやうになつてから、新たに斯ういふ興味ある名が生まれたので、この都鄙二つの歯固めは、必ずしも別起原でも又は混同でもないと思ふ。南会津の山間の村などでは、元はこの六月朔日の餅を力餅と謂つて居た。さうしてやはり正月の若水に浸したものを、乾して置いてこの日食べたといふ(旅と伝説一一巻一一号)。捜したら他にも同じ例は有らうと思つて居る。乃ち是も亦正月の行事の延長であつて、たゞその適用を力の特に必要なる時期に移したゞけである。

六

山陰地方の顕著なる慣行を除くの外、近世の正月は力の最も入用で無い季節である故に、次第に此名の餅を食ふ意義を、忘れてしまつたのも無理は無い。しかも米の餅に其様な貴い力のあることを、丸々無視してしまふには至らなかつたのである。多分はそれから後に始まつたかと思ふ力餅が、又幾つと無く列挙し得られる。其一つとして可なり弘く知られて居るのは、産で弱つた婦人に食べさせるものである。佐渡の内海府でいふ力餅は、産の床を上げる日に新たな母に与へるもの、名で、是は乾餅だつたといふから(倉田一郎君報)、或は正月のものを保存して置いたのかも知れぬ。しかし他の多くの土地で聴くのは、時に臨んでわざ〳〵搗いたもので、しかも其時期が少しづゝちがつて居る。たとへば周防の防府附近では、妊娠九ヶ月目又は臨月に、里方より餅を送つて来るのを力餅と謂ひ（山口県産育習俗調査）、備中の浅口郡では、産後に食べさせる団子の味噌汁をチカマチといふが、是も力餅の訛りらしい。もう待つて居るものは無いからである。産婦に餅団子を与へて力を附けるといふことは、古くからの習ひと覚しく諸処方々に例がある。九州は小倉地方でもタヨリダンゴと謂つたのが、やはり味噌汁にした団子であつて、産婦に之を食べさせると腹を整へると謂つて居た（豊前二巻二号）。滋賀県の各郡でも産の翌日、もしくは七夜までの間に、嫁の里から餅を持つて来て食べさせる。産婦の腹をつくると称して、其一名を「はらわた餅」と謂ひ、北部伊香郡などでは又之を力餅と呼ぶ人が多い。三河の挙母《ころも》地方でも産後七夜の日に、大きな切餅を二つ、その上に紅で点を附けたものを紙に包んで贈つて来る。是も一部分産婦に給し、その名もハラバタ餅と謂つて居る。東京では土用の腸餅と謂ひ、暑気の盛りに餅を食ふ習はしは、産婦だけには限られては居ない。如何にも露骨な命名法であるが、腹に力が抜けたやうな気がするのを腸の欠乏のやうに解して、之を補充する為に餅を食はせようとするのだから、言はゞ食べる人の感覚に適切なる自然の名であつたのである。

七

力餅といふ名の餅を用意する機会は、分娩以外にもまだ二つある。その一つは愈ゝ弁慶の力餅に近くなるが、生まれて満一年の小児に、負はせたり抱へさせたりする為にこしらへる餅が力餅である。この風習は起りがもうよほど不明になつて居るけれども、殆と全国の隅々にまで行き渡つて居るから、古い仕来りであつたことだけは推測し得られる。土地によつては緑児が十二ヶ月前に歩くのを好ましからぬ兆候とし、わざと巨大な餅を作つて背に負はせ、それでもなほ立つて居ると、かゝつて突き転ばせたりする人たちもあるが、此方は却つて後に考へ出したまじなひの一種で、他では餅踏みと謂つてまだ歩かぬ児に新しい草履をはかせ、抱いて其餅の上に立たせたりする処も多いのを見ると、つまり第一回の誕生日に、誕生餅を搗く行事のみが昔からだつたのである。此餅を力餅といふ例は山口県の豊浦郡、こゝでは只その児に一升餅を搗いてかゝへさせるといふ(長門方言集)。愛媛県の宇和四郡、土佐の沖之島にかけても誕生餅を力餅と呼んで居るが、こゝではたゞ満一年の前に歩き出した児に、かるはせて歩かせる餅、即ちよそでは又タッタラ餅といふものだけが力餅で、普通は之を誕生餅と呼ぶさうである。誕生に餅を搗くまではどの道かはりは無いので、単に弁慶の生ひ立ち話にもよく聴く如く、あまり発育のよい児には鬼子などゝいふ不安を抱き、斯ういふ余分の警戒を加へることになつた迄で、力餅といふ名は其以前から既にあつたものかと思はれる。信州東筑摩郡の山間部落にも、初誕生の日に餅を多く背負はせ、又は五つの御供餅を以つて其子の頭肩膝などを叩く風習はあるが、其餅を翌朝家の者が、力餅だと謂つて食べることになつて居た(村の調べ四号)。負はすも叩くも踏ませるも皆同じに、本来は其子が此餅から、生活に入用なる力を得るやうに、祈念する儀式に過ぎなかつたらう。

それから今一つ是とは反対に、人が死んだ場合の力餅がある。東京から遠くない北多摩郡の東村山村などでは、出棺に先だつて血族の者が、一升枡の裏底で切つて食べる餅がある。それを力餅とも又「度胸だめし」とも謂ふさうである(川越地方郷土研究一巻三号)。所謂湯灌や穴掘りの役に当つた者が、一口飲む酒を力酒と謂ひ、或は又出棺に先だつて力飯を食ふ例が此附近にもあるから、是は生き残つた者に力を附け、もしくは忌に負けることを防ぐ手段、即ち「食ひ別れ」の一つの形式とも見られぬことはない。しかし此場合に於て四十九の小餅と一箇の親餅とを作り、その大きな方を切つて食べるといふのは、或は中陰明けの儀式との混同があるのかも知れぬ。此方とても一種の力餅には相違ないが、是をさう呼んで居る例はまだ自分は耳にしたことが無いのである。

八

力餅といふ名の適用は他にもまだ少しはあるが、孤立の例ばかりだから、是に大きな意義をもたせることが出来ない。たゞ将来もし似よつた事実が多く現はれたならば、我々の仮定も今少し確実性を具へるだらうといふ、希望だけは掲げられるのである。下総流山町の三輪神社には、一月八日にヂンガラ餅の神事といふのがあるが、是が又一つの正月の力餅であつたらしい。此日は氏子の若者たち、拝殿に登つて鏡餅の取合ひをする。其餅に欠けがあると瑞祥とするといふ(東葛飾郡誌)。是などは家の主人の茶碗に盛つた力餅を、家族の全員に分配するのと同じ趣意で、それを少しでも余分に頒たれようとして争ふものとも見られるが、欠けがあるのをめでたいといふ意味はまだ明らかでない。次には上総の君津郡などで、餅の切りしまひの一切れを食べると力が出るといふ俗信がある(瀬川氏報)。是は力餅といふかどうかは知らぬが、東京などにもや丶是と近いことを、謂つて居る者があつたと記憶する。下野の芳賀郡では、この餅の最後の切れ端をデバエ餅と謂ひ、女が是を食べるとデバエするといつて居る(旅と伝説八巻一〇号)。デバエは出栄であつて晴の衣裳を着た時に、常よりも美しく見えることと、嫁入前の者の理想であり、ちやうど又男子の膂力に対立するものであつた。出雲伯耆の力餅は丸餅であり、是は切れ端だから別の事のやうにも思はれるが、常陸北部の村の或る旧家に行はれて居た「隠し餅」といふ奇習などを中に置いて考へると、両者は関係があり、曾ては関東地方にもかの山陰各地の例に近いものが、行はれて居た痕跡かとも想像せられる。隠し餅はや丶平めな白赤二枚の鏡餅で、やはり暮の餅搗きの日に作り、納戸に隠して置いて家の者にも手を触れさせない。正月五日の山入りの日、それを取出して重ねたまゝ、半分に分け、その二枚の半円から、白赤四つの四角形を取る。その又四隅を三角に切り落したものだけを山の神の供物に持つて行き、残りの八角形の部分は主人が一人で食べ、あとの切れはしはすべて家族に分つのである。正月十一日の鍬入れの日にも、他の半分の隠し餅を同じ様に切つて、是亦三角の隅だけを神様に捧げ、中央の部分を主人、其他を家内の者が食べるのだといふ(旅と伝説七巻九号)。力餅といふ名は是には無いやうだが、方式はよほど雲伯の力餅と似て居て、此方が更に精確である。是から推して行くと、三月の菱餅の切れ端又は東京などの熨斗餅の耳、それからかき餅や霰を切るときのたち屑のやうなものも、以前は之を受用する人や作法が定まつて居て、それがまだ若干の旧家では守られて居るのではないかと思ふ。奥羽各地の正月のまはし餅、又信州の北部で親族故旧の間に贈遺する餅は、何れも方形に切つて切れ端を家に留めるらしい。是が又神と人との相饗の場合にも行はれて、終に隠し餅のやうな複雑な方式を発生せしめたのではなかつたらうか。とにかくに餅を其食ひ手の力となるものと、考へて居たことだけは争はれないと思ふ。正月には家に居る人の限り、道具や家畜にまでそれ〲の年の餅を供する外、家を異にした長上先輩の処へも、必ず名ざしの餅を持つて礼に行く風は今でもある。親と名のつく者は舅親・仲人親・名付親・鉄漿親・取上親・拾ひ親・仕事親の類、少しづゝ形をかへてさういふ親を持たぬ者は今でもまだ稀であるが、之に対する常の日の義理としては、以前は年頭の親の餅が主であつた。相州津久井の山村などでは、それを又力餅と謂つて居る者があるのである。

九

力は必ずしも餅の形を以て、供給せられるとは限らなかつたことも、亦各地の例によつてほゞ想像せられる。力飯といふもの、用ゐられて居たのが、大抵は力餅の場合と共通であつた。たとへば長門の相島などで、妊婦が帯祝の頃に夫方の親類の家へ、招かれ饗応せられる風が今もあるが、其食事をこゝでは力飯と謂つて居り、豊浦郡では是を又チカラヨビと謂つて居る。薩南沖永良部の島では産があると其晩、赤児に型ばかりの食事を供し、それを力飯と謂つて居る。宮崎県の西部でも、産には山の神の来臨があつて、七日目の名付祝の日まで留まりたまふと言ひ伝へ、生まれると直ぐに其山の神に食を供へるのを力飯と呼ぶさうである。この食事は殆と全国的の風であつた。普通には之をウブタテ飯、又は産屋の飯とも産神の飯とも謂つて、神を祭るとも又産婆の労を犒《ねぎら》ふとも、取り〴〵に解せられては居るが、土地によつては女の児には靨《えくぼ》の出来るやうにと、その高盛の飯に指で窪みを入れ、男の児には頭が堅くなるやうにと、膳に小石を載せたりするのを見ると、食べなくとも本意は赤児の為の食物であつた。或は又近隣身内の婦人の限りを招いて、成るべく多勢で賑かに食べてもらふといふなども、やはり赤児中心の共同飲食の式かと思はれる。佐渡の南の海岸一帯などでも、此飯をウブメシ・ヨナメシなどと謂ふが、又赤児に力を附ける為として、之を力飯とも呼んで居る。東京の近くでは武蔵入間郡の一部に、之をチカラゴハンと謂ふ例もある。出産の直後に飯を炊いて、出来るだけ多くの人に食べてもらふといふ。此飯を炊く米は前以て姙婦の里方から持つて来てあるもので、赤子が初声を挙げるや否や、夫が之を炊いで先づ荒神様に供へ、それから産婆や来合せた人に食べさせるのが普通で、或は此行事をウブヤシナヒといふ村も此附近にはある。産養ひといふ名は中世以来の上流の記録にも多く見え、現在も其まま用ゐられて居る地方が広い。之を文字の上から産婦に食を贈ることのやうに解して居る国文家もあるか知らぬが、前後の事情を見ると中心は赤児の方に在つたのである。朝家では又之に次いで御載餅、イタダキモチと称する厳粛な式が行はれた。是もまだ襁褓の中の若宮の拝謁であつて、其際に餅を父君の御手から、授けたまふことになつて居たから一種の力餅であつた。

凶事の場合にも亦力飯の供与があつた。たとへば熊本県の玉名地方などで、出棺の直前に近親の者が、必ず食べる握飯を力飯と謂つて居る。葬送に先だつて飯を食ふ風習も全国的で、之をタチハとかデタチの飯とかいひ、東北では屋移り粥とも謂ふ。或は小豆粥、又は三角の形を避けた円むすび等、少しづゝの変化は到る処にあるが、何れも霊前には供へぬらしいので、之を食ひ分れの一方式と思ふ者も多く、乃ち生き残つた者に力を附ける為の、力飯のやうに見られがちだつたのである。

ところがさうで無い例も此頃になつて見つかつた。信州の飛騨境に接した大野川部落などでは、所謂一杯飯を高盛りにして、箸を一ぜんだけ立てゝ棺の前に供へる。いよ〳〵出て行く間際にそこに集まつた者が、此箸で一口づゝ其飯を食べるので、之を爰では又力飯と呼んで居る（今井武志君報）。考へて見ると近親はすべてもう喪屋の火にまじつて居る。こゝで僅かの別食をして見ても、かゝつた忌は抜くことは出来ぬのである。だから全体が皆さうだとまでは言へまいが、この日の力飯には霊魂の力を主にしたものもあつたのである。讃岐の三豊郡の山村などで、ミチノリキと謂ふのは枕飯よりも前に、いよ〳〵助からぬときまつたときに、末期の水と共に食べさせる飯だといふ（瀬川氏報）。死人はすぐに立つて善光寺へ参るので、斯ういふ途の力が必要だつたのである。熊野地方では妙法山へといひ、或は天竺へともいふ処があつて、死者は目をつぶると同時に旅に立つものと、昔の人たちは考へて居た。従つて寧ろ妻子と共食するやうな、有力なる食物の入用が認められて居たものと思ふ。但しこの点には隠れたる時代の変化があつた。もつと詳しく考へて見なければたしかな事は言へない。

一〇

又正月の力飯といふのは、殆と他の地方の力餅と同じものである。たとへば筑前箱崎で力飯といふのは、一月十四日に飯に餅を入れて炊いたもので、是を現に又力餅といふ人もある(「土」一号)。博多でチカライヒといふのは正月十五日の朝、荒神様に供へてあつた餅を小さく切つて、小豆粥に入れて煮て食べることで、爰では是が新年始めての粥であつた(博多年中行事)。肥前松浦地方の土竜《むぐら》打ち唄には、チカライ又はイカライといふ言葉が毎度出て来る。是も力飯であつて握飯のことだと謂つて居るが(俚謡集)、或はさういふ形で小児に分けるやうな習はしがあつたのかも知れぬ。

石見浜田附近でチカライさんといふものなども、頗る出雲の力餅と似た点がある。この方は元日に炊いた米の飯で、それを山形に盛つて飾つて置き、力飯様と呼んで居るのである。十五日の日に粥の中に加へて家一同で食べ、又果のなる樹に鎌で傷をつけて、「なります〳〵」と言はせてから与へるのも此粥である(郷土研究七巻一号)。正月元旦に飯を供することは、奥羽は普通であるが西日本としてはやゝ珍しい。しかし禁中でも元は所謂強供御《こはくご》があつて、雑煮は必ずしも式の食物で無かつた。飯が近世のやうな「かたかゆ」になつてしまふまでは、「いひ」と「もちいひ」との距離は遠くはなかつた。だから半搗きだの蒸したばかりの糯米だのといふ力餅もあつたのである。さうして其一部を盛り上げて飾つて置く風習は、既に其以前からあつたらしいのである。

握飯と餅との境もさうはつきりとして居なかつたと見てよからう。中央部の農村にも「よめごの餅」などゝ称して、鼠の為に年取の食事を設ける慣行があるが、是にも東北では小さな「むすび」を置く家もある。沖永良部島では、年夜の食膳に就く前に、座敷の四隅の桁の上に握飯を置き、「ちからめしオイシャブラ」、力飯を上げますと唱へて左まはりにまはる。如何なる神霊に上げるのかは判らぬが、爰では之を鼠が食べてしまはないのを、ユガフウ即ち豊年の吉兆として居る(はやと六号)。力の根源はかねて米に在つて、餅はたま〳〵之を一人に集注して、心ざす方にさし進める形式であつたことが、この握飯の例によつて一段と明らかになるやうに思ふ。淡路の物部組といふ殊に古風の多い地方では、除夜に婿から舅姑の家へ、精げ米一袋を送つて来る慣例が前にはあつて、之を力米と呼んで居た。即ち他の地方では親の餅もしくは婿鏡など、名づけて、一重ねの鏡餅を届けて来る場合にさうするのであつた。しかも其米を翌元日の朝は飯に炊いて、それを力餅と謂つて居たさうである(淡路風俗答書)。曾ては強飯と同じやうに、是をも甑で蒸して居た時代からの風であつた故に、一段と餅と呼ぶにふさはしかつたのかと思ふ。

二

その力米といふ言葉も、気をつけて見るとまだ端々にはちやんと残つて居る。たとへば青森県の三戸郡では、産婦に力米と名づけて生米を食べさせると強くなるといふが、村によつては産後すぐに、十粒から五十粒ほどを噛ませる処と、産気が附くともう之を給するものとがある(五戸の方言)。さうして此地方一帯は、僅かな例外を以て米を常食とはして居ないのである。岡山県などでも産の前に、妊婦に少しの生米を嚙ませる山村もあれば(桜田君報)、又分娩があると直ぐに、十粒の生米を食べさせるといふ処もあつて、共に之を力米と謂つて居る。米を平日も用ゐる土地では稍〻まじなひに近く、或は神社から之を乞ひ受けて置いて、産がむつかしく産婦の気がとろうなると生米を嚙ませるといふ例もある(岡山県産育習俗調査)。埼玉県の川越地方も米どころだから、産後の所謂力ごはんを炊く料に、里から届けて来る米が力米で、産婦は生家の米によつて力が附くとも謂つて居るが(川越地方郷土研究一巻二号)、越後の六日町附近の或る部落などは、産があると産婦が疲れぬやうに、皿に酢を入れて炭火にかざし其香を嗅がせると共に、力米と称して生米をたつた三粒、嚥ませるとよいとして居る(民間伝承三巻五号)。是によつて誰でも聯想するだらうことは、屢〻都市人の話柄となつて居る振米の奇習なるものである。年経た竹筒の中に少しの米を貯へ、危篤な病人があると枕元で振つて音を聴かせる。米まで振つても助からなかつたのは定命だと言ふさうなど丶、笑話のやうにしてよく山村の噂をする。前にもそんな処が多かつたらうとは到底思へないが、何れにもせよ田無し畠ばかりの山野にまで拓殖は進み、しかも一方には米を菩薩と説くやうな思想がなほ保存せられて居ては、たとへ振米状態にまではまだ達しなくとも、少なくとも其過程に於て色々の無理は現はれ得る。節米運動などの小賢しい口を利く者は、せめて一たびは思ひを此点に及ぼし試みなければならまい。

是は斯うした物の序を以て、軽々に説き去つてよい問題では勿論ないが、文化の展開には隠れたる動機が毎に潜んで居る。たとへば米のやゝ乏しい雑食の村々でも、必ず年に幾回かの米の飯を食べる日がある。元旦には餅の雑煮を祝ふといふ家が、現在はもう大多数になつて居るが、その前宵の年越の「おせち」には、米を炊いだ食膳を神に供へ、一家眷属一様に同じもので年を取ることには例外が無い。婚礼誕生等の一生の大事、親のとむらひや先祖の日といふと、日頃は屑米や臼場の掃き集めの如き精げることも出来ぬ米を糧として居る家でも、忽ち打つてかはつて鬼の牙にも譬えられるやうな、完全なる十分搗きを食べることにして居る。鎮守の祭礼は新穀収納の直後、米の最も豊富な時を期して、行はれるからさうするのだとも見られようが、さうで無い三月五月の節日でもとき日でも、やはり其為に米を用意し又是が乏しいのを憂ひとして居た。餅や甘酒の色の黒いのは恥ぢて居た。我々の学問では是を晴の日と謂ふが、其日の数は年中に気の毒なほども少なかつたのである。それが都会を標準とする生活が始まつてから、どこに晴と褻《け》のけぢめがあるのかも、もう判らなくなつてしまつたのである。

一二

歴史の役目はたゞ此経過を明らかにするを以て尽きて居る。それから以後の未来に対する判断は、国民の総意に委ねて置いてそれでよいと思ふ。たゞ尋ねたら明らかになる過去の知識を尋ねず、又はい、加減なまちがひを教へて置いて、それで我々を誤りの生活に導くやうになつたら、責任の帰する所も他には無いのである。誰でも気を付けて居ればやがて判るやうに、米を是非とも食べなければならぬとした機会は、上に列挙した若干の儀礼の日以外に、幾つかの大切な労働にも伴なうてあつた。中でもよく知られて居るのは毎年の大田植の日、「ゆひ」で人を集めて合同して働く際には、田の神の祭もあつて屋外で食事があり、最も簡略な場合でも米の飯は欠くことが出来なかつた。家の普請の建前や葺籠《ふきごも》りの日に、働く人たちにも餅飯を供しなければならない。棟上の粢《しとぎ》餅を粟や稗で造るといふことは、想像も出来ないことであつた。単に激しい労働が美食を必要としたといふだけで無く、家を異にする者が相集まつて、外でめでたい食事をするといふことが即ち晴だつたのである。山に杣を立て、大きな樹木を伐る日、もしくは年に何度といふやうな狩倉の日にも、是に運んで行かれる午餉は晴であつた。さうして恐らくは又軍陣といふ大行動なども、昔からその白米を食ふ重要なる一つの機会であつたらうと思ふ。籠城に糧の乏しい非常の場合は別として、兵士が遠く征するのに米以外のものを食つて、辛抱するといふことは絶対に無かつたらう。さうして中世に武を用ゐた時期が久しく続いて、武家だけは必ず米を以て養はれなければならぬ階級となつたのである。最初はたゞ兵糧の十分なる準備といふ為だけに、米の生産と蓄積とを強制したのでもあらうが、後には馴れになつて村に住む農兵ならば、とつくに雑食に復して居る常の日が来ても、米の飯を食ふ癖は改められなくなつた。所謂米穀財政の不便至極なものが原則となり、更に交易の進むに連れて、城下に来り集まる百工商賈までを、すべて米を常食とする平民とした故に、是が標準となつて定まつた晴の日以外でも、白米を用ゐない生活を侘びしいものにしてしまつた。新田と称して米しか作れない開墾地が、頻りに奨励せられたのも原因であり、又結果でもあつた。しかも日本は天然の地形の致すところ、米の生産地は昔から偏在しがちであつた。最も煩はしい運輸は是が為に避け難く、農法の特に進歩しなかつた山間の畠作地帯が、却つていち早く交換経済の圧迫に苦しまなければならぬことにもなつた。稲を田租として召された上代の制度の、単なる引続きの如く見ようとする人もあるか知らぬが、租稲と私田の地子とは性質が可なりちがつて居る。第一に前者は率に於て遥かに低かつた。もしも国務の増大が更に国民の負担を必要としたとすれば、其部分もなほ稲又は籾を以て徴収せられたかどうかは疑問である。あれだけの田租ですらも遠国は管理輸送の方法が立たず、殆と費用倒れになつて朝廷を益することが元は出来なかつた。後年地方々々の私領の主が、ゐながら土地の所得を利用したのとは、同日の談で無いのである。武士が武を磨き兵馬を事とするやうになつたのも、米が豊かであつた為とも見ることが出来る。とにかくに世が戦国となつて却つて其生産は進み、しかも古くからの米を尊信する感覚は、之によつて又一段と刺戟せられた。さうして現在は再び之を制限せられることが苦痛となるまでに、既にその完全に近い受用が許されて居るのである。我々の到達した新文化の、是が一つの特徴であることは否むことが出来ない。米を力の根源とする古い信仰の、どの位我々を指導して居たかを意識するに非されば、恐らくは平心にこの一つ次の文化を予測し、又は計画することが出来ぬであらう。

一三

五十年ほども昔、フルベツキさんと謂つた有名な宣教師から、始めて聖餐式の説教を聴いたときは私はびつくりした。葡萄酒を基督の血といふまでは、まださういふこともあらうかと感じたが、麺包《パン》を救世主の肉になぞらへると言はれたのには興が醒めた。食物が人の身も心も共に作り立てるものだといふことを、考へる折はまことに少なく、ましてや之を相饗する者の間に、目に見えぬ連繫が新たに生ずるといふことなどは、忘れたと言はうよりも寧ろ覚えたことが無かつたのである。ところが今日では基督教の関する限り、是がもう我々の常識となつて居て、しかも基教理の由つて来たるところ、もつと純樸で古風な考へ方が、我邦にもあつたかどうかといふことだけは、省みようとする者が無いのである。日本人は実に奇妙な民族で、よその事なら人に教へるほどもよく知つて居ながら、自分の事だといふと古書に任せて居る。古書に伝へてなければ無いまゝで我慢をして居る。モチが支那語で餅と謂つて居たものと、丸々同じでなかつたことは今ならば容易にたしかめられる。その餅の字を仮りて我々が呼んで居たモチのやうに、必ず円く中高にこしらへて二つも三つも積み重ね、神の祭には神のみまへに、先祖の日には先祖の霊前に、親を敬ひ寿ぐ日には其親々の前に据ゑて、式を終ると共にそれを分けてもらひ、もしくは正月には家族の各員から、家畜諸道具にまでそれ〴〵名ざしの餅を供へて年を祝ふといふ風習を伴なふものが、果して他の国にもあつたらうか。更に一歩を進めて言へば餅を力とし、一定の日時に神と人と、又は主人と眷属とが共食するといふ方式が、他の民族にも守られて居た例があるだらうか。若し無いとすれば日本にその特殊の理由があつたのではないか。是が一二の地方に孤立して存するものなら、事を好む者が新たに設けたこと、も言へよう。しかし是だけの全国の類例が既に見つかつた以上は、起りは少なくとも遠いところに在るのである。小さい事かも知れぬが此点ではまだ我々は無学なのである。

昔我々の祖先がチカラと謂つて居たものが、現今頻りに問題となつて居る「力」と、正確に一致して居たかどうかも考へて見る必要があるが、とにかくに我々の固有の国語に於ては、税はチカラであり主税寮はチカラノツカサであつた。さうして記録の溯り得る限り、米をオホチカラとして之を朝廷に奉り納め来つたのである。それを田夫の努力の結晶であるからといふ様に、辞書には解して居るが私だけは信ずることが出来ない。今見る多くの力米力飯の目的からでもわかるやうに、力は常に此物を供へられる方に属することになつて居るからである。一家では家長、一郷では産土の神と神を祭る人が、各〻之に養はれて其力を強め、若やぎ栄えつゝ、年々の活動を新たにせんことは、今なほ不言の裡に期待せられて居るかと思はれる。是から類推するといふのも畏れ多いことではあるが、曾ては一国万民の志望の帰一する所も、大方この範囲を出でなかつたらうと信ずる。米がその色その味はひのすぐれて居る程度を立ち越えて、異常に我々の幸福感を示唆するのも、遠い隠れたる原因はあつたのである。

物忌と精進

一

所謂祭礼のヨミヤは夜の宮とも書くけれども、実際は忌屋、即ち忌を守る場所のことだといふことは、前にも既に気が付いた人がある。是は決してたゞの想像説で無い。各地方でその祭の前夜を何と呼んで居るかを、ほんの少しばかり比べて見ても、思ひ当るふしはある。たとへば徳島県の可なり弘い区域で、その夜宮をショウジリと謂つて居ることは、あの地方の人なら知つて居るだらう。ショウジリは即ち精進入りであつて、祭に奉仕する人々は遅くとも此時から、精進の状態に入ることを意味する。精進といふ語は漢語であらうが、これが日本に帰化してから、ある特殊な具体的な内容をもたせられて居るので、今日の人もや、不精確ながらまだ其心持を理解し、之を「意思の力で自ら負ふところの拘束」と見て居るのだが、たゞ之を神道本来のものとは見ず、何か仏教の方からの影響で、も有るかの如く、考へる人が多くなつて居る。是は一つの言葉を神仏双方に用ゐて居た已むを得ざる結果であつて、二つが同じでないことは少し近よつて見れば判るのである。

祭の精進をなし遂げる為には、普通の生活とは隔絶せられた一つの建物を必要としたが、是などは確かに仏法の方には無いことであつた。大きな邸宅に住む人は、其一部を区切つてそこを使つたこともあるが、通例は精進屋と名づくる仮小屋を新設し、又はそれに供し得る別建物を予てから設けて置き、又は一つの尋常の民家を浄めて、臨時に其用に供するものもあつて、何れの場合にも之を精進屋又は神宿、その他色々の特別の名をつけて居る。九州の南部から島々にかけては、ハナヤといふのがやはり其精進屋である。大抵は神を祭る祭場と接続し、もしくはその同じ場所で祭をした。今日拝殿と称して御社の前面にある大きな建物、又は社務所と謂つて御守札や絵葉書などを頒つて居る建物も、多くの場合にはこの精進屋に用ゐられる。始めて斯ういふ建築を企てられた時の事情を考へて見ると、或は精進の人々を容れる方が、主たる目的であつたらうと思ふ。

二

そこで一つの問題となるのは、精進が外来語の日本化したものであるならば、それが入つて来るまでの国語では何と謂つたらうか。イミ又はイモヒ、清まはりなど、いふ古い単語も、その精進の状態を言ひ現はしては居るが、なほ近世民衆の日用語としては物々し過ぎる。多分はオコモリといふ言葉が、以前は女子供によく知られ、それで又十分だつたらうと私は思ふ。八丈島の村々などは、今でもコモリといふのが我々の宵宮、即ち祭の前夜のことであつた。越後新潟附近の村々、福島県では相馬地方、又宮城県の石巻あたりでも、共にオヨゴモリといふのが宵宮のことであつて、今日は既に夜を徹して御社に詰めて居る風は無くなつたが、そのコモルといふ言葉の意味だけは、誰にでもまだ記憶せられて居る。事実又秋ゴモリとか雨ゴモリとか謂つて、農作終了の感謝にも、雨を乞ひ禱る祈願にも、昼の中に神社に集つて来る例は幾らもある。漁村では主人や息子の海に出て働いて居る間、家の女たちが御社に籠る例が多く、房州などでは之をオロシゴモリと呼んで居る。オロスとは船を海に出すことである。山村でも男たちの猟に出て居る留守に、女ばかりがオコモリをする風は古くからのやうである。勿論斯ういふ人々は、オコモリ即ち神を祭ることだとは知り切つて居るのだが、今日はたゞ此語の用ゐられる範囲が、幾分か以前よりも散漫になつて居て、土地によつてはオコモリは楽しいものだといふ、記念ばかり多いのである。

たとへば正月十五日又は七日に行はれる御柱の火祭を、京都では左義長といひ、九州では鬼の火とも又ホッケンギョウなど、も謂ふが、東の方へ来ると之をサヘノカミ、又はサエド焼きと呼ぶ土地が多く、此火祭の柱の根もと又は片脇に仮小屋を作り、前の晩には村中の少年が其中に入つて騒ぎ又泊り、翌早天に小屋も柱も共に焼いてしまふのが普通だつた。私の今住む村では、ある年寝て居る子供が焼け死んだといふ惨事があつて中止したといふが、附近の各部落では、宿泊はもうしないが、夜遅くまで飲食し遊んで居る風が、やつとこの非常時に入つてから無くなつたのである。飛行場で知られて居る所沢の町などにも、元は正月七日にこの火祭があつて、やはり其前夜をコモリと謂つて居た。或は初午の祭の前の晩に、稲荷さまを祭る家に子供が集まつて一所に遊ぶことを、オヨゴモリといふ処も東北にはある。是等は祭の奉仕者が幼い者に限られて居るといふのみで、素朴単純ではあるが、是でも昔からの一つの祭なのである。

九州の方へ行くと、宵宮をゴヤゴモリなどゝいふ語があつて、大祭には夜分社殿に集まつて居るが、別に一方に日ゴモリ・昼ゴモリを行ふ回数は多く、是には女や年寄の比較的閑な人たちが、重詰めの弁当におみき徳利を携へて、御宮に集まつて来て食事を共にする。是を又宮籠りといふ名も存するが、一般にはたゞ一種の懇親会のやうに思つて居る人が多い。其期日もちやうど春秋の最も好い時候の、用の無い日を択んで集まるので、土地によつては会場に御宮の拝殿を借用する位に、思つて居る人も無しとせぬ。下ノ関その他の山口県各地は殊にさういふ風がある。しかし斯うなつてしまつて居ても、なほ参集の人々は、先づ始めに神さまを拝むだけでなく、持参の酒や食物をめい〳〵に椿の葉などに載せて、御初を神に供へて、さて其後で分配し又互ひに交換して食べるのである。以前は是が夜分の行事であつて、年とつた人たちが神社で夜あかしをして居る処へ、家から娘や孫が肴を届けて来るのが、しをらしい彼等の務めであつたと、長門の見島などでは言つて居る。或は特にその座中へ神職を聘して、祭典祓ひをして貰つてから、共同の飲食を始めるといふ例も、豊前の京都郡などにはあつたので、単なる楽しみの寄合で無かつたことは是で明らかである。のみならずこの春秋の定例日以外にも、臨時に祈願なり御礼申しなりがあると、やはり同一の方式を以て宮籠りをして居る。それを風ごもり植付ごもりなど、、それ〴〵の目的によつて呼び、又病人のあるときは平癒の御願ひに、七人ごもりなど、称へて、多くの人の祈念を集めようとするにも、やはり亦同一の形を採用して居たのである。

三

つまりは「籠る」といふことが祭の本体だつたのである。即ち本来は酒食を以て神を御もてなし申す間、一同が御前に侍坐することがマツリであつた。さうしてその神にさし上げたのと同じ食物を、末座に於て共々にたまはるのが、直会《なほらひ》であつたらうと私は思つて居る。但しこのナホラヒの語原が、今日まだ明らかでないのだから断定し得ないが、単に供物のおろしを後に頂戴することを、直会だと思つて居る御社が半分ほどあるのは、どうも心得ちがひらしく思はれる。果して直会が私の想像のやうに、神と人との相饗のことであるならば、この飲食物が極度に清潔でなければならぬと同様に、之に参列して共食の光栄に与かる人も亦十分に物忌をして、少しの穢れも無い者でなければならぬのは当然の考へ方で、この慎みが足りないと、神は祭を享けたまはぬのみで無く、屢ゝ御憤りさへあるものと考へられて居た。此点が我々の同胞の信仰の、最も大きな特色であつたといふことが出来る。但し何がその穢れであり、又物忌の不足であつたかは、大昔以来言葉では説明せられず、単に行為と其根柢を為す感覚とを以て伝はつて居た。従つて解釈によつてその範囲は少しづゝ動き、又外来文化の感化なども受け易かつたのであるが、しかも国民の最大多数の者は、実は久しい間その影響の外に在つて、存外に古いまゝのものを多く保守して居る。さうして只諸君のやうな学問をする人の若干のみが、青年期以来邑里の保守主義の外に出て居て、この重要なる伝承に参加し得なかつただけである。

私のこの講演の中で最もむつかしく、しかも最も意義の大いなる問題は是であるが、とにかくに我々の先祖は、この慎みの最も完全なる状態を以て、古くは物忌と名づけ、後には精進とも謂つて居り、オコモリを以て其徹底を期する手段として居たのである。精進といふ言葉は仏教でも使ひ、又屢ゝ彼此混同して居たのであるが、二つの精進は名が一つでも、内容には可なり明らかな差異がある。たとへば仏法では一切の動物質の食物を口にするを嫌ふが、神道の精進で忌んだのは獣の宍と血のみであつた。一方は火の選択には寛大であつたに反して、此方ではそれを特にやかましく言ひ、合火と称して穢れた人の利用する火は、後からは勿論、事前にすら共に使ふことを避けて居た。更に積極的な側から言ふならば、神道の方では水の力即ちその物を洗ひ滌ぐ性能を非常に重んずるが、他の一方は水の不自由な土地に始まつた信仰である故か、水よりも寧ろ香を重んずる。即ち洗ひすてる代りに薫りで紛らさうとする。殊に大きなちがひは死穢を忌むこと、是が我々の生活の大きな拘束であつたことは、大化年間の記録にも既に見えて居る。然るに仏教も殊に民間に流布した宗旨では、寧ろ之を嫌はぬといふ一大特徴を以て、平たく言ふならば競争に勝つたのである。其代りには此為に仏者は神に近づくことが出来なかつた。一向宗だけは一向かまはぬと言つて、そんな制限は無視しようとするが、其他の派では神に参ることを差控へ、正月も寺年始は四日からときめてあつて、其前に注連をはづし松を取り、法師に注連縄の下をくゞらせぬといふ法則を守つて居る土地もある。十二月二十五日を念仏の口止め、正月十六日を口明けとも鉦起しとも謂つて、其間だけは仏名を唱へさせぬといふ慣習も弘く行はれ、又宮中でも神事には僧侶を斥けられたことが、歴代の記録に見えて居る。喪といふもの丶、厳格なる排除から、祭の期間や正月に、身うちに死なれた家の不幸は二倍であつた。是たゞ一つから見ても、二教の精進の二つ別なものであることが明らかにわかる。ところが現在は此区別が段々と目に立たなくなり始めたのである。食物だけからいふと、何だか仏教の精進の方が完全なやうに見え、大は小をまかなふから、此方にさへ依つて居れば安心なやうに思ふ者も多くなつた。さうして神職に葬儀を取扱はしめて、それが神様を祭る物忌を傷けはしないかを、気づかはぬ者ばかりが朝野に充満したのは、洵に怖ろしいほどの時代変化であつた。

四

此問題には、実は中世以来の日本人も可なり悩んで居る。其為には色々の折衷策や解釈が案出せられて、大体に神の精進を簡易にしようとする傾向は、夙くから現はれて居るのである。オコモリといふ方式は、今も全国ほゞ一様であるにも拘らず、その内容即ち物忌の厳重さには、地方毎に何十級といふほどのあらゆる段階が出来て居て、結局は之を特色とする御社の数が、列挙し得るほども少なくなつてしまつた。その僅かに残つて居るものとても、この先いつまで続くであらうかは問題で、つまりこの古来二種の精進の、どれだけちがふかを体験しない人々が要路に立てば、行く〳〵は消え薄れることも自然であるが、少なくとも今ならばまだ若干の古い形が見られるのである。一ばん大きな物忌の拘束は、その期間の長さであつた。古人は普通には一月の四分の一、月の半弦から満月まで、七日又は八日の間を、祭の勤仕に適する状態を作り上げるに必要と考へたらしいが、毎日働かずに居られぬ人々には、是が最も困難な経済生活の障碍であつた。それで省略して二三日前から、そろ〳〵と支度をして、愈々前夜祭の時になつて精進に入る者が多くなつて居るが、コモリは本来はもつと早く始まるべきものであつたらしい。現在私などの知つて居る範囲でこの祭前謹慎の最も弘く行はれて居るのは、京都の南方の祝園村の忌籠《いごもり》祭、是は井上頼寿氏の京都民俗志にも詳しく記録してあるが、その隣村にも同じ慣行の祭はあつた。祝園村では祭は一月初の申の日、申の日が三度あれば中の申の日、祭当日の丸二日前から、氏子全部の家々に於てこの物忌が始まる。めい〳〵が家に居たまゝで物忌をするから、それで居籠りだとも解して居た様だが、名の起りは忌籠りであらうと思ふ。その丸二日の間は昼睡り夜は起き明し、一切の音を立てない。水を汲みにも出ず、もとは下駄もはかず、柄杓の柄などにも縄を巻いて、水甕にあててもからりといはぬやうにする。かるたの遊びはしてもよいが、碁は音がするから打ってはならぬといふ。固い古風な家の仕来りは、是以上にも厳重だつたらうと思ふが、食物の精進の方はあまり言はなかつた。

其次に有名なのは播州加古郡の日岡神社の祭に伴なふもの、是も一社限りの特例で無く、もとは此附近のやゝ弘い区域に行はれて居たやうである。是は一月の亥の日の亥の刻に始まり、巳の日の巳の刻を以て終るから、それで亥巳籠りだと今日では解せられて居るが、寧ろさういふ後の解釈から、日や刻限などは固定したものかも知れぬ。氏子は固よりのこと近村の住民までが、其間は洗濯をせず髪も結はず、刃物を使はず外出せず便所へも行かず、音のしさうな一切の道具には縄を巻く。たま〳〵戒めを破つて外に出て神主の夜行に逢ふと、ヰスクミになるなど、謂つて畏れられて居る。この夜行といふのは、元来は常人に見せない深夜の行列といふだけであつたらうが、阿波の徳島附近などでは、ヤギョウサンといふ魔神があるやうにいふ話もある。忌を犯した制裁の畏れが、いつの間にか妖怪の畏れに変化したので、その類例はまだ色々ある。つまりは稀にも忌を犯して、其結果を実験した者が無かつた証拠である。

右の二つの祭前斎忌には、相似たる点が多い。とにかくに双方とも、神職乃至頭屋だけの謹慎では無く、之を守る者は住民全体に及んで居るのが古風かと思ふ。是とやゝ近い例は又関東にもある。千葉県の南部、上総の南の二郡から房州にかけて、旧十一月の下旬から長い処では十日又は一週間、神職の家は勿論だが、土地の普通の住民も固い家だけは、今でも同じやうな物忌をする。安房神社の信徒の間に最も強力に行はれて居るので、こゝが中心のやうにも考へられるが、他の村々の御社にも、同じ季節に同じやうな慣行を守るものは多い。やはり音を立てず、笑つたり高話したりせず、髪を結はず機を織らず又針を執らず、外へ出て働かず外の人を入れず、以前は殊に武士の訪問を嫌つたといふ。しかし此地方ではイゴモリといふ名は無くて、一般にミカリ又はミカハリと呼んで居る。神様が此間に山に入つて猟をなさるので、お邪魔をしてはならぬからなど、も謂ふが、それは恐らく名前から考へ出した後の説で、本来は「身変り」即ち常の俗界の肉身を改めて、清い祭の人になる準備期間の意であらう。従つて以前は食物の制限があつたにちがひないのだが、現在はその品目に就ては言ふことなく、たゞ安房の一度食ひといふ諺が伝はつて居る。是も九月のことだともいひ、其説明ももう区々になつて居るが、恐らく毎回の煮炊きをせずに、前以て調理して置くことで、他の地方でも正月にはそれをして居る。支那でも寒食といふ慣習などが元はあつた。多分は庖丁や火を動かさぬのを主としたことゝ思ふが確かでない。とにかくに安房上総でのミカリ又はオミカハリは、上方の忌籠りと同じ作法であつた。

五

摂津の西宮の正月九日の忌籠りも、一に又ミカリとも謂つたことが、西宮夷神研究に見えて居るが、是はどうやら神職の家だけの物忌になつて居るらしい。阿波の西境の山村、奥木頭《おくきとう》の北川といふ部落でも、ミカリ又はミカハリといふのがあつて、是は機祭の頭屋だけの物忌であつた。やはり又祭の前一週間、他所の者を入れず、家では機を織らず牛を使はず、ミカシキ婆といふもはや女で無くなつた老女に、食物を調理させて頭人はそればかりを食べる。さうして度々水垢離を取つて後に、いよ〳〵三日前になるとショウジ部屋といふのに入るのだといふ。是なども氏子全体の者が、一様に守るには少し重々しすぎる精進であるが、少なくとも頭屋の主人だけは、他の人々を代表してその戒律に服したのである。是等三つの例を綜合して考へると、ミカリが御猟では無く、身を替へるといふ意味のミカハリであつたことが稍ゝわかる。出雲の神主の神秘として居た身ノガレの神事なども、恐らくは亦是であらうと思ふ。

一つの御社に属する氏子だけでは無く、弘く一つの地域の住民が、ある季節に入ると物忌をする例は、まだ他の地方にも幾つかあるが、全体にその忌は列挙的、一つ〳〵の行為を限つたものになつて居る。その一例としては針止め、即ち其地方の女たちが針を持ち縫ひ物をすることを戒める風などである。針は重要なる一つの文化産物で、最初から工芸作品であり又商品であつた。是が市場に売らるゝまでは、我々の衣服はどうして縫つたらうか。角とか骨とかを削つて針にしたものか、興味のある問題だが今はまだ誰も知つて居ない。とにかくに鉄を針にしたといふことは大きな出来事で、従つて又水の神が針の毒にかゝつて斃れたといふ話も起り、我々の三輪山神話にも大きな変化を生じた。婦人がある季節に入つて、之を利用することを差控へるといふ物忌には、何かまだ我々の心付かぬ理由があつたものかと思ふ。三河の渥美半島の亀山村の風俗は、此頃石人和尚の風俗図会によつて紹介せられたが、爰でも隣村の伊良湖明神の、四月十一日の御衣祭の日には、この村の女たちも縫ひ物せず機に上らず、苧桶は伏せ糸枠などは床の間に上げて置くといふ。是は多分五月に機を織つてはならぬといふ、広く全国に行はれて居る忌も同じ趣旨で、即ち神の御召料を織る月だからといふわけであらう。

前にも言つた如く、民間の所謂年中行事と御社の祭とは、元は今よりも近かつた。同じ針止めの禁忌も亦神社に伴なうて存する地方がある。たとへば栃木県の矢板に近い木幡神社の旧暦十二月の遊行神事といふのにも、これは氏子一般の者が、前月の末から約半月の間、苧を績まず機を立てず、又針も手に取らなかつた。それよりも更に弘い区域に行はれて居るのは、宇都宮の二荒神社のオタリヤ祭に伴なふもので、此方はずつと南の方の芳賀郡の田舎まで、この御祭の日が近づくと、もとは女は針仕事をしなかつた。男も是と同時に色々の労働を休み、非常に火を大切にして、炉の中へ足を入れることを戒め、又風呂を立てなかつたといふ村もある。このオタリヤ祭といふのは冬と春との二度あつて、御社の方では是を冬渡祭・春渡祭と書いて居り、やはり前にいふ矢板の遊行神事と同じく、子の日に始まつて午の日までだつたといふから、この俗称のオタリヤも遊行と同じ意味の御渡りで、即ち其間は神様が村々を御巡りになるといふ信仰があつたのであらう。現在はもう各社別々の言ひ伝へになつて居るだらうが、それを信じてこの各処の一致を無視することは出来ない。

神巡遊の信仰の今日年中行事になつて居るのは、旧十一月二十三日を中心とした所謂御大師講であるが、この解説には仏法が干与して、俗間には高野の弘法大師が、今でも村々をあるかれるといふ言ひ伝へが弘く行はれる。しかも一方では真言宗でない寺にも、やはり此日を認めて居る故に、近世の学者の新しい意見に従うて、是を支那の古名僧天台智者大師の忌辰だといふことにして居る。そんな気づかひは断じて無いのである。土地によつて少しづゝ話はちがふが、大師の足跡隠しと謂つて此日は必ず雪が降るといひ、又は二股大根を女が洗つて居る処へ来て、半分貰つて食べたといふ類の、をかしい言ひ伝へばかりが多い。東北ではダイシコといふ人は女で、十二人又は三十三人の子持ちであつたともいふ。その多勢の子どもを養ふのに困るだらうと謂つて、この日は長い箸を添へて小豆粥を供へる。又はダイシ様はその粥の塩を買ひに出て、吹雪に倒れたからとも謂つて、今なほ塩無し粥を煮るなどゝいふ由来譚も生まれて居る。実に天台大師らしからざること夥しいのである。私はこの問題に就て一冊の本を書く企てをもつて居るのだが、あらましだけは子供の為に出した「日本の伝説」を見ても知れる。其結論だけを言つて見ると、ダイシは上代に入つて来た漢語で、大《おほい》子《こ》即ち神の長子の意かと思はれる。大昔以来の民間の信仰では、冬と春との境に特に我々の間を巡つてあるきたまふ神があつて、それは天つ神の大子であるといふ信仰があつたらしいのである。多分は偶然であらうが、西洋でいふクリスマスなるものが、非常によく是と似て居る。あれも季節は一陽来復、即ち支那でいふ冬至の日であつた。

さうして彼地には耶蘇教以前から既に存した、自然観察の経験に基く古い言ひ伝へであるといふ。日本では二十三夜待ちといふ信仰が、どうやら是と関係があるらしい。全国殆と隈無く行はれて居るが、是も東北では国巡りの神となつて居る。

それからもう一つの例は伊豆七島の忌《き》の日又は日忌様、この方は十一月で無く正月の二十四日になつて居るが、やはりこの夜を以て尊神の来臨を伝へ、色々の物忌を守つて御祭に奉仕して居る。大島新島では悪代官の亡霊、又は海難坊といふ妖魔の怖れに変形しかゝつて居るが、もつと先の方の御蔵島などに行くと、赤い帆の船が海を渡つて来るのを、出て見た者は死ぬなどゝ畏れて居るのだから、やはり慎むべき精進の日であつた。国地の方でも月々の二十四日を精進して、或はこの一日酒を断てば火の災ひを遁れるといふ説もある。之を地蔵さまに又愛宕山の信仰に、結び付けて解説するのが普通だが、月の下弦の日の物忌といふことは、そんなものよりまだ少しばかり古さうである。

六

冬至を中心にした忌祭は、著名な御社だけでもなほ幾つかある。たとへば羽後の鳥海山を奥宮とする二箇所の大物忌神社もそれであつて、是は御社の名になるほどの重要な特徴であつた。西の方では長門の忌の宮、此祭が始まると附近の村々では物忌をする。海上二十五浬の長門見島などでは、之をオイミ講と呼び、十一月十四日以後の三日間、外の仕事をさし控へ、大きな物音を立てぬやうにして居る。神様の御産があるのだから、どたんばたんすると御弓で射られるなど丶いふさうである。御弓は勿論この「御忌」の誤解である。島根県の隠岐の島などでも、やはり十月と三月との巳の日が忌さん祭であつて、其間は大声を揚げず、すべての物音を立てぬやうに慎んで居る。この方は多分出雲大社の御忌祭、もしくは佐陀の御社の御忌であらう。出雲の二つの御社にも厳重な忌祭があつて、元は其期間が非常に長かつた。それを色々と解釈を緩めて、今日はよほど短くして居る。さうしなかつたら却つて破らねばならぬ場合が多く、信徒の不安と畏怖が大きかつたからで、見やうによつては是も亦その信仰が、まだ衰へない証拠とも言ひ得るのである。

私の想像では、斯ういふ古風の守らる丶御社が近くに在ると、それに繋がれて忌の戒めが永く続くといふだけで、本来はどこの土地でも、皆めい〳〵の祭るところの神に対して、同じ精進を守つて居たのではないかと思ふ。小さな島々は外部の感化が少ないので、比較的この習慣が濃く残つて居るらしく、それを尋ねて見ることは日本ならば出来るのである。沖縄諸島の八月の物忌は、既に柴指の条に於て述べて置いた。壱岐の島でオイミサンと謂ふのは、冬春の境では無しに、夏と秋との行逢ひの六月晦日であつた。この日は真砂包みと称して、清い海の砂を供へて田の神を祭る式がある。

式の趣旨はもうよく解らぬやうだが、とにかくに村々の人はふだんの心持で無く、色々の作業の此日だけは禁ぜられるものがあるといふ。一般に九州から中国西半では、この所謂ナゴシの日を重んじて居るが、作法や言ひ伝へには、よほど京畿とちがつたものがある。日向大隅ではこの日をマンゴクメ（万石米）の節供と謂ひ、或は又「亀の子くばり」といつて、川童が亀の子の進物を交換する日だなどゝいふ。牛の祇園と称して牛を必ず海に入れるのも此日であれば、川童がその牛の壁蝨《だに》の水に落ちるのを食ひに出るとも謂つて居る。我邦は全体にこの水中の怪を怖れる話が多く、胡瓜を警戒する物忌も屢〻之に伴なうて記憶せられて居る。

　この西国の六月晦の忌の日に対して、東の方では佐渡の島などの忌の日はやはり冬春の境であつた。近頃世に出た佐渡年中行事といふ本に、詳しく村々の実例が報告せられて居る。大抵は一年に二度、冬は旧十一月から十二月への移りと、春は正月から二月への移り際と、つまり新年を中に挟んで、前後二回の忌祭があることは、前に掲げた野州二荒神社のオタリヤ祭とも同じいのである。この二つの忌の中間を或はもと「忌なかさひ」と謂つたのでは無かつたか。或はこのイミナカセイを、二月の朔日から、卯の日までのことだとも謂ふ者もあるが、とにかくこの二度の忌の日の中間に、大切な正月の祭が行はれるのだから、此期間に何か名があつてもよかつたのである。現在の佐渡ヶ島では、たゞ忌の日の晩に仕事をしてはならぬとか、よそに泊つてはならぬとかいふ位で、其他には常の日とちがつた食物をこしらへて食べる程度だが、村によつてはこの暮の忌を日本の祭りをさめ、春の忌は日本の祭り始めだと言ひ伝へて居るさうである。私などには是が可なり興味の深い重要な暗示のやうに思はれるのであるが、諸君には格別さう面白い話だとも感じられないかも知れぬ。だから出来るだけ簡単に、どうして私がそれを興味が深いといふかを、説明して見ようと思ふ。

七

この正月の祝言の日を中に置いて、冬春両度の節日を設ける風は、忌とは直接の関係無しにだが、全国に行渡つて居るのである。東京などでさへも古風な家ではまだ守つて居る。十二月と二月との八日がそれで、一般には之をオコト八日と称し、ちやうど三月五月の節供と同じに、全国を通じて今も相応に重要な日となつて居る。関東各地の農村では、此日は餅をつき又オコト汁といふ食物を調へ、屋外にはメカヒといふ竹の小さな籠又は笊を高く掲げる習慣がある。此晩は一つ目小僧さまといひ又は大マナコともいふ怖ろしい魔物が来て家々を覗くのだが、メカヒを出して置くと、この竹籠は目が多いから、自分の目が一つしか無いのを省みて、又は其目の数を勘定しきれないで、閉口して早速立退くなど、も言つて居た。江戸期後半の学者たちの随筆類にも、このオコトの日の事を説いたものが多いが、をかしいことには二月八日の方を事始め、十二月八日の方を事納めだといふ人と、之と正反対に十二月を事始め、二月を事納めだといふ人と二派あり、地方の実際でもこの同じ二通りの相反する名称がある。私などの判断では、前の方の説は所謂合理的改訂であつて、コトを正月の祭、即ち年取行事のこと、考へると、第二の民衆の呼び方の方が当つて居ることがわかる。つまりは初春に神を家々に御迎へ申して、祭をするといふのが重要なオコトだつた故に、その為の物忌は前月師走の上弦の月の晩から、次の二月の上弦の日まで続いて、其切目の日を祝祭した名残なのであつた。ところが物忌は厳重であればあるほど、うつかりと破り易く、しかもその破つた結果がこはい。それで只その日を油断のならぬ日、うつかりするとひどい目に遭ふ日とのみ考へるやうになつて、有りもせぬ一つ目小僧といふ化物などを、連れて来るに至つたのである。静岡県の西の郡に於ては、此日は必ず餅を搗き、その餅がくつ、いたま、の杵をもつて、雨戸の外側に大の字を描く風習がある。この大の字といふのは、恐らくは物忌を厳重に守つて居るといふ表示であつて、外国の学者の謂ふタブーのエンブレム、即ち注連縄や玉串・オサシ棒の端に垂れるシデに該当するものかと私は思つて居る。この講堂の窓からも見えるあの相州の山の下の村々でも、二月十二月の八日の晩は、殊にめいめいの履物類を、家の外に出し忘れて置くことを怖れる。それはもしかの一つ目先生が遺つて来て其上に焼印を捺すと、直ぐに持主の身の上にか、はるからである。といふのもやはり上総房州のミカハリの夜の慎みと、考へ合せて然るべき祭の精進の方式の一つであつたらうと思ふ。

八

古い信仰感覚には言葉が無い為に、女や子供には精確に学ぶことが出来ない。少しく其記憶を具体的にしようとすると、斯ういふ下駄に焼印といふやうな、たゞ片端の特に印象の深い一点を抽き出して、話題に上すの他は無いのであつた。人が其本旨を体得する為に一生涯を費さないと、もしくは考へ深い年長者がその伝承に参与しないと、新しい文化に取残される結果に帰するのである。いはゆるインテリ層の人々が子供の頃に家を離れ、国民の伝統を省みる機会を与へられなかつたといふことは、必ずしも物忌の問題には限らず、あらゆる生活の規準の保存に関して、ちつとやそつとの損失では無いのである。さういふ中でも多くの精進の戒めなどは、昔の社会の初等教育であつた故に、寧ろ若干の誇張と遊戯味とをまじへて記憶せしめられる。二月と十一月との山の神の祭日に、山に入つてはならぬといふ言ひ伝へなどは今でも有るが、もし子供が、それでも入つたらどうなるかと訊くとすると、怪我あやまちがあるとか、出て来られなくなるとか答へるのはまだ単純な方で、人によつては此日は山の神さまの木算へ日だから、樹の中へ算へ込まれてしまふ、即ち自分も樹になつてしまふなど、謂つて嚇かしたものであつた。或は八日のコトの日に仕事をして居ると、ヤウカゾといふおばけが出て来るともいふ。ヤウカゾはたゞ単に「今日は八日であるぞ」といふ注意の古語に過ぎぬのであつた。信州佐久地方の農村では正月の晦日、二月の月に移る晩をやはり怖れて居るが、此日もし山に入つて居ると、ミソカヨイと呼ぶ声がする。その声を聴いた者は死ぬなど、謂つて居た。是もやはりけふは大切な三十日だよといふ注意の声に他ならぬのである。上方から関西の方へ行くと、十二月の二十日をハテノハツカと謂つてひどく怖れる風がある。是も正月の為に精進を守るべき一日だつたかと思ふのだが、やはり山路に於て此日だけ化物が出るといふ話が、吉野の姥峯その他にはあり、さうかと思ふと此日は一年中の死刑囚の首を斬る日だといひ、又は山姥の洗濯日だから、もしくは乞食の袋洗ひの日だから、普通の家では洗濯をしてはいけないのだと言つたりする土地が多い。盆には蝶や蜻蛉を捕つてはならぬとか、正月三ヶ日から兄弟喧嘩をすると、一年中喧嘩をして居なければならぬなど、謂ふのも、何れもこの例示教育の一つで、さういふ教へ方をしたところで、もとは決してただそれだけを守つて居ればよいわけではなかつた。さういふ常には構はない事すら戒めなければならぬ大切な日だといふことは、是を言つて聴かせる女や年寄の挙動を見ても元はよくわかつたのである。今日はたゞ其事だけを慎めばそれでよい様に、覚えて居る人も多くなつたが、針取らず水汲まず、鎌止め犂止め、さては肥精進・鶏精進などいふのも皆同じことで、曾ては之に伴なふ外廓空気のあることを、言はず語らずのうちに我々が学んで居たのである。

しかも一々の禁条を諳んじ、是までは差支へ無し是を過くれば穢れになるといふことを、知り尽して居るといふ自信は中々持てない。さういふ人も少しはあつたらうが、いはゆる慎しみ深い老人老女などの、あまり何事にもやかましくいふのは、ヒンミツとかゴヘイカツギとか、クスナ人などゝ謂つて段々にきらはれて来た。さうしてたゞ記憶しやすい二三の禁戒ばかりが、事々しく残ることになつたのである。それから今一つは人が心付かずに、忌を破るといふことも屢ゝ有り得る。たとへば道中や船車の中で、喪の穢れのある人と合火をするといふやうな懸念も無いとは言へない。果して自分は身が浄く、大切な祭の役を奉仕するに適するか否かに就て、多少の不安の無い者は少なかつた。悪いことには巫女とか占ひ者といふ類の物知りは、いつも人のさういふ弱点のみを突かうとするので、半分の無関心は却つてこの迷信を強くした形があるのである。門口に注連を張り物忌の札を立て、又は努めて外出と接客を避けようとした中世の生活も、この不安を最少限度に縮めようとした、言はゞ弛緩期初頭の現象だつたのである。斯うまでして見ても、なほ隠れて気づかなかつた若干の違犯は想像し得るので、その失敗を清算せんが為に、祓といふことをして区切りをつけ、新たなる勇気を振ひ起して、祭祀の事務に就かうとしたのであつた。

九

祓といふ方式の起りは無論非常に古い。しかし其利用の範囲は近世に入るほど拡張して居る。之に信頼して日頃は自由な生活をする者、今に祓つてもらふからよいわと言つて、祭の前の晩まで牛肉を食ふ者などは元は決して無かつた。その上に祓の方法も近頃は極度に簡単になつた。いはゆる御幣を頭の上で振つてもらへば、それでまがこと罪穢れが銷除するなど、いふことは、私の見る処ではハラヒの学説の進歩に他ならぬ。古い且つ最も本式なる祓の方法は、近頃再び復活しかゝつて居るミソギである。是はたしかに印象の深い行事で、元は之によつて肉身の改造に近い結果が得られるやうにも考へられ、又それが第一の目的であつたかも知れぬが、是と共に一時的に身の穢れや罪を自覚する者も、之によつて清め拭はれようとしたらしいのである。沖縄諸島で謂ふところのシューキーは、今では潮蹴りの意に解せられて居るが、もとの起りは「蹴る」では無いのかも知れぬ。とにかくに忌まれの状態のちやうど終つた者、又は新たに忌まはしい事の起つた場合に、共にそれを絶ち切る為にこの潮蹴りを沖縄ではして居る。旧日本の方でも、前には喪の終りなどに之をしたかと思ふが、今日はそれが甚だしく略式になつて居る。たとへば葬式から帰つて来ると、水を張つた盥を跨ぎ臼のまはりを廻り、もしくはちよつと塩を嘗める真似をするといふ位なことで、多数の人々が喪に参加することになつては、さう大袈裟な事も出来まいが、是では完全に穢れの不安は取れず、従つて人が無感覚になるより他は無かつた。それよりも一段と濃厚に近頃まで残つて居たのは、産の穢れの浄めで、是も山間の村とか、又は讃岐の伊吹島のやうな海近い村々が主であるが、女は月毎の忌まれにも昔通りの禁戒を守り、厳寒にも荒海の浜に下りて身を滌ぐ者があつた。山で大きな野獣と闘ふべき人々、東北でいふマタギなどが、やはりこの水の祓を殊に重んじて居た。たゞに物質上の穢れだけで無く、山言葉の禁条を無意識に犯したといふ場合にも、やはり谷川に身を浸すことを強制せられ、又は何十杯も冷水を頭から掛けられた。即ちミソギは斯ういふ人々の間には、昔から引続いて守られて居るのである。

たゞ一つ今日の復活時代と異つて居る点は、彼等は一般にミソギといふ古代語を忘れてしまつて居た。さうして改めて之をコリと呼んで居る。コリには久しい以前から垢離といふ字を宛て、居るが、そんな変てこな漢語があらう筈は無い。即ち宛字はどうあらうとも、コリは日本語なのである。或は是もコモリといふ語から出たものかと私などは思つて居る。とにかくに祭の為にコモル人々は、以前は其始めにも又中間にも、海川に降つてこのコリを取るのがきまりであつた。宮ゴモリを春秋の行楽の一つと思つて居る土地の人たちは、無論この様な難行苦行はしないが、切なる祈願のある者は今でもよくこのコリをかいて居る。殊に村内に重病の人がある場合には、親族知友が合同して勢祈禱又は千垢離といふミソギをした。即ち都会地などに行はるゝ御百度の一つ前の形で、多数の念力を集めて神の御助けを得ようといふ計画なのである。越後の雪深い冬の祭にも、精進屋の作業の中心として之を行ふ例があつた。後には之を青年訓練の方法と見、又念仏の信仰と結び付けた精進屋もある。東京などの寒参りも其遺風であつて、今では深川の不動様へ参る者ばかり多いやうだが、それでもなほ口には六根清浄を唱へて走るのは、つまりは一切の穢れの原因を防衛し得たといふことと即ちミソギをした清い身を以て、祭を奉仕しますといふ意味に他ならぬのであつた。

一〇

水を以て身を清めた上でないと、神様の前に近づくことが出来ぬといふ古来の約束は、社頭の石の手水鉢となつて今も残つて居る。しかし今日はそれを只見て通る人が多く、柄杓が添へてあつても百グラムとは水がすくへない。ちよつと口を濯ぎ手を拭くだけしか用意をしてないのが普通であるが、以前は詣るほどの人は悉くこゝで水を浴びたのである。村々の御社にも堀を引き池を湛へて、其為の設備がしてあつた痕跡はまだ見られる。殊に霊山の登路には必ず其為の川の流れがあり、之を精進川といふものが多い。誰でも知つて居る手近の例は、富士山の須走口などで、今の登山口の橋からすぐ下流に、いはゆる垢離場があつて、しかもこゝを使はぬ人ばかりが、在ることも知らずに通つて居る。此頃聴いた話では、熊野大島の樫野村などは信心深い土地で、氏神の御社地は霊域であり、一人でも履物をはいたまゝで参詣する者などは無いさうだが、この御宮の山の麓に、幅三尺ほどの清い流れがあり、こゝで必ず手と口とを洗つてから登ることは、内宮の五十鈴川も同じであつて、村では其水流れをヂゲノ川と呼んで居る。ヂゲは地下と書き人民居住地の意に使はれる。即ち是が神と人との境の線で、ミソギをせぬ者が越えることを許されぬ関門なのである。他の地方の御社でも多くは同じやうな水の流れを控へて居るのだが、設備は昔のまゝでも、人の利用方法は世とゝもに改まつて居る。

　或はこの神社の前の流れを、シホイ川と謂ふ地方が鹿児島県大隅などにはある。シホイといふ言葉は西日本に弘く行はれて居るが、土地毎に少しづゝ内容がちがふ。九州の多くの海岸殊に島々では、潮水を汲んで家を浄め又身を清めることがシホイで、其為にオシホイタゴ又は清め桶といふものを備へ、それを手に下げて毎朝もしくは月の三日、海端に出て潮を汲み来り、家の周囲に振り散らして神を拝んで居る光景はよく見かける。ところが福岡博多からその附近の村々は、シホイ桶の代りにシホイ箱といふ箱を戸の口に下げて置き、是へある一定の浜に出て、潮干の時の清い砂を取つて来て置き、やはり同じ用途にふり散らすのみか、海女などは水に潜る前に拝をして之を海面に撒くといふ。島根県の海岸一帯には、潮水を汲む風もあるが、又同時に海近い神社の社頭にも、オシホイ石といふ平石があつて、是は潮水を汲んで来る代りに、潮に浸つて居た藻葉の一房を手に持つて社に参り、それを此石の上に置いて来るのである。この三通りのシホイの中で、どれが最も古い形かは容易に見わけられる。シホイといふのは本来潮を以て清めることなので、汲むから潮井であらうと思ふ人も多いが、此イはやはり忌籠りの忌らしいのである。中国から東の方は、西国のやうに盛んでないが、やはり熊野その他に今以て潮汲みの風はあり、又常の月にはさうしなくとも、いよ〳〵例祭が近づくと之を始め、又は頭屋に指定せられた家だけが之をする。五里三里と離れた内陸の村からも、祭の支度として海へ出て潮を汲み、其際には必ず垢離をかくといふ処もある。どちらが主でどちらが従であるかはわからぬが、コリにもカクといひ、潮を汲むこともシホカキといふから、二つは関係があるので、事によると沖縄でいふシホケリも、同じ言葉の変化かも知れない。

遠州の山住神社などは、海から十数里も離れた奥山郷であるが、それでも祭には御潮取りに天竜川の下流、今では二俣のあたりまで行つて川の水を汲んで居る。爰までは海の潮が通ふものと見たのかと思ふ。隠岐の島ではシホタガとチヤトタガ(茶湯桶)とを区別し、神祭には是非とも潮桶に潮を汲み、仏事には必ず淡水をもつて参ることにして、之を茶湯桶と呼んで居る。長門の見島などではタテシホと称して、海が荒れて潮を汲むことの出来ぬ日の神事には、水に真塩をまじへて用ゐるといふ。是等の例を見れば、祭に必ず海の水を使はねばならぬ仕来りがあつたので、即ち潮水そのもの丶力を認めて居るのかと思ふ。東京で今も見らる丶盛り塩や塩花は、どうやら或る職業の家だけに限らる丶やうになつたが、是はこの階級が妙に古い形を守るからで、春の初市の吉例のあきなひに、若塩売りが出る土地がまだあるのと同様に、ほんの偶然なる末端の保存かと思はれる。

一一

如何なる信仰でも、解説者が中に立つて時代との調和を講じ、その理論化に耳を傾ける者が多くなると、その本筋は却つて最初の形からは遠ざかり、さしもに神々しい筑前の檍ヶ原の御物語が、たゞ祝詞の言葉として伝へ誦せらるるだけになり、もとは其文句を唱へる度数の数取りに過ぎなかつた玉串を、オハラヒの名を以て尊重するまでになつてしまつた。しかも一方には其教理の外に在つて、自由に変化して行くものは統御する能はず、是もいつの間にか狭斜の巷の、門の敷石の一つまみの塩にまで改まつて来たのである。国民が自ら学ばなかつたら、斯ういふ二つのものが根原は一つであることを、覚り又省みる機会は来ないであらうし、さうすれば再び又荒々しい独断論が相闘諍して、結局素朴にして透徹した古人の心に、共鳴し得ることが困難になるばかりである。古今万巻の神道伝書類を精読して、公平なる批判を下すことも一手段であらうが、私たちは寧ろ自然に移り動き、しかも今までは全く歯牙に掛けられなかつたものを、跡つけ比べて行くことを近路と見て居る。此方には或る二三の卓越した人の、我執といふものが無いからである。さうして多数凡俗の群の、歩みさうな方角へしか歩んで居ないからである。

基督教の方でも、所謂バプテスマが近代の歴史研究によつて、もう一度古式に復らうとして居ることは、我々のミソギとよく似て居る。しかし問題は必ずしも形式の古今で無い。古いものが正しく又有効であるかとは思ふが、さう決する前に先づ考へて見なければならぬことは、そんなら何が故にその古い方式が永く続かず、よかれ悪しかれ次々の変化を受けずには居なかつたかといふ点である。花が日を経て萎れ香がおのづから燼するやうに、時がさうさせたといふ考へ方もあらう。たゞ其時に働いたさまぐの力のうちで、あるものは遠く弱々しく、又あるものは痛切であり積極的であつて、避け又は免れることの出来ぬものがあつたことは認めなければならぬ。人の願ひと悦びとが、元は単純であり御揃ひであつて、容易に一つの神の一度の祭に協同し得たものが、次第に分れぐになつて来た傾きは、全国を通じて現はれて来て居る。同じ御社の一年の祭の度数が、先づ一般に多くなつて来た様にも思はれる。其次には出で、他の地の大小の祭に仕へること、是は国内の交通が盛んになれば、当然にさうならずには居られぬわけで、それも各自の経験が区々になるに伴なうて、末には祭とも名づけ難いほどの、随時の物詣でばかり多く、日本は世界にも珍しい、気まゝな巡礼の国になつて居るのである。斯ういふ個人の頻々たる臨時祭に、精進の準備の為し遂げ難いことはわかつて居る。今でも出羽の三山の行者などは、自分たちのみで忌に籠るといふが、物忌は元来群の雰囲気によつて支持せらるべきものであつた。しかも一方には新たなる生計の累ひが多くなつて、総員がその信仰上の義務に服し難く、村に頭屋の制を設けたと同じやうに、家々にも若い男女の一人を選定して、専ら神役に当らしめる独り精進といふ風習も、越後や伊豆大島などにあつた。所謂講中の組織の如きも、亦一つの近世日本の特色であつて、人が一生の間に必ず一度、この大切な役目を果すやうに企てられたものと思ふが、組が小さければ力が弱く、大きくなれば又輪番に洩れて、つひに其体験をせずにしまふ者が多くなる。つまり我々は祭の有難く、精進の大事なことをよく知つて居るうちから、自分等のみは折が無くて、段々とこの行事から遠ざかつて行つたのである。是には勿論さういふ任務を専業とする者の、進出といふことも考へなければならぬが、少なくとも彼等の数の激増だけは、物忌衰退の原因では無くして、寧ろ其結果であつたかと私は思つて居る。応仁乱後の戦国時代から、急に盛んになつたといふ代参・代願・代垢離の風俗は、たしかに神職や修験の地位を重要にした大きな力ではあらうが、是を促したものはただ平和なる交通の杜絶であつて、人が遠くの神々に禱り、又は御礼申しの参拝を企てるといふことは、もうそのずつと前から普通になつて居た。信心は既に個人の事業となり、物忌も亦公共の利害と、交渉の無いものとなりかゝつて居たのである。孤立した各郷土の信仰が是によつて半ば解体しつゝも、同時に一方には之に代つて、もつと大きな全国的の統合が現はれて来たことも、驚嘆に値する国民精神の一致ではあるが、さういふ激変の数百年を重ねて、なほ以前の祭と物忌との方式を、幽かながらも持伝へて居る土地が、何箇処と無く国内に有るといふのも、是に劣らぬ位に昔なつかしく又嬉しい事実である。今日はこの信仰上の遠心力とも名づくべきものを、少しも計算に入れない学説が、建てゝは又崩されて居るのである。さうして民間の多くの信仰現象が、常に神道の説明の外に置かれて居る。この様子ではいつの世になつても、国民は自分の問題として之を考へることが出来ないであらう。

家と文学

一

恋愛と文学と言つてもよいのだが、それでは月並であり、又少々は誤解の虞れもある。自分の説いて見たいのは、文学が個人の怡楽《いらく》となつたのは後の事で、本来は家の為、血筋を清く耀かしく、又末永く栄えしめんが為に、生れ出でたるものではなかつたかといふことである。その古い痕跡はなほ遺り、是が後代の隠れたる拘束となつては居なかつたか。文学の用途は勿論世と共に増加した。しかもその所謂新たなる使命を果さうとするには、一たびは振りかへつて古今の変遷を、意識する必要が有るのではないか。それから今一つは、家の生活を中心とした文学は、今でもまだ相応に要求せられてゐるのではないか。斯んなことが私には考へて見たいのである。

文学には限らず、社会のあらゆる制度文物を、公事根源風に考へて見ようとする癖が、まだ我邦には消えずに居る。最初如何して歌といひ物語といふものが、この人世には出現したかといふことを、昔の人たちはいとせめて知りたがつて居た。いはれを承はつて見ればなるほど結構なものだ、さやうに遠い昔から有つたといふことを知つて、大切にしなければならぬことがよく判りました、と言つて喜んで居た素朴な人の心持はなつかしい。しかし現今はもう少し疑問が痛切になつて居る。如何にして現在見るが如き国文学といふものが、この大御国には出来上り、他には行き方も無いもの、如く、久しい間我々を考へさせて居たのだらうか。斯ういふ不審を抱く者は私たちばかりではあるまいが、是に答へるにはやはり沿革と来歴とを説かなければならぬ。ごく最近のことはもう知つて居るとすれば、そのすぐ前に繋がるものをまづ明らかにする必要があるのである。我邦の文芸を今日あらしめたものは、発生ではなくして経過である。種子と芽生えではなくて、太い幹株とそれから枝さした葉と花と実である。沿革を根源の中に打込んでしまふわけには行かない。

人は文学の成長はもう知つて居るやうに感じて居る。もしくは最初に世に現はれたものと、今の姿との間には、さう大きなちがひは無いとも思つて居る。八雲立つ出雲八重垣の御歌も三十一文字、にひはり筑波も連歌、形体の上から見ると成るほどそんな気もするが、之を理解し又感動する人の心持は次々に新たになつて、前には誰にでもわかり切つて居たことが、わざ〳〵見つけ出して説明しなければならぬまでに、遥か背後に置き忘れられるのである。少なくとも我々の歌や連歌に対する態度は、いつの間にか大いに変つて、始めて世に生れた時のまゝには之を利用して居らず、その癖古くからの行掛りには、をかしい程まだ囚はれて居るのである。我々の生活は出来るだけ新しいものでなければならぬのに、この目にも見えぬ前代の約束だけが、今以て行く手を指導して居る。史学を反省の学問だといふ理由は茲に在る。このさき我々は如何に活くべきかを決するには、まづ以て如何に活き来つたかを明らかにする必要が有ることは、独り政治法制の上だけに限つたことではない。文学の歴史に就いても大切な点は、やはり国民全体との間の、長期間に亘つた交渉感応の跡である。

単に形態の側だけから、文学の沿革を尋ねたのでは此点を明らかにし難い。歴史には別に今一つの見方があるのである。それを内容主義と謂つては当らぬか知らぬが、とにかくに詩歌物語が何の為に生れ、何を詠じ何を語らうとして居たかを、考へて見る方法が起つてもよいのである。大体にそれはよその国々でも、民俗学の管轄に属して居る。といふわけは或時代より前に溯れば、それが何れも皆文字を雇はざる、耳から口への文芸になつてしまふからである。今までに出た例では旧約全書のフオクロア、又は西欧の文学に運ばれて居る東方古伝、誰がどうして持つて行つたかは知らぬが、や、似た生活環境にはいつも同じやうな夢幻が再現して居て、それが偶然の所産で無いことを感ぜしめる。近よつて之を熟視する途は開けて居るのだが、文学を或天才の独創のものと認め、又は民族毎に特別のものと考へる人には、この方法は不必要であり、或は又不可能でもある。

二

文学の宗教的起原といふことは、日本でももう数人ならず之を説いた者が有る。しかしその人々の中には或は信仰は単に一つの機会であり、もしくは外形と方式をきめただけで、その器に盛つたものは悉く、後の人のあらたに調理した御馳走といふ風に、思つて居る人も無いとは言へない。もちろん民族の固有信仰が衰へると共に、その管理の手が弛んだと同じく、文芸の目標又は題材も少しづゝ、もとの囲ひから出て行かうとしたことは事実だが、忘れてはならぬのは是は皆相手の有る仕事であつた。如何に奔放なる空想家が出現しても、聴手読者が承知しなければ文学にはならない。だから実際又文学は虫の這ふやうに、砂時計の漏るやうに、長い月日をかけて、ほんの少しづゝしか変化して居ないのである。

たとへば爰に近頃問題の、源氏物語を取上げて見ても、或一人の最もけだかく、最も麗はしい貴公子があつて、到る処に御妻を覓めたまふといふ語りごとに、趣向としてどれだけの新味があつたらうか。変化はたゞ個々の細部の叙述であつて、是は私たちのいふ文芸の自由区域、空想の遊歩場に過ぎない。其間に能ふ限りの描写が試みられて、ふみ読む人々にや、新鮮な印象を与へたのだが、是とてもずつと大昔の語り部もしたことで、古事記に現はれたる日本武尊の御旅、もつと溯るならば八千矛神の冒険談まで、きまつた一つの型だつたといふことが出来るのである。

しかも一方にはこの趣向は、江戸文学の最後のもの、否進んで明治以降の政治小説、惨風悲雨世路日記だの、佳人の奇遇だのといふ恋物語まで、どれも是も漢語でいふ月下氷縁を説かざるものは無かつたのである。外国の学者は是を残留と名づけて珍重して居るが、この残留のみはあまりにも現代及び過去記録の類例が豊富な為に、殆と証明の必要が無い程度に、その起原がよくわかつて居る。即ち一言でいふならば特殊婚姻譚、又は聖なる選択とも名づくべきもので、もとはその婚姻の一方だけがたゞの人間であり、数多くの中から一人だけ抜き出されて、世にも類ひなき縁組をして居たのである。此中にも男が我々の仲間の者で、配偶者が別の世界の存在であつたといふもの、たつた一つの約束を守り得なかつたが為に、天縁忽ち尽きて妻は遠く蒼溟の彼方へ還り去るといふ話、是には日本では子を産んで残して行くといふのが特に多い。神代にも例はあるがそれは別として、中世には小野頼風、安倍保名、肥前の雲仙岳の爆発は寛政年間の出来事だが、是にからんでも蛇女房の奇瑞が伝はつて居る。天の羽衣も民間に語られるものは、みんな二人か三人の児を留めて居る。

しかし是よりも数に於いてずつと多いのは、他の一方の神父人母即ち人間界の処女の最も清く美しく又慧しい者が、世に稀なる聟君を迎へる。さうして其間に生れた児が永く故地に留つて、長者の家を興すといふ物語で、女は家に居る者と昔はきまつて居たので、この方が一段と自然に聴かれたのである。之をいつまでも記憶して居た者が何人であつたかは、物語の内容からでも察し得られる。それは旧家の本家である以上に、神に仕へる家又は所謂神のもろふしを出す家であつた。神に嫁ぐといふ奇跡は一度しか起らなくとも、それを貴い前例として、終に人間の男にはまみえず、叔母から姪へと相続して行く家だつたかと思はれる。この珍しい最後の物語が、多くの名門の娘たちの心をけだかくし、行ひを慎ましめた例は世界的といひ得る。加特力《カトリック》の国へ行くと、幼ない基督の花嫁になつて、指に黄金の指環をはめてもらつて居る画は沢山に見られる。恋と信仰とには、もとは感動の非常に近いものがあつたらしいことは、謡曲の物狂ひの舞などにも現はれて居る。我邦の特色としては清い食物と衣服とを調へて、澄みきつた水のほとりに機を織つて居ることが、其準備であつたかと思はれる。深夜に梭の音を聴くといふ機織淵の伝説は、文芸と言はうよりももとは信仰であつた。

三

この言ひ伝へは後に二つの流れに分れる。その一つは大師井戸の話となり、心のやさしい女が地機の紐をほどいて、遠く清水を汲んで来て旅僧に飲ましめる。それが弘法大師であつたので忽ち善行を賞して、門前に清冽の泉を湧かしめ、もしくは取れども尽きぬ宝を与へられる。相手が弘法様では婚姻の沙汰の無いのも已むを得ぬが、機を織つてゐるといふことは本来は嫁ぐべきものの表示であつた。単なる物語の一つの形といふ以上に、宮古島などでは近世になるまで、在番の役人にかしづく女は、最初は皆表口で機を織つて居たといふ話だから、是が又現実の風習であり、いはゆる月卿雲客を聟に取らうとする者の、一つの求婚の作法だつたかも知れぬのである。物語に出て来る長者のまな娘は、機も織らずに月前に琴をかなでて居る。そこへ牛若丸は笛を吹いて訪れて来るのである。斯ういふ世にも稀なる恋愛の歓喜といふものは、如何に花やかな言葉を以て説いても説き尽すことは出来ない。小野のお通が作といふ十二段の草子などは、その空想のエクスターズであつたが、中古の物語の多くのものはそこを狙つて居る。

それから今一つの方はいはゆる異類婚姻譚、Bête et la Belle などと、西洋では二つのB文字を以て呼ばうとして居たもの、日本では大和の箸塚の古伝から、多分は大三輪氏の移住に伴なはれて、豊後の大太童の生ひ立ちまで繋がつて居るもの、是には中世の著しい変化があつたことは、前にも私は説いて見たことがある。即ち最初は単なる神変型、神がたま〳〵御妻の願ひを容れて、小さな錦色の蛇と現じて、櫛笥の中に睡つて居られたといふのが、後には山中の洞や淵に住む大蛇が、仮に若者の姿になつて逢ひに来ることになつて居る。是では嬉しいと思ふ者よりも、いやだ気味が悪いと怖れる方が自然であつて、従つて人は必ずしも斯ういふ聟君を悦ばず、遁げて還つて来たとかもう再び訪れぬやうにしたとか、いふ様な話の方が段々と多くなり、更に進んでは猿の聟入といふ類のおどけた狂歌話さへ生れて来て、もう之を家に附いた伝説として記憶する者が無くなりかけて居るのだが、是は要するに一部の零落の姿であつて、まだその以外にもすぐれて貴い聟君の、暫らく形を変へて通ひ住みたまふといふ物語は多く栄えて居る。起りは宇佐八幡の神話では無かつたかと思ふ炭焼小五郎、更にその娘の絶世の美女を中心とした、山路の草刈る夜の笛の物語などはもう事古りて居る。近世の浄瑠璃の中にも、諏訪の狐火に出て来る百姓蓑作とか、さては賀茂の下り松の故事から筋を引いたらしき、扇屋熊谷の扇折り小萩とか、いはゆる世を忍ぶ仮の名といふ趣向は非常に多い。さうしていつでも之を発見する者は、清く純なる人間の少女の、兼ねてその配偶者たるべく定められて居た者であつて、結局は島台に松竹鶴亀、末めでたい婚礼の盃に帰着することは、必ずしも近代小説だけの常套手段では無かつた。昔話の本式なものが一切が皆是であつて、その為に「一期さかえた」とか、「孫子しげつた」とかいふ結びの言葉が皆附いて居る。

家を大きくし且貴くする力が女に在るといふ考へ方は年久しいものであつた。氏無くて玉の輿などといふと下品にも聴えるが、是が我々の民族の、大昔以来の婚姻制度でもあつたかと思はれる。階級の限定といふことは、我々の縁組には現はれて居ない。外国でも昔話の中だけには、貧しい家の子が王者の聟になる話が普通であつて、異等婚姻を排除しては居ないが、我邦の特色としては賤種は概ね女であつた。それ故に又「嫁は木尻から」といふ諺が、今も民間に行はれて居る。国民総員のけなげなる願ひは、いつも貴種を永続し又補強することに役立つて居る。中世の諸家の系図を見ても、母は家の女房といふ例が多く、武人の勇名の最も高い者の中にも、母は遊女と明示したものさへ折々はあるのである。

四

この千百年を一貫した恋愛文学あるが為に、我々凡人の婚姻には夙く一つの理想が出来た。必ず究極の目標に達せずば已まじとはせぬまでも、少なくとも進むべき一つの方向は見定めて居た。殊に文学に親しんだ女性が、凡々たる縁組をきらふやうな傾きを生じ、其為に余分の苦悩を味はふことにもなつた。近代の多くの写実小説なるものが、名ばかりは世相を描くと称しつゝも、なほ常に偶然の最も奇なるものに、題材を捜さうとしたのも其為だつたかも知れぬ。さうでなければくだらない自分の身の上を、さも大事件のやうに説き立てようとしたのも、やはり第一等の佳人才子でないと、小説に登場する資格が無いかの如き、古い因習を守つて居た為とも考へられる。二葉亭四迷の浮雲が世に出たときは、世間はほんたうにびつくりしたのであつた。斯んな何でもないたゞの娘や小役人の恋が、果して文芸になるのかといふやうなことを口にした。その意味は平凡人の尋常一様の婚姻などは、もとは芝居でも物語でも無いと思つて居たのである。あれから勿論筆とる者の態度は改まつて居る。しかし隠れたる前提とか、運命の威力とかいふものを抜きにして、人が自分の能力だけで活きて行けるものにすると、文芸は今でもその感動の五六割を割引せられるのである。昔は物語が常に稀有を捜して居たのは、家を耀かしくする要求があつたからだと思ふ。さういふ必要の丸で無くなつた者までが、是で無くては文芸とは言へぬやうに心得て、何でも書ける人の手を、少しでも一方へ引張り付けて居たとすれば、それは因習と言つてよからうと思ふ。

しかしさう言つて居るうちにも、少しづゝの変調は萌し始めて居なかつたとは言へない。女はめでられるもの、言問はるゝもの、さうして其為に苦しみ悩み、泣きつゝ時を待つべきものといふのが古い型であつたに対して、芝居の女だけは妙に進取的なものが多く、是が最上の縁と鑑定がつくと、どし〳〵自分の方から働きかけて居た。あれを見るといやになるといふ者もあり、あれは男の見物だけを悦ばせる為に、作つたものにちがひないと言つた女もある。実際やゝ其気味も無かつたとは言へない。男は自惚の為には高い対価を昔から払ひつけて居る。さうして一方には、神霊貴人の知遇を忝なうしたといふ物語を、色々と修飾して持ち歩いて居た婦人の、第二の職業は遊女であつた。伎楽を背景とする遊里の文芸がある時代を代表し、是が一部のますらをのみの慰安となつたのはまだよいとしても、その御蔭を以て多数尋常の婚姻は、いよ〳〵平凡なものになつてしまひ、それに満足し得ない僅かな女性の修養を、いつまでも源氏物語一類の特殊文芸の中に閉ぢ込めて、更に彼等の境涯を孤高ならしめたのは、世の中にとつては損なことだつたかも知れぬ。しかし是とても考へやうによつては、亦一つの進化の過程とも見られぬことは無い。かつて蓮葉と謂はれた輩の勇敢なる進出は、単なる慰撫と激励と以上に、実は男子の反省の為に働いて居る。以前も心の底の批判は鋭かつたのかも知らぬが、之を表示する方式は女には甚だ限られて居た。それを率直なる形を以て言ひあらはす風習が始つて、黙つて傍聴をする娘たちまでが、いつの間にか斯ういふことによく気の附く者になつた。男の価値が鑑別せられるものとなつては、彼等の身だしなみは改良せられざるを得ない。たとへ美点や長処だけを誉めたゝへるにしても、誰だつて直ぐに其反面を考へることが出来る。是が品行道徳の改良に役立つたことは、江戸期の洒落本のやうな、たわいもない記録の中からでも想像し得られる。男女の選択が双務的になつたと言はうよりも、寧ろ男の方が一層苛酷に、等級づけられる傾向が顕はれたのは、原因は主として旅をする女どもの、やゝ自由に過ぎたる歌言葉に在つたやうに思ふ。尤もこの文芸の成長にも、是から説いて見ようとするやうに早くからの苗床が有つた。以前は至つて僅かな上流の、才覚ある女性のみに限られて居たものが、後追々に弘く民間のものとなつたことが変化なのである。この古今二つのもの丶間には隠れたる系統があるのか、たゞしは単なる倣傚移種であるかは問題であるが、ともかくも文芸は我々の社会生活を動かして居る。日本の女は弱い。是といふ確かな武器がないと、デコブラなんかは言つたさうだが、明らかにそれは見そこなひであつた。批評は彼女等の可なり鋭利なる武器だつたのである。それが近世の恋愛を無用に複雑なものとし、人生の是に向つて割かれる部分を、聊か過大にしたことも争へないが、もつと確かな効果としては、配偶の問題について我々を注意深くしてゐる。それから今一つは日本の文学を、至極念入りな叙述の物語と、や丶含蓄の多過ぎた短篇詩の歌俳諧と、左右両端に引分けてしまつた。是もやつぱり国柄と謂つてよいと思ふ。

五

森鷗外さんのまだ三十三四の頃に、私は学生で毎度話を聴きに行つた。兄の友だちといふ以上に、特に熱烈なる崇敬を捧げても居たからである。ちやうど恋愛文学の氾濫といふことが、老いたる識者に非難せられて居る時代であつた。あんな愚な話は無いと、例の通り先生は冷笑して居られた。色をしない人間はこの世にはあるまい、その人間の生活を写すのが小説だもの、恋愛文学になるのは当り前さといふやうなことを、もつと詳しく言つて聴かされた。私は還つて来てからも時々之を憶ひ出し、後には少しづゝ首をかしげはじめたのである。人間がむきになつて身を打入れる題目は、他にもまだ幾つかゞ算へられる。たとへば食物などは仏蘭西人が少し之を取扱つて居るが、それでもまだ主題とまではなつて居ない。事業や学問の大きな夢、天然を味方につけようとするたくらみ、乃至は二つの民族の死ぬか活きるかの戦争の如き、たしかに個人の求婚以上の重要事項であつて、古くは又之を主とし、恋愛をたゞ挿話とした文学もあつたのだが、現在はもうさういふものも無くなり、この一つ事のみがくり返し説き立てられて居る。其理由はしかく簡単で無いものが、何かまだ隠れてあるらしいと私は思つた。

それから今一つは、その恋愛文学の成立にも、古今を一貫した定型の如きものがあつて、どんな種類の経験でも、すべて之を伝へようとして居たのではない。即ち誰がきめたとも無く今でも文芸となるべき恋愛は限られて居て、しかもよく見ると其中には両立し難いもの、並存がある。二つの方向の違つたものが、調和もなく配合せられて居る。たとへば中世以来の数多い恋物語を読んで見ると、思ひあがりたる美人の神霊を聟に儲ける場合でも、又は聡明なる賤の女が見出されて貴族にとつぐ場合でも、いはゆる宿縁の兼ねて定まるものがあり、是こそ他に掛替への無い婚姻といふことが分つてゐるにも拘らず、歌を詠ませて見ると男女共皆遠慮がちで、最も普通に出て来るのは、忘れられるかも知れぬといふ憂ひ、人の心の変りやすいといふ歎息、それから締約以前であれば、いや数ならぬ身を侘ぶとか、成らぬ願ひに身を焦がすとかいふ、美の文句ばかりを贈答してゐるのは、誠に似合はしくない話であつた。斯んなことを言ひながらすべての物語の主人公は結婚してしまひ、結婚すると皆相応にやかましい亭主ともなれば、又気の強い女房ともなるらしいのは、物の順序としてはどうも合点が行かない。均しく男女の配偶を主題とした文学とは云ひながらも、二つ是ほどまでに行き方のちがふものを組合はせて、多くの恋物語の作られて居た理由や如何。是も亦単なる概括論ではまだ説明が出来ぬと思ふ。

文学に社会の要求を考へるといふことが、大層いやがられて居た時代もあるけれども、少なくとも我邦の前代に在つては、是が無かつたならばこの二種のちがつた恋愛文学は生れず、それを又繋ぎ合せる様な、中世以降の物語は起らなかつたらう。私の解釈は或はまだ容れられないかも知れぬが、この二つのものは共に家の生存の為に欠くべからざるものであつたが、その目的が二つ別であつたやうに、始めて要求せられた時期も大分ちがつてゐて、それが後に一方の更に発達すべかりしものへ、他の一方を摂取したのかと思つて居る。御伽草子でいふならば物臭太郎、昔話の中では猿聟入の猿の辞世の歌などが、この二つのものの境目をよく示してゐる。眼の前に転がつた団子を、殿様に拾つてもらふほどの無精者が、京へ登つて姫君を見初めると急に歌を詠みだす。又は欺かれて大きな水甕を背に負ひ、堕ちて流れて此世の縁が切れようとするときに、「かはいや御猿後家」といふやうな、手筒な歌を残したことになつて居るのは、共に誇張せられない最初の物語には、歌が無かつた証拠だと見てよからう。或は宗教性の有無と云つたら判り易いかも知らぬが、とにかくに一方は遠い昔の記憶で、誰が一人見て居たといふ者も残つて居らぬ話であつた。しかも出来るだけ多数の人に承認させて、家の栄誉と特権とを支持しなければならぬ必要から、其叙述は詳細を極めたのみか、更に次々の潤飾を積み重ねて、いつまでも興味のつきぬやうにしてあつた。之に反して他の一方は、同じく家々の繁昌の為とは言ひながらも、目的は一国毎に完了する。一人の愛する娘にしあはせな結婚をさせてしまふと、それで用がすむやうな簡単な文学であつた。だから久しからずして様式化し又平凡化し、たまく忘れられずに居ればたゞ傚倣の御手本となり、終には一方の伝奇文学の、挿話の種にまで落ちぶれて行かうとしてゐるのである。之を独立した永古の文化財とする事は、相応に骨折な仕事であつた。

六

歌によつて男女の仲らひを柔らぐといふことは、決して或一つの民族の特徴では無い。人の孳殖を願ふものは、あたかも春の光が花を開かしめる如く、常に歌謡の昂奮を以て若い人々を孤独から解放しようとして居る。冬長く春の短き氷の大陸は言ふに及ばず、熱い緑の島々でも若い日は早く過ぎやすいから、何れもやゝ事々しい方式を以て、人間の配偶行動を促進しようとして居る。たゞ我邦に在つてはその歌垣の制度が早く個人化して、やゝ珍しい一種の文芸を成長せしめた点がちがふのである。乃ちこゝでは古い年々の歌をくり返す代りに、妻問ひする者が夙く各自の歌を詠ずることになつて居た。従つて単に歌の声が美しいといふ以上に、巧みに又は鋭く、おのが心の隈を表示することを得た者が認められた。恋をしようとする者は先づ試験せられたのである。この風習は今もまだ幽かに、田園の間には残つて居るが、大体に於いて或時代の文芸記録が、特に顕著にその形跡を伝へてゐるやうで、わざ〳〵穿鑿をしようとしなくても、読んで居れば自然に感じ知られる。たゞ案外にそれが久しく続いて居ないのは、是も又家といふもの、組織が改まつて来たからかと思ふ。

恋歌の法則は至つて簡単であつた。実際的に言ふと「場合」を理解すること、異性の批評に対する敏感、もしくは軽侮に対する防衛、いづれも主として消極的なものではあつたが、ともかくも是を唯一の手段として、自分の存在を相手に知らせることに力を入れ、思つてゐますといふ肝要な点を、何だか第二段にしたやうな感がある。三十一文字の詩なるものが長さと句形、即ち感情の音波ともいふべきものに於いて、恋する人たちの息づかひに適応してゐるのではなかつたか。古今ともに是が最も多く使用せられ、柳亭種彦は田舎源氏に於いて試みたけれども、いはゆる俳句ではどうも調子が取れなかつた。是は必ずしも聯想のみでは無いやうである。

和歌には何かもつと重大な根本の必要があつて先づ生れ、恋歌はたゞその新たなる一つの応用であらうといふことも無論考へられる。それは何で有つたらうかといふことは好個の課題であるが、現在は少なくとも是だといふものが示されて居ない。森さんの言ひ草では無いが皆恋を含んで居る。一番著しいことは問答体、と言はうよりも即席の返歌を要件として居ることで、斯ういふ技能は他の人生事務には必要が無かつた筈である。歌を掛けられて返歌の出来ないのを恥とするやうな気風は、後には連ともなり又数々の難題ともなつて居るが、たとへば神々の祭とか、祈願とかの為に入用なものだつたならば、物忌や御籠りの期間も有することだから、ゆつくりと考へ込んでもよかつたらうと思ふのに、実際は我邦では神様までが打てば響くやうな返歌をなされて居る。さうしていつも相手の言葉を踏まへて、敏捷なる答へを詮とせられた点が、何と無く人間の歌垣と似通うて居る。歌を贈答と全く無縁なものとしたのは、至つて近い頃からの改革のやうに、まだ私には感じられる。少なくとも子女を幸福な る婚姻に誘ふといふ必要が無かつたら、和歌は今までのやうな途を通つて、進歩し又は普及することが出来なかつたらう。といふことまでは言へさうな気がする。この洋々たる国民文学の水源が、曾ては家々の文芸の盃を泛べるばかりの水流れであつたといふことは、我々に取つては寧ろなつかしい思ひ出ではあるまいか。

七

但しこの文芸の後の代に伝はつたのは、ほんの一小部分の、寧ろや、尋常を超えたものだけであつたことは認めなければならぬ。仮に同じ風習が汎く中以下の家庭にまでは及んで居なかつたにしても、なほ此以外に何百何千といふほどの男女が、毎年同じやうな歌を取り替しつ、次々と新しい生活に入つて居たことは争へない。それが世上の口の端にもか、らず、いはゆる家々の聞書にも留められず、従つて撰集の沙汰にも上らずにしまつたのは、大体にさう巧みなもので無かつたからと想像してもよいか知らぬが、それが平凡であつたゞけに、恋歌としては此方が実は目的を果して居るのである。相手がおしやべりで軽々しく人に洩らすか、さうで無ければ伏柴の加賀の逸話にも有るやうに、恋よりも先づ我が作品に陶酔してしまつて、わざとさういふ場合を待つて居たといふ類の、言はゞや、不満足な縁組の記録ばかりが、測らずもこの婚姻文学を代表することになつたわけで、まだ此以外にも若干の至つてしをらしい名歌が、永く幸福なる埋没を甘んじて居なかつたとは限らぬのである。

文学とそんな平俗なる実用品と、二つの境目がはつきりと立つて居るとよいのだが、どこの国でも実際はそれは難かしいことであつた。日本はまだ是でも、題詠といふ風習が盛んになつて、堅い坊さんも深窓の処女も、平気で人恋ふる歌を詠んで居られたからよかつたが、それも練習の必要が認められなくなると、徒らに言葉をあやにする戯れと化して、何でさういふことをするのかを訝かる者ばかり多く、終には今日の短歌界見たいに、戦であれ、労働であれ、あらゆる人事は皆歌に詠むが、恋の歌だけは少しも無いといふ、大よそ森さんなどの予定を裏切つた、歴史離れのした文学になつてしまふのである。折角歌といふもの、地位を高尚にしてもらつても、正直なことをいふと是ではや、淋しい。どうせ若い人たちは何等かの方法を以て、胸に一ぱい有るものを歌ひ出さずには居ないから、よからうではないかとも言つて居られぬのは、それが溜息ほども自分とは縁の無い、よその流行唄の口真似となつたり、もしくは動機の捉へにくいやうな、無やみに感傷的な咏歎となつたり、ともかくも和歌の一つの特長と認められた率直さといふものを失ひかけて居る感があるからである。もう一度昔の混用時代に引戻すことは、それは不自然であらうし、又望むべきことでもあるまいが、いやしくも国に文学の歴史を尋ねる学問があるならば、せめては斯うなつて来たかの路筋を明らかにして、其光を以て是から歩んで行く先を、照さうとするだけの用意があつてよい。この三四十年の変遷などは、異なる民族に示すのも恥かしいやうな、余りなる右往左往だつたと思ふ。

八

私などの解釈は勉強が足りないから、とてもまだ間違つて居ないとは保障し得られぬが、この文学には家の制度、とりわけて婚姻の様式の変遷が、大きな影響を与へてゐるやうである。男女が身を定めると直ちに一つ屋根の下に、昼も夜も共に暮すやうになれば、恋歌の需要は半分は減少する。待つとか忘られるとか久しく来ぬとかいふのは、何の事かと思ふやうな人ばかりが多くなる。昔は恐らくは生涯の思ひ出であつた後朝の情緒なども、いつと無く遊里の独占のやうになり、をかしいことには鴉庭鳥明けの鐘などが、近い頃はたゞ都々逸の中だけに残つて居た。去るとかのくとか謂つて、もとは男には来なくなる自由があり、それを繋ぎ留め又引き寄せる為に、あはれなる歌をよむ必要が女には多かつたのである。

いきてよもあすまで人はつらからじ
　この夕ぐれを訪はゞとへかし

是は勿論大変な誇張だつたらうが、斯ういふことまでも考へる女性が、深くめでられて居たのであつた。しかしそれよりも今一段と大切なのは、いよ〳〵契約を固めるまでの言問ひ、中世の言葉で懸想と謂つた期間の文芸であつた。古い幾つかの物語にも残り、又村里では現実にもさうであつた様に、日本はこの期間の珍しく長い国であつた。さうして文学のまだ十分に利用し得られなかつた時代から、歌が主としてこの交通の役をして居たのである。家と家との関係が以前よりも複雑になつて、親が最初から選択に干与し始めると、歌にも添削があり又時としては代作も行はれて、互ひの心情を語りかはすとは限らなかつたが、それでも古風な上流の家庭では、必ずこの手続きを履んでから、約諾をすることにきまつて居たのである。それが色々の外部の必要によつて、形だけにもせよ、親たちの心一つで、娘を人にくれてやる事が出来るものになつて、恋歌は一旦は完全に実用品では無くなつた。それでい、のだといふ人があつても、もう私などは少しも構はないが、さうすると中古以前の、我々が宝のやうにして居る数々の名歌が、みんな判らないものになつてしまふ虞れだけはある。如何に厳格な親にしつけられ、如何にすなほに与へられたる境涯に適応しようとする娘でも、やはり相手がどういふ人であらうかを、考へて見るだけの余裕は、短いながらにちやんと有る。まして其判断を本人たちに委ねて、親が後になつて承認することにしても、少しも悪い結果の無かつた時代があつたのである。歌で互ひの人柄を試みるといふことほど、平和で又美しい方法は他にあり得ない。それを只いたづら者のけしからぬ企ての如く、内々は解して居りながら、なほ古人の恋歌に感心しようとしたのは、実は歎かはしい結婚道徳の溷濁であつた。事情の変遷といふものを勘定に入れないで、古文学を説かうとすることの弊害は既に現はれて居る。

九

それには在五中将とか、平仲とか女でいふならば和泉式部のやうな、歌の才の人に秀でたものがありながら、一方恋愛についてはや、気まぐれな考へをもつて居た僅かな人たちの存在も、遠い一つの原因で無かつたとは言へない。斯ういふ人々は文学の楽しさに誘はれて、或は時々無益の恋を試みて居た。後世の眼から見れば、是とても興味ある逸話かもしれぬが、当時の未婚者にとつては、是くらゐ無用心な相手方は無かつたのである。うつかりさういふ連中のあや言葉に恍惚とすると、それこそ一生をはふらかしてしまはねばならぬ。女には殊に其悲しみが大きかつたので、この風潮の次第に瀰漫すると共に、女性の結婚文学は、又一段の曲折を見なければならなかつたのである。単なる警戒ならば避け隠れて居てもすむ。しかしこちらにも望む所はあつて、もしも誓ひごとが空しからず、末永く共に住まうといふのが心の底からの願ひであるならば、それをすら棄て丶省みないほどの情無き者でないといふことを、斯ういふ機会に於いて表示する必要をも認めて居たのである。勿論是だけの心構へは、極めて尋常なる村里の女でも持つて居たらうが、たつた三十一文字だけのことを、しかも優雅に言ひ尽さうとすると、特別な技能が無くてはならなかつたのである。うまく言ひおほせると女でも得意にならぬとは限らぬ。それで自然に世に洩れ伝はつて、歴代の歌の集にも拾はれることになるので、是ばかりを見て中代の恋がしどけなく、女はたゞ揶揄と揚足取りとを以て、能事として居たやうに推測することは、是も亦同情の足らぬ話なのである。

さりともと思ふ心にひかされて
今まで世にもふる我身かな
(返し)頼むるに命の延ぶるものならば
千とせもかくてあらんとや思ふ(後拾遺)

あなこひしはつかに人を水の泡の
消えかへるとも知らせてしがな
(返し)長からじと思ふ心は水の泡に
よそふる人のたのまれぬ哉(拾遺)

夕やみは道も見えねどふる里は
もと来し駒にまかせてぞ来る
(返し)駒にこそまかせたりけれあやなくも
こころの来ると思ひける哉(後撰)

包めども袖にたまらぬ白玉は
　人を見ぬ目の涙なりけり
(返し)おろかなる涙ぞ袖に玉はなす
　我はせきあへず瀧つ瀬なれば(古今)

斯ういつた種類の贈答が八代集の中にはまだ何程も有る。さうして大抵が皆女の返歌なのである。今日出しぬけに斯んなことを言ふ人があつたら、相手は怒つて来なくなるにほゞきまつて居る。それが申し合せでも八百長でも無くて、男子を傾倒させ敬慕の念を深うせしめたのは、乃ち又伝統の力であつた。昔も微妙なるあや言葉の中から、すぐに人の言はうとする所を覚つて、それに打合ふやうな巧みな受答へを、歌でなし得た女がめでられずに居た筈が無い。たゞ後々之に加ふるに一分の警戒と、さう安々と賺し誘はれるやうな、軽々しい心は持たぬと云ふ、一種の宣言を以てした為に、いさゝか言ふことが皮肉にもなつたけれども、なほ如何なる返事をするだらうかといふ好奇心は、是によつて少しも薄れることが無いのみか、寧ろ新たなる刺戟を添へて、正しい婚姻へのあこがれを、いよ〳〵痛切ならしめた効果さへあつたかと思ふ。

一〇

歌が文学では無いと仮にきまつて居ても、是はなほ若い男女の幸福を確保する為に、学ばせて置きたい大事な技術であつた。まして世に伝はつた当初から既にもてはやされ、後世その真相がもう不明に帰してからも、なほ作者を是たゞ一つによつて、歌人と認めしめるほどの立派な名歌が、御手本として残されて居るのである。親が最も気づかつた選択の失敗、つまらぬ誘惑に対する防禦力が、之に由つて補強せられたのみならず、更に積極的には女の奥ゆかしさを深めて、良縁を導くよすがともなつて居たことは、決して昔話の世界だけでない。民間には是を一種の護符の如くにも考へて、たゞ形と文字の数の揃ふのを詮とし、必ずしも中味のどうなつて居るかを問はうとせぬものも有つたやうだが、是とても人が尊奉して、永く弘く持ち伝へた結果なのだから、やはり文学のやゝ零落した姿と、見て置いても先づ差支へは無からう。

話はまだ大分残つたが、あんまり長たらしいから此辺で一応結びを付けて見る。家がその遠祖の極度に霊異なる誕生、人と神々との婚姻によつて、この世に出現したといふ事実を記憶して、それを繁栄の基礎と頼み、同時に一門の結合を鞏固にし、他族と対抗する力にもして居たことは、古今幾多の民族に共通な習はしとも言へるかも知れぬが、それも我邦だけには色々の特色があつたのである。第一には神父人母、即ち母を霊界の出なりとする豊玉姫式ともいふべき古伝には反して、是は専ら人間の清い乙女が、高くすぐれた聟がねを迎へたことになつて居て、ちやうど中心の古く貴い言ひ伝へと、向ひ合ふ形を備へたものが多いことである。第二には是ほど国弘く分れ栄えて居る八十氏人の末の末までが、聴けば互ひに感動を共にすることの出来るやうな、よく似た物語をめい〳〵に持ち伝へて居たことで、少なくとも此方面からならば、今でもまだ文化の純一性を、説くことが出来さうに思はれる。第三の特徴といふのも或は是から出たものであらうか。最初恐らくは神の御告げによつて、人は一人も残らず之を実として居たにしても、さういふ時代は過ぎ去つて既に久しく、之を精神上の統一手段として、保存しなければならぬ必要は全く無くなつた後まで、なほその語りごとの美しさ耀かしさに対して、人は殆と昔のまゝの渇仰と予想とを持ち続けて居た。さうして次々の文学の、あまりにも其軌道の外に逸することを喜ばなかつたのは、是も亦国柄といふべきものであつたらう。日本で文芸の趣向と謂つたのは、箇々の小さな挿話のさし替への名であつた。結局は御宝物の発見と悪人の誅罰と、美女の再会と本領安堵とが手を繋いで来なければ、読者又見物がどうあつても承知をしないといふ時代はつい近頃までも続いたのである。新たに外国から若干の作例が入つて来て、それに準拠したものだけが純文芸などと謂はれたのも、大きな反動なのだから是は已むを得ない。しかも愈々そんなのはいけぬとなると、それならば何を書かうかが改めて又非常な問題になつて来るのである。文学が今までどういふ風に歩んで来たかを知ることが、是ほど大きな参考になる場合は先づ無からうと思ふ。

一一

第二種の家の文学に於いては、是から考へて見なければならぬことが、又一段と多いやうである。当事者は寧ろそつとして置かうとするらしいが、我々には是が国民文学となつて来た経路、それよりも今後もなほ引続いて、今の通りの国民文学としての普及と隆昌を期してよいか否かを、問題としないわけには行かぬ。といふわけは凡庸平俗の実用性を公認するか、乃至は未来の人丸赤人に向つて、この数十万の歌人を競走せしめるかの、是が一つの岐れ道になりさうだからである。歌は幾分か新たに始まつたものだけに、その当初の行き掛りが一層強く働いて居る。殊に中世以降の文学化傾向とも名づくべきものが、二三の煩累を我々の間にまで遺して居る。もしも私どの希望して居るやうに、是だけはせめて国民全部の楽しみに、又は心の隅々の表白の為に、今後も永い間斯うして置かうといふことに決するならば、それには歴史を知つて、もう少し前者の轍を踏まぬやうにしなければならぬ。指折り算へるばかりの少数者を除いて、歌ほど意気地も無く人真似ばかりして居た文学は、日本はさて置きよその国にもあまり無いのである。

歌は一方の物語文学に比べて、宗教と縁が薄いと前に述べて居るが、あれは取消さねばならぬ時が来るかも知れない。女が稀々に奇蹟的な婚姻をして、家を永遠の声望の上に置くことを経験した人々は、当然に女性の才色に十分の尊敬を寄せ、その慧しい言葉に耳を傾けようとした筈である。日本の歌垣は其為に殊に多事であり、この日を晴として人の心を揺蕩するやうな、一生の思ひ出の歌垣の歌を詠まうと修養した者も、昔から多かつたであらう。さうで無かつたならば突如として、世々の撰集に跡を留むるやうな、すぐれた女の恋歌は出ようとも思はれない。たゞ今日になつて回顧して見ると、或時代の選択は少しく好尚が偏して居た。さうしてそればかりしか後世に伝はらなかつた。貞淑なる多数の婦人に、之を御手本として返歌を詠ませようとしたのは無理であり、又必ずしも相手方の、いつ迄も期待し又喝采する所でも無かつた。しかもあの頃はまだ流行の初期とおぼしくて、袖とか涙とか露とか水の泡とか、道具に使つた単語が余りにも僅かしかない。之を組合せて居ただけではさういつ迄も好い歌は詠めない。おまけに其中から約八割ほどの辛辣味を抜き去らうといふのである。是では単調になつて誰が詠んでも同じものに帰するか、さうで無ければ縁語掛け言葉、何か一ふしの聊か新しいものを加味すればよいといふことになつて、大よそ世に出て新たなる人生を築き上げようとする者の情緒と、懸け離れたものになるのは已むを得なかつたのである。私などのやうに年を取つて、桐の火桶でも摩らうかといふ者が、歌に口を出したのも悪いことだつたかも知れぬ。その為に人間最大の感情以外のものに、その所謂一ふしが転用せられて、歌の前面は広くなつた代りに、春の深山に百鳥の声を聴くやうな、優に艶かしい文学は前代のものになつた。それでもよろしいなどと力む人たちは、私等から見れば文学史を愛しない人と言はなければならない。歌を昔のやうに若い男女の独占とし、恋の歌ばかりを幾らでも詠めと、言はうとするのでは決して無い。今日は殊にそんなことが言へる時節で無い。たゞさういふことも出来るやうに、又どんな境涯に在つても歌が詠めるやうに、しなければ国民文学にはならぬ、といふことだけは認むべきである。それには又何よりも歌に使ふ言葉を、誰でも手の内に持つて居るものにしなければ嘘だらうと思ふが、其事は他でも言つたからもうくり返さぬつもりである。たゞ歌が詠みたいばかりに万葉語辞典を、読破し又暗記しなければならぬやうな義務を重課したことは、是を将来の国民文学にしたいといふ願望とは、可なり撞着するものだといふ迄は附け加へて置いてよからう。

海上の道

一

今度の九学会連合の年会に於て私は大要次のやうな話をした。この新らしい協同体に参加してから、我々の積み重ねて行く愉快な体験は無数であるが、さういふ中でも日本の民俗学会として、殊に喜ばねばならぬものが三つある。其一つは九つの団体がそれ〲の軌道を回転して、素より同じ円周の一部を分担するもので無い為に、或時は遠く懸け離れ、又或時はすぐ眼の前に接近して来て、交叉し又衝突しさうな場合さへ折々はある。今までは無意識にそれを避けようとし、わざと問題の間地を残して置かうとするやうな心づかひもあつたが、今度はちがつた角度からの批判を危ぶまないのみならず、次第に隣の学問の能力を理解し、折々はその長処を借りて、こちらの弱点を反省して見ることが出来るやうになつた。国の一隅に於て成長した民俗学の如き学問に於ては、是は決して小さくない恩恵であつた。

第二にうれしいことは、このそれ〴〵に異なる態度方法、それ〴〵の閲歴を持ち寄つた九つの学会が、今や我邦の空前の事相に当面して、何等の話し合ひを経ることも無く、自然に一致して日本の民族の生存を、協同研究の対象として居ることである。他日我々の能力が充ち溢れるならば、無論次々に研究の領域を、海から外へ拡張して行くことであらうが、少なくとも是までの様に、よその国の学問の現状を熟知し、それを同胞の間に伝へることを以て、学者の本務の極限とするやうな、あはれな俗解は是で終止符を打たれるであらう。幸ひにこの予言が当るならば、今日の会合も永く回顧に値すると思ふ。

第三には是ほど多くの学会が力を合せ、心を一つにして日本を研究せられること、すでに年久しいにも拘らず、まだ何処やらに未開の野、ちつとも答へられない問題が有りさうなこと、是が又感謝すべき好刺戟であると思ふ。年を取り過ぎた自分のやうな者にとつてこそ、是は心残りの、又相すまぬことでもあるが、本日会合の諸君の大多数の為には、是くらゐ張合ひのある現実はちよつと類が無いであらう。めい〳〵の行く先に広々とした未知の世界が有ることを知つて、それでは止めようといふ人などは、この中には一人も居られまいと思ふが、あはれや私などの物を学ぶ頃には、もう一通りの真理は既に古人が明らかにしてくれてゐるやうに思つて、そこまでたどり付くことを先途とするやうな者ばかりが多かつたのである。

二

幸ひにしてこの半世紀以来、問題とか疑問とかいふ言葉が、文化諸学の間にも流行して来たが、それも多くは今これから答へようとする者の用語であつて、我々の切望して居るやうな、確実なる無知無学の相続には帰着しなかつたのみか、一方には根本理念などと称して、是だけは先づ論争批判の外に置いて、其残りで仕事をしようとするが如き学風が、何か新らしいもの、やうな顔をして、こちらへも手を伸ばしかゝつて居る。さういふ証明を要しない原理、固定不動の前提が多かつたばかりに、我々は苦しみ、又学問は遅々として進まなかつたのである。僅かな言葉の響きや方式の新らしさに絆されて、今頃再び以前と同様な拘束の世界に戻つて行かうとする者はよもやもう有るまい。

今まで久しい間気がつかず、従つて又何等の解答も得られずにあつた問題は無数であらうが、さういふ中でも四面海を以て囲まれて、隣と引離された生存を続けて居た島国としては、この海上生活に対する無知は寧ろ異常である。愈ゝ其様な気楽なことを、言つては居られない時代が到来して、自然科学の方面では先づ一段の活気が感じられ、其研究の成果には、或程度の期待が繋げられるやうになつたが、是と雁行し又互ひに利用し得べき文化史の方面では、まだ疑問の形すらも具はつて居ない。たとへば日本人は、最初どの方面からどこへ渡つて来たか。何百といふ数の大小遠近の島々のうち、どれへ始めて上陸し、次々にどの方角へ移り拡がつて行つたものか、それは全然わからぬ。わかる筈が無いといふだけの答すらも、どうやらまだ出来上つては居ないのである。しかもこの問題が何とでもきまつてからでないと、説くことの出来ない幾つかの推論が、既に日本ではほゞ承認せられかゝつて居る。それをあぶながり、又は難癖をつけるやうな、老成人風の批判ならば、まだ幾らでも出て来ること、思ふが、私だけは国の学問の前途のために、さういふ消極主義に与みしたくない。寧ろ其反対に、次々と新らしい仮定説を提出させて、比較対照によつて互の弱点に心づかしめ、且つは素朴に過ぎたる追随を戒める必要があると思つて、今日はその一つの見本のやうな話をする。

三

二十年も前に、私は一時熱心に風の名の集録を心がけたことがある。農民も決して風に無関心ではないが、その呼称の多くは海の生活からの感化を受けて居る。海ではそれ〴〵の風の性質が、風の名となつて居るのだが、内陸では専ら方角を問題にするが故に、それを地方的に意味を限定して使ひ、従つて到る処少しづゝ内容の差が生じて居る。たとへばヤマセは山の方から吹いて来る風である。それ故に江差松前では今以て東北風がヤマゼであり、瀬戸内海の北岸では、四国の方から来る南風をさういふ処もある。万葉集の末二巻の中には、アユノカゼに東風の二字を宛てたものが有名であるので、多くの国語辞典にはこの語を東風と註し、それを他の方角の風とするものを方言と見下すらしいが、この漢字の使用こそは、越中文人の居住地が、ちやうど西隅に偏して居たことを意味するもので、現に今日でも富山県の海岸では、方角によつて能登アイと、宮崎アイとの二つのアイの風がある。宮崎は即ち東端越後境の海角であつて、是から吹きつける風のみが大伴家持等の袂を飜へし、能登から吹くアイは山に遮られて、此辺りでは心づかれなかつたので、まだ此頃までは漢字の利用が、其場限りの思ひつきだつたことが是でよく判る。

アユは後世のアイノカゼも同様に、海岸に向つてまともに吹いて来る風、即ち数々の渡海の船を安らかに港入りさせ、又はくさ〴〵の珍らかなる物を、渚に向つて吹き寄せる風のことであつた。今日は半ば死語に属し、辛うじて字引と地方語の中に存留するのみであるが、果実のよく熟して樹から堕ちるのをアエルといひ、又はアユ・アユル・アエモノ等の語の古くからあるやうに、人を悦ばせ、おのづから人の望みに応ずるといふやうな楽しい状態を表示する為に、夙く生れて居た単語では無かつたらうか。饗宴もしくは食物の供与を、アへと謂つて居たのも別の語では無いのかもしれぬ。

子音の変化又は脱落は、永い歳月の間には、有つても不思議は無く、ましてや汀線の角度のちがひ、風が内陸へ入つて行く路筋によつて、それ〴〵に異なる語原があつたかの如く、考へて見る必要などは無いのである。

日本海の側では、東は津軽の岬端から、西は島根県の一部にまで、同じ風の名が今もほゞ一続きに行はれ、言葉がきれいな為に時々は歌謡の中に入つて、海からや、入込んだ土地にまで伝はり又記憶せられて居る。たとへば越前の武生などには、今でも汽車が通るたびに、必ず憶ひ出す中世の遊女の歌がある。

　みちの口、
　武生のこふ（国府）に我ありと、
　親には申したべ心あひの風、
　さきんだちや

曾てこの都会が東西交通の衝であつた時代に、遠くこの風の風下の方から、さすらへて来たと称する女たちが、屢〻斯ういふ歌を唱へて旅人の哀れみを誘はうとしたので、是と同巧異曲の「泣いて暮すといふておくれ」といふ類の文句は、近くは明治の始めまでなほ続いて居た。

心あひの風は所謂掛け言葉で、風を孤独の身の友と呼びかけたのであらうが、もうあの頃から発音は今と同じであつた。是を海上生活の最も大切な問題として、遊女は歌にうたひ、船人は淋しい日にそれを憶ひ起したので、遠い万葉の昔から、この一語の流伝は絶えなかつたのである。近代の港の中にも、幾つかさういふものが残り伝はつて居る。

四

アイのこは吹きやヤマセのもとだ、
ヤマセや別れの種となる

思ふ船が入つてしまへば、アイの風はもう問題でない。それよりも其風が強く吹き続けると、やがて転じて別れの風になるのが気づかひなといふので、是は多分蝦夷地での流行唄であらう。北陸方面では、ダシといふのがヤマセに近い風であつた。谷の奥から吹き出すといふ意味であつたらうが、後には風待ちの船を出してしまふからダシだと、思ふやうになつて居た。

アイが吹かぬか荷が無うて来ぬか
たゞしやにがたの河止めか

是などは新潟の次の湊、酒田とか新湊とか、能登の小木宇出津とかの歌であらう。

入船に都合の好い風をアイの風といふやうになつて、幾らかは最初の意味がかはつたかもしれぬが、とにかく海辺に住む者にとつて、心のときめく風であつたことは同じで、ただその強吹きの結果だけが、常に少しばかり気づかはしかつたのかと思ふ。ところが日本海の船運が進展して、海峡から東の大洋へ出て行くやうになると、風の名の用法がや丶変化して来た。全国の呼び方を集めて見ると、宮古八戸あたりの僅かな太平洋側の沿海だけに、陸から海に向けて吹く風を、アイと謂つて居る地帯があるやうに思ふ。是などは明らかに水上生活者の運搬であり、浜に住む者の古くから使つて居た言葉では無いのであつた。同じ一つのアユ又はアイといふ風の名でも、永い歳月に亘つた経済事情の変化によつて、眼に見えぬ重点の推移があつた。海が島国の文化に貢献した一つの古い力は、形あるもの丶側では、今私などの寄物と名づけて居る断続した自然現象が、全く忘却せられてしまはぬまでも、少なくとも次第に軽く視られがちになつて来たことは已むを得ない。現代の社会研究としては、それも当然のことと言つてよいであらうが、いはゆる史前学の範囲に於ては、是は寔に忍び難い不利である。かつて文献記録の到り及ばざる世に於て、是ほど痛切にこの方面の経験を、積み重ねて居る民族は尠なく、それを今の世まで持ち伝へて来たのも、日本人のやうに久しい者は稀であらうから、斯ういふ知識だけは、恐らくは外国学者の足跡に、ついて行くことが出来まいと思ふ。

津とか問屋とかの制度の完備するまでは、時を定めずに入つて来る船なども、一種の寄物であつた。今でも尻屋あたりの荒浜をあるいて見ると、大小さま〴〵の難破船の破片が、昆布やあらめと共に、到る処の水際に積み上げられて、次々と村へ運び込まれて居る。暗夜に火を焚いて海を行く船を迷はしめたといふなどは、遠い昔の物語に過ぎぬだらうが、とにかく海から寄り来るものはその種類を問はず、本来はすべて浦人の所得だつたのが、後に少しづゝ法令を以て之を制限したのである。寄鯨の取締りなどは、さういふ中でも殊に新らしく、それよりも遥か以前から、都会に於ける鯨肉の消費は始まつて、是が先づ捕獲の技術を発達せしめて居る。漁が一つの生業として成立した順序は、日本のやうな国ならば、簡単に社会科でも教へることが出来る。最初は魚の方から群をなして押寄せて来て、ほしいと思ふ者には誰にでも取られてくれた。国の端々には今でもさういふ場所がまだ少しは残つて居る。それを僅かな人の手で、及ぶ限り多くすくひ揚げ、上手に分配しようとしたのが漁業の始まりだが、農とちがつてその歴史はごく新らしく、結局は魚を遠くの沖の方へ追払ひ、是からの海辺の生活を、際限も無く変化させようとして居るのである。

五

南の海上のザンの魚(儒艮)の物語と対立して、東日本の荒磯にはアシカ・アザラシ・

ミチの寝流れなどの話がもとは多かつた。文字の教育が都府とその周辺に偏在した結果、是等はすべて永遠に、記録の外に迸散しようとして居る。之を保留し且つ前代の考察に取入れて行く労苦は、今も若干の痕跡を伝へて居る網や釣縄の比では無い。其為に人は屢ゝ現代の空気の中に、遠い寂寞の世を推理しようとするのである。寄木流木の言ひ伝へなどは、之に比べると遭遇がやゝ多く、又若干の文献にも恵まれて居るが、なほ我々は国内の山野が、曾て巨大の樹木を以て蔽はれ、それが次々と自然の力によつて、流れて海に出て居た時代を、想像して見ることが出来なくなつて居る。以前は水上から供給するものが、今よりも遥かに豊かだつたと思はれる。多くの沖の小島では、各自昔からの神山を抱へながら、それには慎しんで斧鉞を入れず、家を建てるにも竈の火を燃すにも、専ら大小の寄木を当てにして居た時代が久しく続いた。是にも年々の季節兆候があり、占有の方式があり、又信仰祈願があつたことは、田野の生産とほゞ一様であつて、たゞ幾分か幸運の差等が大きかつた。唐木と呼ばるゝ珍奇なる南方の木材が寄つて来た場合には、之を家々の私用に供せず、必ず官府に届けよといふ法令が、奄美大島の北部などには、旧藩時代の頃に出て居る。特に何れの海岸にさういふ実例が多かつたか、今もまだ調べて見ようとした人は無いが、恐らくは原地の実情も既に変つて、一般にもう稀有の事になつて居るのであらう。最近に与論島出身の某氏に逢つたときに、試みにあの島の寄物の印象を尋ねて見たが、この人の記憶に残つて居るのは、一度難破船の積荷の、木臘か何かの箱詰が寄つて来たのと、島では浪の花と称する軽石の大量が、東の渚に夥しく打寄せたのと、たゞ二つの事を挙げ得るのみであつた。しかも嵐の次の日の早朝に、一度は海端に出て見ずには居られぬといふ気持だけは、どこの島にもまだ一様に残つて居る。是は無意識の伝承といふべきものであらう。

六

海からくさ〴〵の好ましいものを、日本人に寄与した風の名を、アユと呼んで居た理由は斯うして説明し得られるが、是が日本海の沿岸だけに弘く伝はつて、東や南に面した海辺には知られて居ないのは、やはり海運史の問題であらう。寄物は個々の地域地形に伴なふ現象だから、どこでも一様にこの風の名を、知つて用ゐて居たとは限らない。これが今日の如く適用するやうになつたのは、風をたよりの人たちの、往来の力と思はれる。外でも同じ言葉を大よそ同じ意味に、使ふ者が多いと知ることが、言はゞ標準語の底力であつて、古いとか正しいとかいふのは問題でない。此意味に於てはアイの風は方言で無く、方言は他にもあるのかもしれぬが、今はまだ発見せられて居ないのである。

或は地名などの中に埋もれて今も伝はつて居るのかもしれぬ。一つの例として心付くのは、尾張のアユチガタ、後には郡となり又県の名にもなつたが、古くは年魚市（アユチ）とも字には書いて、越中と同じにアユと発音して居た。場所は熱田の神宮の東に続く平沙の地であつた。ちやうど伊勢の海の湾口をほゞまともに向いて、潮の流れと主風の方向とに、今昔の変化は無いかどうか、まだ自分には確かめられぬが、ともかくも爰に蓬萊の仙郷を夢想し、徐福楊貴妃を招き迎へようとした程度に、大洋との交通の考へられやすい土地であつた。或は尋常の貝石玉藻の類、又は流木や魚の群以外に、時あつて遠い常世国を偲ばしめるやうな、珍らかなる寄物を吹寄せて、土地の人の心を豊かにした故に、斯ういふ潟の名を世に残したのでは無いか。アユチのチは東風をコチといふチも同じに、やはりめでたき物をもたらす風を、もとはこゝでもアユチと謂つて居たのではないかと思ふ。

国の大昔の歴史と関係する古い幾つかの宮社が、何れも海の滸《ほと》りに近く立つて居るといふことを、稍ゝおろそかに考へる風が久しく続いたが、日本が島国であり、海を渡つて来た民族である限り、是はいつかは補強せらるべき弱点であつて、それには先づ隠れたる海上の道といふもの、、次々と発見せられる日を期待しなければならない。それが待遠に堪へぬとすれば、やはり斯ういふ多少のゆかりある雑談を試みて、ちよつとでも今日の希望を濃やかならしめるのが、よいかと思ふ。

途方も無く古い話だが、私は明治三十年の夏、まだ大学の二年生の休みに、三河の伊良湖崎の突端に一月余り遊んで居て、この所謂あゆの風の経験をしたことがある。この村は其後ほど無く、陸軍の大砲実験場に取上げられて、東の外海の海岸に移されてしまつたが、もとは伊勢湾の入口に面して、神宮との因縁も深く、昔なつかしい形勝の地であつた。村の中央には明神さまの御社と清い泉とがあつて村の人の渇仰を集め、それに養はれたと言はれる無筆の歌人、漁夫磯丸の旧宅と石の祠とは、ちやうど私の本を読む窓と相対して居た。毎朝早天の日課には、村を南へ出て僅かな砂丘を横ぎり、岬のとつさきの小山といふ魚附林を一周して来ることにして居たが、そこにはさま〴〵の寄物の、立ち止まつてぢつと見ずには居られぬものが多かつた。船具や船の破片にはたま〳〵文字の痕があつて、遠い海上の悲しみを伝ふるものがあり、一方には又名も知らぬ色々の貝類をゆり上げて、「その玉もてこ」と詠じた昔の歌の風情を、想ひ起さしむる場合もあつた。

七

今でも明らかに記憶するのは、この小山の裾を東へまはつて、東おもての小松原の外に、舟の出入りにはあまり使はれない四五町ほどの砂浜が、東やゝ南に面して開けて居たが、そこには風のやゝ強かつた次の朝などに、椰子の実の流れ寄つて居たのを、三度まで見たことがある。一度は割れて真白な果肉の露はれ居るもの、他の二つは皮に包まれたもので、どの辺の沖の小島から海に泛んだものかは今でも判らぬが、ともかくも遥かな波路を越えて、まだ新らしい姿で斯んな浜辺まで、渡つて来て居ることが私には大きな驚きであつた。

この話を東京に還つて来て、島崎藤村君にしたことが私にはよい記念である。今でも多くの若い人たちに愛誦せられて居る椰子の実の歌といふのは、多分は同じ年のうちの製作であり、あれを貰ひましたよと、自分でも言はれたことがある。

そを取りて胸に当つれば
新たなり流離の愁ひ

といふ章句などは、固より私の挙動でも感懐でも無かつた上に、海の日の沈むを見れば云々の句を見ても、或は詩人は今すこし西の方の、寂しい磯ばたに持つて行きたいと思はれたのかもしれないが、ともかくもこの偶然の遭遇によつて、些々たる私の見聞も亦不朽のものになつた。伊勢が常世の波の重波《しきなみ》寄する国であつたことは、すでに最古の記録にも掲げられて居るが、それを実証し得た幾つかの事実の中に、椰子の実も亦一つとして算へられたことを、説き得る者はまだ無かつたのである。土地にはもちろん是を知つて居る人が、昔も今も多かつたにちがひないが、それを一国文化の問題とするには綜合を要し、又は或一人のすぐれた詩人を要したのである。

椰子の実の流れ着くといふ浜辺は多かつた筈であるが、是が島崎氏のいふやうな遊子によつて、取上げられる場合が少なかつたかと思はれる。昔はこの物を酒杯に造つて、珍重する風習があり、それも大陸から伝はつて来た様に、多くの物知りには考へられて居た。倭名鈔の海髑子の条などは、明らかに書巻の知識であつて、もし酒中に毒あるときは、自ら割れ砕けて人を警戒するとあり、まだどういふ樹の果実なりとも知らず、何か海中の産物の如くにも想像せられて居たやうであるが、なほ夜之《やし》といふ単語だけは、すでに和名として帰化して居る。京人の知識は昔も今の如く、寧ろ文字を媒として外国の文化に親しみ、久しく眼前の事実を看過して、たゞ徒らに遠来の記録の、必ずしも正確豊富で無いものを捜索して居たことは、独り椰子の実だけの経験では無かつた。此頃やつとその習癖に気が付いたと、言ひたいところだが、それもまた少し怪しい。

八

日本の海端に、ココ椰子の実が流れ着くといふことは、決して千年ばかりの新らしい歴史では無かつた筈であるが、書物で海外の知識を学び取らうとした者は、却つて永い間それを知らずに居た。さうして一方には現実にその経験をもつた人々には、今までそれを談り合ひ、又考へて見るやうな機会が、極端に少なかつたのである。或はその為に私などの場合のやうに、一つ二つの見聞ばかりがあまりにも騒ぎ立てられて、結局は綜合の利益が収められずに居たのであらう。魚の尾や小鳥の足にも番号をはめて、放して見るやうな世の中になつたのだから、今に僅かな比較と推理とによつて、何かが教へられる時が来ることと思つて居る。かつて九州の南部の田舎を、あるいて見た時にも私は気がついた。それから注意して友だちにも尋ねて見たが、あの方面には椰子の実で作つた酒器を持伝えて居る家々は少ない数では無い。支那の旧書に見えるやうな、盃の話はあまり聴かないが、大抵は例の焼酎入れ、又は小さな酒徳利の携帯用のもの、時としては腰下げの煙草入れなどもあつて、必ずしも十襲珍蔵といふほどでは無くとも、物が堅固なだけに重代の品が多く、従つてどうして手に入れたか、どこの海岸へ漂着したものかを、今となつては尋ね知ることが難い。たゞ或程度までは現在の分布によつて、比較的どの方面に其事例が多かつたかを、推測することが許される迄であらう。

今日謂ふ所の西南諸島には、算へては見ないが少なくとも話は多く、且つや、普通化平凡化して居る。沖縄の本島などでは、土地でも手に入る場合があらうのに、更に商品として八重山方面から、いはゆる椰子小《やしぐわ》の輸送せられたものが、幾らも店先で売られて居たといふ話も聴いた。しかも自分の知る限りでは、先島諸島にもココ椰子の結実する土地は無いのだから、言はゞ漂着の数が北の隣より多かつたといふことなのである。距離の大小は漂着とは交渉が無いともいへるが、やはり最初の陸地を乗り越えて、もつと遠くへ行かうとはしないだけに、原地に近いほど多かつたといふことになるので、その反面に本州は更に少なく、従つて是を珍重し又問題とする人情も、一段と濃厚であつたと言へるのであらう。

ともかくも此植物が東方列島の風土にふさはず、一度も芽を吹き親木を成長せしめ得なかつたといふことが、埋もれたる海上の道を探る上に、好箇の手掛りを供与する。古記に檳榔の字を以て誤記せられたコバといふ暖地植物などは、古くは瀬戸内海の各地にあつたと伝へ、今も現に紀州の一端とか、朝鮮東南岸の島々にまで生育する例が多く、曾て私は是を鳥類の運搬に托せんとしたこともあつたが、今は略々その誤りに心付いて居る。広い意味では是も天然の分布であらうが、曾て海上を漂到した無数の種子の中から、たま〳〵環境に適した僅かな個体だけが、芽を吹き大木となつた例はガジマル、又アコウといふ樹などにもあり、又は埋立新田の潮除堤の上に忽ち繁茂して行くトキハといふ一種の大な萱なども、其名称から考へて見て、やはり遥かなる海の彼方から、新たに渡つて来た種なることがわかる。即ち独りこの一種の椰子の実だけが、久しきを経て終に移住に成功し得なかつたのである。

九

等しく漂着といふ中にも、色々の運命のあつたことが先づ考へられる。たとへば椰子の実の一例に就いて見ても、夙く南海の外の荒浜から、中華の文化地帯にもたらされた、やや不精確なる口碑が先づ伝はつて、ヤシといふ言葉がさき廻りをして、待ち受けて居たなどは奇遇であつた。北太平洋の多くの珊瑚礁に、この植物が分布したのは人の力では無く、従つて又新たに始まつたものでも無いとすれば、つまりは我邦の荒浜の事実が近世になるまで伝はらなかつたのである。親しく之を看た者も注意せず、或は名を付してやがて忘れてしまふやうな各地の出来事を、それと最も縁の薄い人の手に成つた文献によつて、統一しようとして居たのは文化の病だつた。第二、第三の方法は必ず試みられなければならない。

椰子の実の日本語は、いつの昔からとも無くヤシホ又はヤシゥであつた。是が器物として利用せられたのも年久しい事であらうのに、あんな古い記録の次々と承け継がれて居たばかりに、近世になるまで依然として一種の珍奇であつた。手近な例として挙げられるのは、江戸叢書の中にも採録せられた嘉陵紀行、是は村尾嘉陵といふ江戸の小吏が、勤務の暇ある毎に郊外の各処に日返りの旅行をした日記を集めたもので、時は文化から文政に掛けての、十数年のことだつたかと記憶する。或日新井の薬師から江古田の村あたりをあるいて、路傍の休み茶屋の豆腐屋を兼ねた店先に腰を掛けると、其家の老婆が頻りに嘉陵が携へて居たヤシホの盃に目を留め、其名を尋ね知つて愈〻珍らしがり、やがて出て行つて一合ばかりの酒を求め来り、どうか一つめしあがつたあとで、私にも其盃でいたゞかせて下さい、と言つたといふ話が、至つて素朴に記述してあつた。僅か百年と少し前までは、斯ういつた快活な女性が、まだあの辺りにも居たといふこともなつかしいが、同時に又この一種のエキゾチシズムが無限に持続して、終に我々の学問に繋がるのも愉快だと思ふ。但しこの樹実の漂着地が、何れの海岸であつたかは問ひも答へもして居らぬが、恐らくは江戸の周辺などには、稀にも無いことであつた故に、是ほどにも珍重せられたので、やはり暗々裡に古書の外国記事が、自他の上に働いて居たのかもしれない。

村尾老人の故郷は、たしか周防の岩国であつた。瀬戸内海でも多分めつたに無いことだつたらうが、外海の沿岸でならば、漂着は必ずしもさう稀有なことで無く、或日のアユの風が時あつて之を吹寄せた例は、日本海の側にもあつて、それが好事者の手を渡りあるいたことも、近代は次第に多くなつたかと思ふ。たとへば曲亭馬琴の烹雑《にまぜ》の記といふ随筆に、佐渡ヶ島の記事がやゝ詳しく載せられ、浜に流れ寄るくさ〴〵の異郷の産物の中に、椰子藻珠などが有ることを誌して居る。其モダマといふのは正しい名かどうか知らぬが、伊良湖で椰子と共に私が拾つた中にも、藤の実の形をして莢が二尺もあり、堅く扁たい濃茶色の豆をもつたものを、土地でもモダマと呼んで居たから同じもので、産地季節が同じかつた為に、偶然に長い海上の旅を共にすることがあつたのであらう。

小野氏の本草啓蒙に依ると、佐渡の他にも但馬・若狭、奥州にも四国にも椰子の実の漂流して来た前例がすでに有つた。古書の記録の発見だけで無く、是からも皆で気をつけて居たら、其事実は段々に積み重ねられるだらうが、それには何よりも地点を明かにする必要があると思ふ。何処の海辺へでも勝手放題に、上陸するものでは無いといふことを認めるのは、決して椰子の実一つの為では無く、又地理の学者だけの任務とは限らないであらう。

一〇

多数の漂着物は永い年代に亘つて、誰一人省みる者も無く、空しく磯山の陰に朽ち去つた。たま〳〵それを取上げて愛玩し加工し、又授受するやうな時世になつても、其説話は必ずしも弘く伝はらず、もしくは誤解と誇張とを伴なつて世に残つた。是からの学問はそれも整理しなければならない。加賀の手取川などは、同じく日本海に注ぐ著名な流れであるが、此あたりのアユの風は、椰子の実は吹き寄せなかつたものと見えて、飛んでもない噂話が記憶せられて居た。此川は水筋がすぐに通り且つ早瀬である為に、出水があつても岸を溢れて、村里を害することが元は稀であつた。或年意外の高水が支へて、いつ迄も田畠を浸し劫かすので気を付けて見ると、川の中流に黒い円みのある大岩の如きものが横たはつて、流れを堰き止めて居て、其為に水が引かぬのであつた。是をどうするがよいかと評定まちまちの折柄、今度は川上の方から牛に似て更に大きな又一個の怪物が、流れに就いて下つて来て、前からあつた岩のやうな黒いものにひしと取付き、皮を喰ひ破つて強く吸ふ。さうすると中からは真白な、どろ〳〵としたものが多量に出て来て、それが第二の怪物に吸ひ取られるに従つて、段々と小さくなり、今まで堰かれて居た川の水も低くなつた。是こそ白山の山奥に産する、ヤシホといふ樹の実であつた云々といふ話が、三州奇談と題したあの地方の記録に載せられ、それも此頃は活版になつて流布して居る。うそをつくつもりで言ひ出した話で無い証拠には、椰子の果実の中が白く、皮を破つて吸ひ出したといふ点だけを保存して居る。それを霊山の神異に托したのは信仰かもしれぬが、少なくとも話者は同時代人の全部と共に、此樹実の産地に関する空想の自由を持つて居たのである。

もちろん程度のちがひはあらうが、今でもこの自由をふりまはして居る人が少なくはないやうな気がする。たとへば言語に若干の一致があるとか、習俗がやゝ似通ふといふことなどは、是だけ年久しい隣住居で、又折々の交通を考へると、無かつたら寧ろ不思議と言つてよい。いつかは必ず日本の最初の住民の、本家なり又同族なりが、この中から見付かつて来るものと当てにして居てもよいやうだが、さうは行かないわけはまだ一つ、今自分たちが思つて居るやうな場合、即ち以前の従兄弟たちが衰弱し散乱して、周囲のより強い部族に吸収せられて、言語や系統の意識を失つてしまつて居る場合があるからである。海を生活の場面とする大小の種族には、この実例は決して珍らしくない。ましてこの一つの天然の条件が完備した島群に於て、さしたる外部の擾乱も無く、数千年の生存を続けて居たとすれば、いつかは現在のやうな浅ましい一億共喰ひの状態に、陥つて行くのも逃れ難い命数だつたかもしれず、さうなるまいとすれば、今少しく知り且つ考へなければならない。何処か大陸の片隅に、この日本の紳士のやうな一団の人物が割拠して、万葉集に近い日本語でも話しつゝ、久しぶりの再会を待つて居るかの如く夢みることは、私などから見れば、まあ白山山中の大きな椰子の実のやうなものである。

一一

人と椰子の実とを一つに見ようとすることは固より不倫な話に相違ないが、島の人生の最初を考へて見れば、是も亦漂着以外の機会は有り得なかつた。鼠や渡り鳥や魚の群などは、地図を見たことも無く、地理の教育は全く受けないにも拘らず、結果だけから見れば、たしかに移住をして居る。人もそれと同様に、やはり自分の羽で飛び、自分の鰭又は脚で水を掻いて、行きたい方角に進み、こいつは行けないと思へば、ともかくも引返し又は転回しようとする。是こそは計画であり希望であつて、単なる盲動では無かつたと言へるかも知れぬが、その程度の心構へならば、ココ椰子が潮に落る場合ならずとも、花の粉の蝶蟬の翼に乗つて空を行くなども、亦其例に算へなければなるまい。

但し花粉や椰子の実の間にはまだ認められないが、少し大きな生物の群には、それ〴〵のモーゼが居たやうである。彼等の感覚は鋭どく、判断は早く、又それを決行する勇気をも具へて居た故に、是と行動を共にして居れば、百ある危険を二十三十に減少することは出来たらうが、行く手に不可知がなほ横たはる限り、万全とは言ふことは出来なかつた。古来大陸の堅い土の上に於て幾度か行はれた民族の遷移でも、さては近い頃の多くの軍事行動でも、勝つて歓ぶ者の声のみが高く響き、所謂万骨の枯るるものが物言はなかつたのである。まして海上の危険は更に痛烈で、一人の落伍者逃竄者をも許さなかつたことは、今更改めて之を体験して見るにも及ばなかつたのであるが、さういふ中にすらもなほこの日本の島々の如く、最初僅かな人の数を以て、この静かなる緑の島を独占し、無論幾多の辛苦経営の後とは言ひながら、終には山々の一滴の水、又は海の底の一片の藻の葉まで、悉く子孫の用に供せしめ得たといふことは、誠にたぐひも無い人類成功の例であつた。後代に之を顧みて神々の隠れたる意図、神のよざしと解しなかつたら、寧ろ不自然であつたらう。たとへ数々の物語は事実のまゝで無からうとも、感謝のあまりには斯くも解し、又さながらに之を信ずることも出来たのであつた。イスラエルの神などは始めに存し、此土此民を選んで結び合せたのであつたが、国が荒れ人がすでに散乱したので、勢ひ解釈を改めなければすまなかつた。我々の国土はやゝ荒れたりと雖、幸ひにして今も血を承けた者が住んで居る。乃ち再び国の成立に就いて、まともに考へて見るべき時期ではないかと思ふ。

一二

後期仏教の西方浄土とは対立して、対岸大陸には夙くから、東方を憧憬する民間信仰が普及して居た。いはゆる扶桑伝説は即ち是で、多分は太陽の海を離るゝ光景の美しさ貴とさから、導かれたものの如く私たちは推測して居る。秦の徐福が童男女三百人をつれて、仙薬を求めて東方の島に渡つたといふことは世に知られ、我邦でも熊野の新宮がその居住地であつたとか、或は八丈島の人の始めが彼等では無かつたらうかとか、いふ類の雑説が色々と発生して居るけれども、それは何れもあちらの記録を読んでから後に、考へ出したことだからちつとも当てにならない。ともかくも本国に於ては永遠に行方知れずであり、この遠征によつて彼我の交通が、開けたことにはなつて居ないのである。

欧陽修の日本刀の歌は、日本にも夙く伝はつて居て、

徐福往くとき書未だ燬けず

逸史百篇今なほ存す　云々

といふ句などは、私たちもまだ記憶するが、こちらの歴史に引比べて見ると、王仁の千字文などよりは是は又ずつと前のことで、明かに詩人の空想であつたことがすぐに判る。太平の天子が人の世の歓楽に飽き満ちて、そろ〳〵と不老不死の術を恋ひ焦れ、終に道士の言に欺かれて無益の探求を企つるに至つたなどは、言はゞ支那古代の小説の一つの型であつて、たま〳〵其中の特に美しく、且つ奇抜にして人心に投じたものが、永く記伝せられて世に残つたに過ぎぬことは、今日はもう疑ふ人もあるまい。たゞさういふ様々の趣向の取合せの中に於て、今の言葉でいふならば自然主義、即ち時代の人々が楽しみ聴いて、さも有りなんと思ひ、又全く無かつたことゝも言はれぬと、心に刻み付けて居たものを拾ひ上げて見るならば、或はさういふ中から逆に、人類の現実の移動を支配した、古代の社会力とも名づくべきものが、少しづゝは窺はれて来るのではないかと思ふのみである。

たとへば東方の、旭日の昇つて来る方角に、目に見えぬ蓬莱又は常世といふ仙郷の有ると思ふ考へ方は、この大和島根を始めとして、遠くは西南の列島から、少なくとも台湾の蕃族の一部までに、今日も尚分布して居る。槎《いかだ》に乗つて東の海に遊ばんとか、又は東海を踏んで死すあらんのみとか、半ば無意識にも之を口にする人が多かつたのは、必ずしも東だけに海をもつた大陸の、経験とも言はれぬやうに思ふ。いはゆる徐福伝説の伝播と成長とには、少なくとも底に目に見えぬ力があつて、暗々裡に日本諸島の開発に、寄与して居たことは考へられる。

それからなほ一つ、是まで注意した人は無いやうだけれども、徐福が数百人の男女の未婚者を引連れて、船出をしたといふことには意味があつたと思ふ。もしも仙薬を採つて直ぐに還つて来る航海だつたら、そんな手足纏ひを同船する必要は少しも無く、同時に他意あることを疑はれもしたであらう。それを堂々とあの大一行を以て出征したといふのは、是も後世の開発団のやうに、行つて其土地に根を張らうといふ本式の移民事業か、少なくともさういふふれこみを以て、親々を承知させたものと、世間では解して居たのであらう。三千年に一度実を結ぶ桃といふ話もある。仙薬は決して夢の山のダイヤモンドのやうに、熊手で掻き集めて背負つて来られるもので無く、やはり育て、収穫して調製し加工して、後から〳〵と献上して来るものと予定せられ、昔の人は気が永いからそれを際限も無く待つて居たのかと思ふ。

一三

地理の知識の少しでも確実でなかつた時代には、人の移動には大か小か、必ず漂着の分子を伴なうて居たことは、陸上の道とても変りは無いが、さういふ中でも海には予想せられる危険が色々とあつた。岸に立ちもしくは些しばかり沖に出て、直ちに望み得る隣の島でも無い限り、人が目標も無しに渡航を計画したといふことは、有り得ない話である。日本人の起原を説いて見ようとせられる学者がたが、今日まだ些しでも此点を考へようとせられぬのは、第一に私には不審である。昔は島毎に人が自然に発生し、もしくは製作せられたといふことも、たやすく承認したのだから問題は無い。次には神の啓示を以て、我々の経験よりも更に遥かに有力なるものと信じて、之に基づいて遠い以前の記録無き社会を解釈し、始祖は空を踏み海波を飛び越えて、或は高山の嶺に降り来つたとしても、それには時代としての十分な理由があるのだから、些しでも不審な点は無い。ところが一方に現代の所謂常識に依つて、そんな事が有るものかと否認しつゝ、そんならどうして人が住み始めたのかを、合点が行くやうに説明して見ようとしなかつたのは、何だかお互ひの怠慢であつたやうで気が咎める。その罪滅ぼしの意味もあつて、けふは一つの推定説を出して見る。次のより確かなる一説の出現を待つばかりである。同じく漂流漂着といふ中でも、結果のあつたものと空しいものとがあつて、勿論上古には第二の方が、悲しいほども多かつたにちがひない。活きて自分たちは爰に居ると、故郷に知らせることが出来なかつた人々も、程無く死に絶えたことであらう。海の冒険には妻娘を伴なつて行かぬのが常だからである。さうなると結局は一旦家に還つて来て、いろ〳〵支度を整へ居住の企画を立てゝ、再び渡つて行くことになるので、是は或程度の地理知識を具へ、明かな目標を見定めての航海だから、漂流で無いことは言ふまでも無く、いづれ危険も艱難も伴なはずにはすまなかつたらうが、ともかくも距離はさう遠くも無く、且つ現在までの生活境遇と比較して、顕著なる改良が期待せられる場合には、稀には昔の人たちでも、斯うい ふ移住を決行することがあつたらうと思ふ。秦の徐福の童男童女などは、どこ迄も譚奇の物語としか私には思はれぬが、斯うした空想のベースとなつたものは、必ずしも蓬莱扶桑の神仙信仰だけで無く、別に海にいたつく貧苦の民の、年久しい言ひ伝への沈澱したものがあつた為に、特に一般の印象を強め、記憶を容易にしたものかとも推測せられる。

一四

そこで最初に先づ考へて見なければならぬのは、舟といふものの機能の幾つかの段階であるが、是は既に松本信広氏等が、最も慎重なる比較調査を進めて居られるのだから、諸君は安んじて其結果を待たれてよい。たゞ極めて少数のそれを待ち切れぬ者の為に、大づかみな見越しを試みるならば、舟はもと内地の小さな止水の上で、発明せられたものであつたとしても、是が大陸の沿海地方にまで、移し用ゐられるやうになるのは容易であり又自然である。たゞあの茫洋たる青海原に突進み、殊に一点の目標も無い水平線を越えて行かうとするには、ちやうど最近代の航空も同じやうに長期の経験と準備と、又失敗とを重ねずばならなかつたのは当然であらう。帆といふもの、考案も、早く始まつて居たことは疑はれないが、その構造と操作の方法が、完備したのは近世の事であつた。四面海に囲まれた日本のやうな国ですらも、まだ老翁の記憶の境まで、其利用は単純を極めて居り、前代文献の書き伝へた限りでは、舟はたゞ磯づたひに漕ぎめぐり、たま〳〵二つの海角の間を直航するときだけは、マギルと称して帆を用ゐたが、是は素より其日の風次第であつた。大洋の知識の少しづゝ拡大して来たのは、今も続いて居る釣舟が主たる機会だつたかと思ふ。万葉集の浦島子の歌にも有るやうに、海境《うなさか》を過ぎて漕ぎ行くといふ作業が普通であつて、是には帆を用意せぬ小舟も多かつたから、次第に大胆に遠く出る者があつたとはいふものの、いつでも地方《ちかた》にアテ即ち目標を見定めて居て、よほど確かな船頭をもたぬ限り、山ナシといふ水域までは出ないやうにして居た。しかも各人の努力勇気の加はるにつれて、次第に隣の陸地の存在を知る場合が多くなり、稀には少時間の空漠を耐へ忍んで、目に見えぬ島々を心ざした者が、意外な幸運を見つけて帰つて来て其体験を談るといふやうなことが、年と共に段々と積み重ねられたことも考へられる。弘い意味に於ては是も発見であり、地理学の芽生えであつた。

私たちの仲間でないと、まだ今日容易に認められまいと思ふことは、学問の中心は必ずしも京華文雅の士の、間にのみは存在しなかつたといふことである。極端な例を一つ挙げるならば、海部は日本人よりは多分遅く渡来して、ひどい片隅の文字無き生活を続けて居た人たちだけれども、海の知識に於ては誰よりも豊なるものを持ち、しかも文字が無いばかりに、是をまだ一般には伝へて居ない。糸満人が九州の荒磯に出没し始めると、今まで記述せられなかつた色々の多彩の魚が市場に現はれて、内外の魚学者を喫驚させたといふ話も聴いて居る。糸満は固より海部では無く世の常の沖縄人の一群であらうが、既に部曲を分ち伝承の方式を異にすると、近づいて是に海上の道を学ばうとする者が無いのである。独り糸満の海底生物学のみと言はず、曾ては沖縄文化の中枢とも認められたトキ取り・エカ取りの知識なども、人こそ知らね年久しい自然観察と、その丹念な綜合とが基礎となつて、農耕漁撈の生産面は言ふに及ばず、神祭や生死の儀式にも一貫して、力強い指導原理を打立て丶居たらしく、単なる方術の類で無かつたことは、僅かに残つた遺跡からも窺はれるのだが、惜しいかな文字の記伝に乏しく、外部に立つ者にはもう利用することが出来ない。海を環つて居る潮流のこま〴〵とした枝分れ、常吹く風の季節毎の移動など、やがては綿密な学者の調査が、一々の地区に就いて説明してくれる日が来るのだらうけれども、今は何分にもまだ其便宜が無く、たとへば支那南海を黒潮に乗つてといふ類の大胆な一説が、誰にも笑はれずに闊歩する時代なのだから、当分はやはり従来の切れ〴〵の経験の跡を繋いで行くの他は無いのである。

一五

勿論私は椰子の実の漂着地の一つを以て、原始日本人の上陸点と見ようとするのではない。しかし少なくとも日本の海岸線の数千里の延長の中で、特に殊邦の物の流れ寄り易い区域が限られ、従つて久しく世に知られずに過ぎたといふ点は参考になり、同時に又簡単なる学校地図によつて、こゝが近いから此辺から渡つて来たらうなどと、丸で飛石伝ひのやうな早合点をする人を、笑つてもよいことになるのである。

八重の汐路といふ言葉は、歌や物語にこそ屢〻用ゐられるが、それが如何なる力をもつかを考へて見た人は、名も無き海上の猛者ばかりであつた。大きな海流の常の方向だけは、文書の学問として夙く我々も学ぶことを得たけれども、それが時あつて著しく流路を変へ、又は屈折し分岐して到る処に影響する実状に至つては、今は必ずしもまだ常識とまではなつて居ない。近年着々と進んで居る海底の調査によつて、新たに心付かれた法則も多い如く、空中と陸地とのさま〲の交渉にも、海国人ならば知らずにはすまされぬことが、まだ無限に残つて居る。殊に日本の周辺地域のやうな、小さな区劃の中に現出する色々の変化、風が季節により、潮が刻限に伴なうて、大よそどの程度に船の歩みを助け妨げ、又は強制して居るかといふことは、永い歳月に亘つてたゞ生死を是に托して居る人たちだけが、命をかけて体験して居るに過ぎなかつた。勿論これが身の運の岐れ路であつた故に、教へるにも覚えるにも全力を傾け尽し、その執心は或は世の常の学問授受を超越したであらうが、あはれや陸上の人々は、概ね之を顧みなかつた。国の端々の海上知識は、多くは記憶しやすいコトワザの形になつて、今も其土地には散乱して居るのだが、それを蒐集して見ようとする人は稀にも無く、其うちに世は動力利用の時代になつて来て、多数の桑名屋徳蔵は老い去つて後を嗣ぐ者なく、湊々の日和山《ひよりやま》は、大抵はもう遊園地に化してしまつた。新古二通りの地理学の空隙にはまり込んで、我等の海上の道は一旦は更に跡付け難くなつたのである。

もしも漂着を以て最初の交通と見ることが許されるならば、日本人の故郷はさう遠方でなかつたことが先づわかる。人は際限も無く椰子の実のやうに、海上にたゞようては居られないのみならず、幸ひに命活きて、此島住むに足るといふ印象を得たとすれば、一度は引返して必要なる物種をとゝのへ、殊に妻娘を伴なうて、永続の計を立てねばならぬ。さういふ企画の可能なる場合は限られて居り、従つて又其条件の具はつた海辺を、見つけることもさまで困難ではない。動力航行の時代に生れた者が、最も見落しやすい一事は、昔の船人の心長さ、種播く農夫の秋の稔りを待つよりもなほ久しく、年に一度の往復を普通として居たことである。是が習性となつたと見るのは気の毒だが、近世の鳥島漂流談などにも、三組の難船者が協力して島を脱出するのに、其中の最故参は二十年以上も忍耐して、機会を待つて居たといふ例がある。僅かな食物を見つける以外に、何一つ身を労することも無く、たゞ一心に風と潮合ひとの便宜を観察して、時節の到来を狙つて居たといふ根気のよさは、恐らくは東洋の魯敏孫《ロビンソン》の特性であつて、距離がもつと近く船の修理に堪へるものがもしあつたら、無論それよりもつと早く、故郷の浜に還ることも不可能ではなかつたらう。

一六

そこで愈々私の問題の中心、どうして其様な危険と不安との多かつた一つの島に、もう一度辛苦して家族朋友を誘うてまで、渡つて来ることになつたのかといふことになるのだが、私は是を最も簡単に、たゞ宝貝の魅力の為と、一言で解説し得るやうに思つて居る。秦の始皇の世に、銅を通貨に鋳るやうになつたまでは、中国の至宝は宝貝であり、其中でも二種のシプレア・モネタと称する黄に光る子安貝は、一切の利慾願望の中心であつた。今でもこの貝の産地は限られて居るが、極東の方面に至つては、我々の同胞種族が居住する群島周辺の珊瑚礁上より外には、近いあたりには、之を産する処は知られて居ない。殊に大陸の沿海の如きは、北は朝鮮の半島から馬来印度の果まで、稀にもこの貝の捕れるといふ例を聴かず、永い年代に亘つてすべて之を遠方の島に求めて居た。単なる暖流の影響といふ以上に、浅い岩瀬でないと生息しなかつた為かと思はれる。今でも南海の産といふ言葉を、心軽く使つてゐる人も有るやうだが、古くは嶺南の陸路は通じなかつたのみで無く、海まで降りて行けば必ず手に入ると、いふものでは決してなかつたのである。金銀宝石と光輝を競ふことが、かの心理の根源ではあつたらうけれども、同時に又是を手に入れる機会の乏しさが、今日の眼からは考へられぬほどの、異常なる貴重視を促したのかと思はれる。

中国古代史学の展開につれて、此点は今後益〻確実になつて行くことが期待し得られる。殷の王朝が、中原に進出した背後の勢力は東方に在つた。所謂東夷の海の営みの中で、今でも既にほゞ明かになつて居るのは、宝貝の供給であつた。それが遥かなる西方の指導に呼応したか、はた又独立して一つの流行の端緒を作つたかは、まだはつきりとは決し難いにしても、ともかくも或代の大きな偶然によつて、窄い入口の開いたことだけは、先づ疑ひが無い。たゞそれが東南の或一つの島群、最も大陸に近い、殊に風候の最も便宜ある、八重の汐路の一筋であつたことは、支那の文籍の問題で無いだけに心を留める者が少なく、こちらは又南海は何処の渚にも、あの美しい宝貝がころ〳〵と転がつて居るものゝやうに、思つて居る人だらけなのだから、つひぞ話題には上らなかつたのである。実際の分布は黒潮の及ぶところ、太平洋岸は茨城福島の境まで、日本海側は富山県を限りと言はれて居るが、それも種類が少なく美しいものは無く、殊にうつせ貝のあざれて浜に寄るものばかりで、活きて海中に居るのを手に入れることは容易でない。私は三十二年前の沖縄旅行に、故尚順男爵の目ざましい大蒐集を見せてもらつて、この近海が宝貝のあらゆる種類の産地であることを知り、始めてこの問題の大きさに心付き、近頃は又国頭郡北端の村々に於けるこの貝類の食用と捕獲法、それから今まで全く知らずに居たこの種の貝の生態とを、同地出身の崎浜信行君から教へられた外に、更に十何年か前に、西南諸島を巡歴して来た大森義憲氏の旅行記によつて、特に宮古島が注意すべき一つの中心地なることを感じ始めたのである。

一七

いはゆる琉球三十六島の中でも、宮古は異常に歴史の進化の歩みが激しく、しかも天災地変の圧迫が強烈であつて、人は悩み且つ屢々入替り、従つて言語文物の錯雑が著しいことは、夙く私も気が付いて、「島の人生」の中にも一端を説いて見たことがあつたが、此島の周辺に広い地域にわたつた干瀬《ひせ》があつて、そこが貝類の最も豊富なる産地であり、今も近隣の島々に供給して居ることは、今度大森君の紀行によつて始めて学び知つた。この島の記録は無論中世以後に偏して居るが、遠い昔の言ひ伝へには、幽かながら幾つかの奇抜なものが残つて居り、殊にアヤゴといふ多くの語りものが、女性の伝誦に保存せられて居て、今もまだ採訪を可能にして居る。一つ一つの内容は如何にも茫漠としては居るが、之を排列し綜合すると共に、近く現実に記憶せられる戦前戦後に於ける島人等の海上の活躍を思ひ合せ、更に将来明かになつて来る潮流と季節風との法則に照らし見ることが出来たならば、やゝ大胆に過ぎたる今の私の仮定、即ち始めて大陸から人の漂着したのは、この島では無かつたらうかといふ一説なども、少なくとも一応の検討に値ひするものだといふまでは認められ、更に進んでは是よりも一層有力なる一地点を、捜し出す端緒となるのかも知れない。

たとへば此島には、近世に入つてからまで、唐人漂着の事実が折々あつた。それが大きな船の多人数で無く、又暫らく島人の中に住んで居て、やがて還つて往つたといふ話も一二では無かつたやうに思ふ。島の住民自らが漁に出で、又は公務の為に海を渡つて居て、漂流して久しい後に戻つて来たといふ話は、八重山の方にもよく聴くことで、殆と常の生活の一部と言つてもよかつたのだが、さういふ中でも此島の事件はやゝ規模が大きく、又効果が著しかつた。近くは明治初年の台湾問題なども、原因は宮古人の殺戮に始まり、古くは又大陸に記録を止めた最初の交通は、宮古の船であつたと藤田剣峯氏は述べて居られる。亜細亜東南の諸国との貿易には、明かに歴代宝案時代といふべきものがあつた。そこから蘇木胡椒の類を購ひ取つて、之を中朝に貢献したといふ代償物は、いはゆる海肥即ち宝貝以外にはあつたとも思はれぬから、それを運んだのも亦此島の船であつたらう。ともかくもこの南方の島々と、大陸との間の往来には、文字の記録よりも遥かに古い痕跡があり、是に参加した者に宮古の船があり、又宝貝があつたといふまでは、ほゞ知られて居る。

一八

今でも宮古島周辺の貝類採取地として年々多数の小舟の集《さばに》まつて居たのは、北には沖縄本島への航路に接して、八重干瀬《やへびし》といふ広大な岩礁地域があり、他の側面では属島伊良部島の佐良浜の磯まはりが著名であつた。近世幾度かの大きな災害にあつて、既に信仰伝承の大部分を失つて居るやうだが、この近くにはヌーシ山、又は乗瀬御嶽《のーせうたき》と称する霊地があつて、海上守護の女神を祀つて居る。神がこの世に在りし日の名は玉めがといひ、老いたる夫婦の中の一人子であつた。或日水を汲みに出たまゝで姿を隠し、後にたゞ一度親に現はれて、此森の神になつて居ることを告げ、村人海上の難を救ふべしと約束した。さうして唐神《たうがみ》といふ神を、相殿として共に祭られて居る。其祭の名はカムシュウリ、神主下りといふ漢字を当てた文書もあるが、本来はこの季節の名でもあつた。或はカムズといひ、字には神魂と書く例もあつて、遠い出雲国の同名の旧社を聯想せしめるが、ともかくも、此祭のカムズが下りると雨が降り、カムズがあがると西風が吹き始めて晴天がつゞき、支那に渡つて居た船が還つて来るといひ、又は難船をした者が遥かにこの御嶽に祈請して、恙無く島に戻つた話もある。

祭の奉仕者はすべて婦人であり、何れも関係のある家から出ることになつて居た。カムシュバギといふ一種の蔓ある植物を以て頭に纏ひ、御嶽の中に在るカムシュ屋に入つて、祝女のつかさは神と話をする。その四日の間は男子は之を見ることを戒められて居たといふ。或は媽祖の信仰が後に入つて来て、影響を与へて居るかとも想像せられぬことは無いが、ともかくも一年一度の祭の日を境に、定まつた方角の風が吹き出すといふことは、この島限りでの経験であり、それが海上の旅に利用せられるのは、新たに採用した慣行とは言ふことが出来ない。一国共通の学問にこそはまだ認められて居ないが、船を生活の場とした島人たちの為には、この局面に限られた海上の道は、ちやうど奥山の猪鹿の道路も同じに、夙く土地人の精確なる知識にはなつて居たのである。

一九

千に一つと言つてよい幸福に恵まれて、無人の孤島に流れ着き、そこに食物を求めようとして測らずも稀なる世の宝が、さゞれ小石の如く散乱して居るのを見付けたといふなどは、一つの大きな民族の起原として、あまりにもたより無い夢か伝奇のやうであらうが、正直なところけふといふ日まで、是よりももつと有り得べき解説を、まだ私などは聴いてゐないのである。海のほとりに住んで居れば、稀には晴れた日に折々は思ひを白雲の彼方に馳せ眉引く姿を望むことはあらうとも、何の望みがあつて波を越え水平線を越えて、そこへ渡つて行かうといふ気にならうか。仮に測らざる理由によつて、一度は其岸に触れたことがあつたにしても、再び家族をつれ、物種器什を船に積んで、来て住まうといふ決心をするだけの引力は何に見出し得たらうか。それよりも占ひや夢の告げ、鳥や獣の導きによつて、未来の安住の地を見立てたと伝へる方が、まだよつぽど考へやすい。察するところ以前も今の如く、人が多くて生れ故郷に住み剰り、乃至は一方に強い圧迫があつて、じつと落ちついては居られぬ場合が多く、移動は即ち人間の常の性となつた如く考へてゐる人たちが、やゝ気軽に色々の動機を承認したのでもあらうが、互ひに事態の想像しやすい陸続きの土地ですらも、元は各自の疆域を守つて、さう無造作には出て行かなかつた。まして海上の不知不案内を犯して、危険と闘ふやうな必要などは有り得ない筈であつた。高千穂槵触峯の旧伝を否定して、人類遷移の法則を合理化しようとすれば、どうしても斯うした中世式な考へ方を見習はなければならない。御蔭で日本の国の始めは、存外に新らしいものになつてしまつた。島国成立の年久しいといふことは、言はゞ我々の艱苦の永く続いたことを意味し、必ずしもそれを誇りとして立証すべきものでもあるまいが、仮に私などの推定せんとする如く、いはゆる東夷の活躍が次第に影響を中原の文化に及ぼし、宝貝の重視熱望がほゞ頂点に達せんとした時代が、ちやうど極東列島の何れかの一つに、始祖日本人の小さな群が足を印した頃らしいときまると、それから後の約二千年、即ち安全なる年代記に繋がるまでの大きな空間は、先づそつくりとこの九学会の領分に入つて来て、外ではたゞ研究の成果を期待することになるであらう。皆さんの責任は無上に重くはなるが、この想像はかなり爽快なものだと思ふ。

二〇

私は年をとり気力がすでに衰へて、さう多量の仕事を分担することが許されぬが、稲作の問題だけは、是からもなほ些しづゝ考へて行き、必要とならば横合ひから口を挟んで見ようとして居る。現在の通説かと思はれるのは、ちやうど縄文期と弥生式期の境目の頃に、此国へは籾種が入つて来て、それから今のやうな米作国に、追々と進展したといふことらしいが、それが先づ自分には承服し難い。あらゆる穀作にも通じて言へることだが、稲には殊に年久しい観察に養はれた、口伝とも加減とも名づくべき技芸が備はつて居た。籾種ばかりを只ひよいと手渡しされたところで、第一に食べて見ることすら出来ない。単に栽培者が自ら携へて来たといふ以上に、父祖伝来の経験が集積調和して、之を教訓の形を以て引継がれなかつたら、此作物の次々の改良はさておき、外部の色々の障碍にすらも、対抗することが出来なかつたらう。乃ち最初から、少なくとも或程度の技術と共に、或は其以外に米といふもの丶重要性の認識と共に、自ら種実を携へて、渡つて来たのが日本人であつたと、考へずには居られぬ理由である。

米を数ある食料の一つに、近世始めて追加した国々の習慣と比較して、古来の稲作国の特徴といふべきものは幾つもある。米を主食といふ言葉は軽々しく用ゐられて居るけれども、今も全国を通じて米食率は恐らくは三分二以内、僅か半世紀以前までは、それが五十%を少し越える程度であり、しかも其中には都市と工場地、貴族富民其他の非農民階級の、米しか食はぬ者の多数を包含して居た。主として貧窮の為、年貢の苛斂だつた為と、解せられたのにも根拠はあるが、今一つの理由は、是が本来は晴れの日の食物であつたことで、年に幾度の節日祭日、もしくは親の日身祝ひ日だけに、飽くまでそれを飲み食ひして、身も心も新たにしようといふ趣旨が、古くからついて廻つて居たことは、決して水田に乏しい地方だけに限らなかつたのである。

曾て肉類のみによつて生を営んだ時代が、我々の中にもあつたといふことは信じにくい。稲以外の作物や採取物の、飢を医するに足るものは以前も多く、其中には或は起原の稲よりも古いものが、あるかも知れぬと思ふにも拘らず、注意せずには居られない一つの特徴は、右に申す如く特別に之を重視し、あらゆる民間の信仰行事から、歳時暦法の末に至るまで、専ら稲の栽培収穫を目標として行はれて来たことであつた。米の信仰的用途ともいふべきものが、もし日本一国だけの現象であるならば、なほ自由なる種々の解釈を成立たせるであらうが、是には又二三の重要なる点に於て、四隣の幾つかの稲作国と共通のものが、指示し得られるやうになつて来たのである。昨年創始せられた新嘗研究会の成績が切に期待せられると共に、一方には又稲の品種の精密なる比較検討によつて、追々に其伝来の路筋を明かにし、延いては是を携へて東海の島々に進出した一つの民族の、故郷はどこであつたかゞ判つて来る望みも、丸々無いとまでは言はれぬのである。

二

人が大陸から稲の種を携へて、この列島に渡つて来たのも、たつた一度の偶然では無かつたのかもしれぬが、結果は一つに帰するやうだから、私は考へやすい方を考へて見る。沖縄諸島の有識者たちは、曾ての金沢博士のイニシ北方説に心服して、どうしても北から南の方へ渡つて行つたものと考へようとするが、それを何の為に何人が計画したかと尋ねて見ると、神の指定とでも答へるより他は無いやうである。結局は私の謂ふ海上の道、潮がどのやうに岐れ走り、風がどの方角へ強く吹くかを、もつと確実に突き留めてからで無いと断定し難いが、稲を最初からの大切な携帯品と見る限りに於ては、南から北へ、小さな低い平たい島から、大きな高い島の方へ進み近よつたといふ方が少しは考へやすい。ともかくも四百近くもある日本の島々が、一度に人を住ませたとは誰も思つて居らず、其うちの特に大きな大切な島へといふのも、地図が出来てから後の話である。

宝貝の需要がさまで痛切ならず、人が其為に身命を賭し、怒濤を乗切るまでの大きな刺戟が無くなつたのは、徐福のローマンスよりも更に前のことであらう。人が其島を我島と呼んで、安んじて住むやうになれば、やがては生産の地が足りなくなつて、行きやすい隣の島を物色することは、是は水平線外の冒険とは話がちがふ。一番大きな促迫は、稲を作る適地の欠乏であつたかと思ふ。漁獲は必ずしも定住を必要としなかつたからである。珊瑚礁の隆起で出来たやうな平島では、稲を生育せしめるやうな浅水の地はさう多くは無かつた。南方の諸島では、通例小さな水面をコモリと呼んで居る。旧日本の方にもコモリヌといふ語があり、現在もなほ二三の土地に、方言として残つて居る。南島のコモリには入江の奥などにあつて、海の水の通ふものが多いが、是も少しの土功を加へて外側を断ち切り、降雨を待つて水を入替へて、小規模なる浦田湊田を設けることは、こちらでも例の多いことである。但し斯ういふのは多くは灌漑の設備が無く、従つて旱の年には却つて先づ苦しまなければならぬので、寧ろ低湿な沼地を選び、よそでは旱魃で困るやうな年を、待つて居るやうな傾きが生じた。ところが南方の暖地帯では、降雨が殆と唯一の灌漑法であつて、たまたま雨量の乏しい年に遭ふと苦労をし、百方を講じて蒸発と吸収とを防止する。日本の稲作作業の中に於て、畦塗り底堅めに格別の注意を払ふのは、事によると以前もつと南方の低地に在つて、降雨を唯一つの力にして居た余習かも知れない。さう思つて見ると雨乞の行事なども、日本ではあまりにも重要視せられてゐる。

一一

日本の稲作灌漑様式は、その発達の跡に鑑みて、明かに四段階に分れて居り、しかも現在なほこの四つの型が併び存して居る。簡単に之を解説すれば(一)は地方《ぢかた》の書に天水場とあるもの、即ち小さな低い島々などの、雨より以外に水を与へる方法の無い、言はゞ天然の力に任せるものである。(二)にはいはゆる清水掛り、即ち筑波嶺の雫の田居などゝ称して、山から絞り出す僅かな流れを利用するもので、源頭の小山田といふものから始まつて、ごく僅かな傾斜を以て広々と裾を引くもの、古い土着の名残を留めた昔なつかしい好風景の地であるが、過度の拡張によつて次第に其水の不足を感じやすく、殊に林相の零落が目に立つやうになると、雨乞の鉦太鼓が一段と耳に響く土地柄でもあつた。日本は旧国だけに、斯うした田面がもとは到る処に多かつたのであるが、久しい年代を重ねて、それが追々と(三)の池掛りといふものになつた。日本紀の崇神垂仁の御朝の記事などに、韓人に命じて某々の池を築かしめられたことが見える。是を稲作の振興期のやうに解した人もあるか知らぬが、実は今までの用水が不足した際に、其分配を調摂し、且つ能ふべくは新たな田を、開き添へようとしたものであつて、其点にかけては(四)の堰掛りと同じに、既に一種の外資借入れのやうなものであつた。堰掛りにも大小幾つもの等差がある。近年の新田開発に伴なふ大規模な資本事業の他に、僅かな隣人たちの協力に成つたのもあるが、是とても堰き止めて引いて来るほどの流れが無ければ、小さな島々の住民には先づ企てられないことであつた。

以上四つの水利事業は、誰が最も利得するかは場合次第だとしても、技術上にはともかくも次々の進歩であつた。従つて稲の栽培の新たなる機会を求めて、次の島に移つて行かうとする者が、山が秀で清水の更に豊かなる大きな島を目ざすのは自然だが、既に第二第三の灌漑方式の可能なることを知つて居りながら、わざ〳〵(一)の道しか無い小島へ渡つて、農を営まうと企てることは有り得ないであらう。最初に彼等はたつた一度だけ、至つて制限の多い、雨ばかりを頼らなければならぬ土地に於て、僅かな稲作を続けなければならなかつたが、それは予期せざる遭遇であり、又偶然の大きな発見があつた為と解せられる。愈ゝ海辺の民の常道に復して、半農半漁の生計を持続し、又発展させるやうになると、むしろ中間の小さな平島はさしおいて、次々と水豊かに草木の濃く繁つた、地形の雄大なる陸地に、将来の足掛りを、求めようとしたであらうし、栽ゑて稔りを待つほどの忍耐を以て、気永に風と潮行きとを観測して行くとすれば、今度は海の上の失敗もよほど少なくすることが出来たこと丶思ふ。

二三

以前は南方の島々には、焼いて掘り窪めて舟にするやうな大木が多く、それを何隻か結び連ねて、泛びやすく又覆り難くする技術も、夙く進んで居たかと思ふ。日数のか丶るといふことを問題とせずに、次々と日和を見定めてドアヒ(渡合)を乗切れば、いつの日にかは北方の大きな島々にも渡り付くことが出来たものと見られる。曾て私は西南の島々に、幾つかの古見又は久米と呼ばれる地域があり、何れも稲作の古く行はれた痕跡らしいと説いて置いたことがある。大八島の旧国の中にも、数多くの久米又は久見の地があり、其中の二三は内陸の山間であるが、他の多くは海から近づき得る低地であつて、今も稲田がよく稔る古い土着の地であつた。舟で浦づたひにさういふ地形を求めてあるく習はしが、久しく続いて居たのではないかどうか。少くとも一度は考へて見る価値がある。今までの文化伝播論者の中には、大きな島の一端に届いた外来事物は、忽ちにして全土の隅々にも及ぶもの丶如く、当然の連帯責任を押付ける人が稀にはあつた。汽車や電信電話の行渡つた今日でも、さういふ効果は簡単に期せられない。まして山には峠路、川には渡し場が全く無かつたやうな遠い昔に、さういふ交通の期せられた筈が無い。四面を海で囲まれた国の人としては、今はまたあまりにも海の路を無視し過ぎる。や、奇矯に失した私の民族起原論が、殆と完膚なく撃破せられるやうな日が来るならば、それこそは我々の学問の新らしい展開である。寧ろさういふ日の一日も早く、到来せんことを私は待ち焦れて居る。

柳田国男（やなぎた　くにお）
明治八年、兵庫県に生れる。桂園派の和歌、新体詩に心を寄せ、同三十八年の竜土会の発会にも関わる一時期を経て、田山花袋らの自然主義に批判的な姿勢を持すようになり、やがて文学界から離反する一方、諸方に行する間に民俗を探訪した成果を、同四十二年「後狩詞記」、翌四十三年「遠野物語」として著したのは、民俗学の濫觴をなす。大正二年「郷土研究」、昭和十年に「民間伝承」を創刊、民間信仰あるいは習俗、口承文芸等の研究に先鞭をつけ、「山の人生」「木綿以前の事」「妹の力」他を次々に刊行した。戦後の「不幸なる芸術」、最後の「海上の道」に至るまで、博覧強記の上に、犀利な洞察力と周到な推理を以て常民の生活の歴史を究め、日本人の在りようを見定めようとした著作は厖大な量に達するが、それらを通じて描かれたのは、自体が壮大なロマンだったという意味で、近代の文学者の雄たる一人であった。昭和二十六年に文化勲章を受章。同三十七年歿。

近代浪漫派文庫 16 柳田国男

二〇〇四年四月十二日 第一刷発行

著者 柳田国男／発行者 小林忠照／発行所 株式会社新学社 〒六〇七―八五〇一 京都市山科区東野中井ノ上町一一―三九

印刷・製本＝天理時報社／DTP＝昭英社／編集協力＝風日舎

 ISBN 4-7868-0074-0

落丁本、乱丁本は左記の小社近代浪漫派文庫係までお送り下さい。送料小社負担でお取り替えいたします。

お問い合わせは、〒二〇六―八六〇二 東京都多摩市唐木田一―一六―二 新学社 東京支社

TEL〇四二―三五六―七七五〇までお願いします。

◉近代浪漫派文庫刊行のことば

文芸の変質と近年の文芸書出版の不振は、出版界のみならず、多くの人たちの夙に認めるところであろう。そうした状況にもかかわらず、先に『保田與重郎文庫』(全三十二冊)を送り出した小社は、日本の文芸に敬意と愛情を懐き、その系譜を信じる確かな読書人の存在を確認することができた。

その結果に励まされて、専ら時代に追従し、徒らに新奇を追うごとき文芸ジャーナリズムから一歩距離をおいた新しい文芸書シリーズの刊行を小社は思い立った。即ち、狭義の文学史や文壇に捉われることなく、浪漫的心性に富んだ近代の文学者・芸術家を選んで四十二冊とし、小説、詩歌、エッセイなど、それぞれの作家精神を窺うにたる作品を文庫本という小宇宙に収めるものである。

以って近代日本が生んだ文芸精神の一系譜を伝え得る、類例のない出版活動と信じる。

新学社

新学社近代浪漫派文庫（全42冊）

❶維新草莽詩文集
❷富岡鉄斎／大田垣蓮月
❸西郷隆盛／乃木希典
❹内村鑑三／岡倉天心
❺徳富蘇峰／黒岩涙香
❻幸田露伴
❼正岡子規／高浜虚子
❽北村透谷／高山樗牛
❾宮崎滔天
❿樋口一葉／一宮操子
⓫島崎藤村
⓬土井晩翠／上田敏
⓭与謝野鉄幹／与謝野晶子
⓮登張竹風／生田長江
⓯蒲原有明／薄田泣菫
⑯柳田国男
⓱伊藤左千夫／佐佐木信綱
⓲山田孝雄／新村出
⓳島木赤彦／斎藤茂吉
⓴北原白秋／吉井勇
21 萩原朔太郎
22 前田普羅／原石鼎
23 大手拓次／佐藤惣之助
24 折口信夫
25 宮沢賢治／早川孝太郎
㉖岡本かの子／上村松園
㉗佐藤春夫
28 河井寛次郎／棟方志功
29 大木惇夫／蔵原伸二郎
30 中河与一／横光利一
31 尾崎士郎／中谷孝雄
32 川端康成
33「日本浪曼派」集
34 立原道造／津村信夫
35 蓮田善明／伊東静雄
36 大東亜戦争詩文集
37 岡潔／胡蘭成
38 小林秀雄
39 前川佐美雄／清水比庵
40 太宰治／檀一雄
41 今東光／五味康祐
42 三島由紀夫

※白マルは既刊